Asien verändert die Welt

Bertelsmann Stiftung (Hrsg.)

Asien

verändert die Welt

Verlag BertelsmannStiftung

Inhalt

II ASIENS HERAUSFORDERUNGEN

III ASIENS SOFT POWER

IV ANTWORTEN AUF ASIEN

V ANHANG

Vorwort

Ein chinesisches Sprichwort lautet: „Tong Chuang Yi Meng“ – was sinngemäß bedeutet: „Zwei Menschen teilen das Leben, aber haben unterschiedliche Träume.“ Übertragen auf Asien und Europa kann man dies auch so verstehen, dass Asiaten und Europäer zwar auf derselben Erde zu Hause sind, aber offenbar unterschiedliche Träume oder Vorstellungen hinsichtlich ihrer Zukunftsaussichten und ihrer Rolle in der Welt haben. Laut einer Umfrage des „Pew Global Attitudes Project“ blickten im Jahr 2005 mehr als 75 Prozent der Chinesen und Inder optimistisch auf ihre Lebenssituation und künftige Entwicklung. Im Gegensatz dazu sahen in nahezu allen Ländern Europas die Menschen ihre Zukunft mehrheitlich pessimistisch.

Das Ende der Kolonialherrschaft in Asien, der rasante wirtschaftliche Aufschwung, besonders die Entfesselung der Massenmärkte in China (seit 1978) und in Indien (seit 1991), sowie die Überwindung der Weltordnung des Kalten Krieges haben das Selbstvertrauen und Selbstbewusstsein vieler asiatischer Länder gestärkt. Asien drängt mit Milliarden neuen Arbeitskräften sowie einem einmaligen Potenzial an Produzenten und Konsumenten in die globale Wirtschaft. Der Anspruch auf Mitbestimmung des Globalisierungsprozesses und Mitsprache in der Weltpolitik wird zunehmend deutlicher artikuliert. Asien stellt das eurozentrische Weltbild, das seit Jahrhunderten unsere Sicht der Dinge bestimmt hat, zunehmend in Frage. Der Kontinent der Zukunft formuliert sein gutes Recht auf Fortschreibung seiner eigenständigen Entwicklung, kulturelle Einflussnahme und souveräne außenpolitische Entscheidungen.

Diese Herausforderung ist schon deshalb so schwer in ihrer ganzen Tragweite zu erfassen, weil Asien in sich kein homogener Erdteil ist. Es ist ein Kontinent der Extreme, der Widersprüche und der Vielfalt. Sowohl der höchste Punkt der Erde, der Mount Everest mit 8.848 Metern, als auch ihre tiefste Stelle, der Marianengraben, 11.000 Meter unter dem Meeresspiegel, befinden sich in Asien. Auf dem größten Kontinent der Erde lebt mehr als die Hälfte der Weltbevölkerung. Er beheimatet eine ethnische und kulturelle Vielfalt, die ihresgleichen sucht. Vorderasien mitgerechnet, haben dort alle als Weltreligionen bezeichneten Glaubensrichtungen, viele Hochkulturen und Zivilisationen ihren Ursprung.

Wenn an dieser Stelle dennoch der Versuch unternommen wird, Asien als Ganzes zu betrachten, so hängt das mit der zunehmenden wirtschaftlichen Integration asiatischer Staaten und dem Aufkeimen eines asiatischen Identitätsverständnisses zusammen sowie mit der Wucht, die von den höchst widersprüchlichen und sich wechselseitig verstärkenden Kräften in Asien ausgeht.

Asien in all seinen Facetten und Gegensätzlichkeiten eignet sich für Europa als ideale Projektionsfläche seiner eigenen Sehnsüchte, Hoffnungen und Ängste. Und es scheint – zumindest hinsichtlich der vielfältigen Publikationen der letzten Jahre – eher auf den einzelnen Betrachter anzukommen, ob Asien als Kontinent der Zukunft mit unendlichen Möglichkeiten und als Triebkraft weltweiten Wachstums betrachtet wird oder als globaler Rivale und tickende Zeitbombe, die die Welt in den Abgrund zu stürzen vermag. Neben dieser Zwiespältigkeit ist unser Verhältnis zu Asien vor allem aber noch immer geprägt von einem mangelnden ernsthaften Bemühen, die Menschen dieses Erdteils tatsächlich kennenzulernen.

Bei einer Diskussion im Rahmen des von den Unterzeichnern gemeinsam veranstalteten *Salzburger Trilogs* hat die berühmte chinesische Fernsehproduzentin und Unternehmerin Yue-Sai Kan darauf hingewiesen, wie sehr sich viele Asiaten um die westliche Kultur und um westliche Sprachen bemühen, und sie kritisierte zu Recht, dass wir Europäer zu wenig neugierig auf die andere Seite des eurasischen Kontinents seien. Das mag angesichts der massiven Investitions- und Handelsströme von Europa nach China, Indien und in andere asiatische Staaten zwar paradox klingen, doch Wirtschaftsbeziehungen führen nicht automatisch zu einem besseren Verständnis für den jeweiligen Partner. Im Gegenteil: Asiens rasanter Aufstieg löst in der westlichen Welt zunehmende Besorgnis aus. Angst vor der aggressiven Konkurrenz und um den eigenen Arbeitsplatz, Angst vor Ressourcenverknappung, Angst vor Macht- und Einflussverlust machen sich sowohl in Europa als auch in den USA breit.

Doch Angst ist ein schlechter Ratgeber. Notwendig ist vielmehr ein realistischer Blick auf die Chancen und Risiken dieses größten aller Kontinente, der zurzeit wohl unbestritten zu den dynamischsten und pulsierendsten Regionen der Welt zählt und dessen wirtschaftliche und demographische Rahmenbedingungen sich unmittelbar in wachsende politische Relevanz übersetzen.

Um ein solch vorurteilsfreies, ausgewogenes und vertieftes Verständnis Asiens und der möglichen Handlungsoptionen des Westens ging es bereits in vielen Gesprächen und Expertenrunden der Bertelsmann Stiftung in Japan, China und Indien. Beim *Salzburger Trilog* 2006 zum Thema „Neue Kräfte in Asien – Rückwirkungen für Europa“ forderten die teilnehmenden Entscheidungsträger aus Politik, Wirtschaft und Kultur vor allem, dass die in Europa vorherrschende ökonomische Betrachtung Asiens durch eine politische und kulturelle Sichtweise ergänzt werden müsse.

Ein erster Ertrag dieser Forderungen nach einer Gesamtschau auf Asien ist der vorliegende Band, den die Bertelsmann Stiftung anlässlich der Asien-Pazifik-Wochen 2007 herausgibt. Viele namhafte Autoren haben mit ihrer individuellen Perspektive zur Entwicklung dieses Gesamtbildes beigetragen. Im Mittelpunkt stehen Asiens wirtschaftliche, demographische und politische Potenziale. Diese werden ergänzt durch Ausführungen zu den innerasiatischen Herausforderungen und Asiens Einfluss auf internationale Organisationen, auf Wertebildung und Kultur.

Am Ende des Buches steht die Frage nach der europäischen Antwort auf diese Entwicklungen. Offensichtlich liegt ein Teil der Antwort darin begründet, die neuen Weltmächte anzuerkennen. Darüber hinaus zwingt uns Asien, unsere Wirtschaft und Gesellschaft kontinuierlich zu reformieren, unsere Kernkompetenzen und unsere Innovationskraft weiter auszubauen sowie Nischen klug zu nutzen, um wettbewerbsfähig zu bleiben. Zudem müssen wir uns der Tatsache stellen, dass viele Politikfelder, insbesondere die Handels-, Umwelt-, Energie-, Demokratie- und Menschenrechtspolitik, Potenzial für Spannungen und Konflikte bergen. Umso mehr ist Europa gefordert, an seiner politischen Handlungsfähigkeit zu arbeiten, damit es seine Interessen besser bündeln und vertreten kann.

Ein stärker interessegeleitetes Engagement in einer multipolaren Welt muss nicht zwangsläufig bedeuten, in Rivalität zu diesen erstarkenden Ländern zu treten. Vielfach bieten sich Partnerschaften an, vor allem mit Europas strategischen Partnern China, Indien und Japan, aber ebenso mit den demokratischen Gesellschaften in Südkorea oder Indonesien, um einige zu nennen. Je weitreichender und intensiver die wechselseitigen Verflechtungen sind, desto geringer wird die Konfliktgefahr sein. Grundlegende Kenntnisse der asiatischen Geschichte, Kultur und Gegenwart sind dabei Voraussetzung für ein ehrliches Bemühen, Asien besser zu verstehen. Für Europa werden der interkulturelle Dialog, die Kooperation und Gestaltung eines friedlichen Zusammenlebens mit Asien im 21. Jahrhundert die Schlüssel zur Bewältigung aller geostrategischen und globalen Herausforderungen sein.

Wir hoffen, dass die Beiträge dieser Publikation zu einer weiterführenden Beschäftigung mit Asien anregen, auch zu einem Blick über europäische Belange hinaus, und dass sie vor allem die Chancen und Möglichkeiten aufzeigen, die sich dadurch bieten, dass Asien die Welt verändert.

Liz Mohn
Wolfgang Schüssel

Einführung

Im Raum zwischen Pakistan im Westen, Japan im Osten, China im Norden und Indonesien im Süden hat sich in den letzten zwei Jahrzehnten eine wirtschaftliche Entwicklung vollzogen, die in ihrem Ausmaß und ihren Auswirkungen ohne Beispiel ist. Asiatische Akteure sind inzwischen selbstverständlicher – und selbstbewusster – Teil der Globalisierung. Doch die Entwicklungen in Asien sind auch Unwägbarkeiten unterworfen. Ob die gegenwärtige Dynamik und der damit einhergehende Machtgewinn anhalten, ist nicht absehbar. Wie sich das kräftige Wachstum auf Sozialsysteme und Umwelt auswirkt, bleibt offen. Auch können zahlreiche zwischen- oder innerstaatliche Spannungen das „Asiatische Jahrhundert" trüben oder verzögern. Beide Perspektiven, sowohl der ungebremste Bedeutungsverlust des Westens als auch eine global ausstrahlende Asienkrise, sind aus europäischer Sicht wenig erstrebenswert. Doch welche Wahrnehmung trifft die Realität?

Dieser Sammelband versucht, die Entwicklungen in Asien umfassender zu betrachten. Er will zu einem ausgewogenen Asienbild beitragen und die Handlungsoptionen aufzeigen, die sich für Europa ergeben. Regional stehen China, Indien und Japan naturgemäß im Mittelpunkt, doch öffnet sich der Blick immer wieder für weitere Facetten vor allem in Ost-, Südost- und Südasien. Thematisch werden die vielfältigen ökonomischen, gesellschaftspolitischen und auch kulturellen Veränderungsimpulse analysiert, die von den neuen Kräften in Asien ausgehen. Und hinter allen Beiträgen steht die Frage, was dies aus europäischer Sicht bedeutet.

Der erste Teil des Buches betrachtet die Faktoren, die sich unmittelbar in wachsende wirtschaftliche und politische Einflussnahme übersetzen.

Der Demographieexperte Carl Haub sieht den entscheidenden Schlüssel für den Bedeutungszuwachs Asiens in seinem Anteil an der Weltbevölkerung und seiner sich verändernden Altersstruktur. Vier Milliarden Menschen, also rund 60 Prozent der Weltbevölkerung, verkörpern für ihn das unerschöpfliche Potenzial Asiens, sowohl als Markt wie auch als Produzent. Der Vorteil gegenüber dem Westen besteht jedoch laut Haub vor allem darin, dass bei allen nationalen Unterschieden in der demographischen Entwicklung die Erwerbstätigen insgesamt einen immer größeren Anteil an der asiatischen Bevölkerung ausmachen werden, während dieser Anteil in Europa permanent sinkt.

Horst Siebert, langjähriger Präsident des renommierten Kieler Instituts für Weltwirtschaft, erläutert in seinem Beitrag, wie sich der Schwerpunkt der Weltwirtschaft zunehmend in Richtung Asien verlagert hat. Seiner Einschätzung nach werden die Wachstumsraten des gesamten Kontinents weiterhin über dem weltweiten Durchschnitt liegen. Doch ist davon auszugehen, dass ökologische und soziale Kosten auch in Asien zunehmend internalisiert werden müssen und die Dynamik bremsen. Gleichzeitig aber werden die wachsende Innovationskraft, wirtschaftliche Integration und technologische Führungsrolle asiatischer Schlüsselländer die Region weiter stimulieren.

Unter dem Gesichtspunkt der wachsenden Verteidigungshaushalte, verfügbaren Waffensysteme und -kapazitäten bezeichnet der Historiker Paul Kennedy den Aufstieg der neuen – wenngleich uralten – asiatischen Großmächte, vor allem Chinas und Indiens, als die epochale Veränderung in der Weltpolitik. Geostrategisch wird keine Region dieser Welt von dem sich abzeichnenden Wandel der globalen Machtverteilung unangetastet bleiben. Für Europa folgt daraus ein relativer Bedeutungsverlust, besonders was den Einfluss in internationalen Organisationen angeht. Abzusehen ist für Kennedy ferner, dass Asien zum Schauplatz einer klassischen Macht- und Gleichgewichtspolitik wird, wie Europa sie seit Mitte des 20. Jahrhunderts nicht mehr kennt.

Vor diesem Hintergrund thematisiert der zweite Teil einige der sich abzeichnenden gesellschaftspolitischen Herausforderungen, die die weitere wirtschaftliche und politische Entwicklung Asiens durchaus mit Fragezeichen versehen.

Der Politikwissenschaftler und Konfliktforscher Aurel Croissant weist in seinem Beitrag nach, dass Asien wie kaum eine andere Weltregion von gesellschaftlichen, häufig gewaltsamen Interessengegensätzen gekennzeichnet ist. Vor allem die hohe ethnische, sprachliche und religiöse Fragmentierung des Kontinents schafft das Potenzial für innerasiatische Fragilitäten und für die Transnationalisierung von Konfliktgeschehen. Weitere Potenziale für Konflikte sind instabile politische Ordnungen, knappe Ressourcen, die absolute oder relative Armut, der Faktor Gesundheit sowie der ökologische Raubbau.

Ressourcenmangel und Armut in Indien sowie gesellschaftliche Spannungen und Umweltverschmutzung in China stehen auch im Zentrum des Beitrags von Jodie Thorpe und John Elkington, dem Wegbereiter der Nachhaltigkeitsdebatte auf Unternehmensebene. Der enorme Energieverbrauch, die steigende Wasser- und Umweltverschmutzung sowie die Bedrohung der Artenvielfalt und des sozialen Zusammenhalts in Asien werden aus ihrer Sicht zunehmend zu einer asiatisch-europäischen Gestaltungsaufgabe. Die asiatischen Staaten sind nach Ansicht von Thorpe und Elkington überfordert, die Frage der Nachhaltigkeit des globalen

Wirtschaftswachstums allein zu beantworten, und somit auf gemeinsame Lösungsansätze angewiesen.

Der Präsident des Migration Policy Institute, Demetrios Papademetriou, prognostiziert eine ähnliche Interdependenz angesichts der exponentiellen Zunahme asiatischer Migration. Die Migrationsströme fließen vor allem gen Westen. Ursache ist weniger ein wirtschaftlicher, demographischer oder ökologischer Druck in Asien als vielmehr der wachsende Bedarf an niedrig- und hochqualifizierten Arbeitskräften im Westen sowie eine stärker selektive Immigrationspolitik der Europäischen Union. Inwieweit die wachsenden Migrationszahlen zu einem asiatischen „Brain Drain" führen, lässt Papademetriou bewusst offen. Er hält es für wahrscheinlicher, dass umgekehrt Asien für die europäische Leistungselite attraktiver wird, weil sie dort voraussichtlich die weltweit besten Arbeitsbedingungen vorfinden wird.

Der dritte Teil befasst sich mit der kulturellen Dimension des Globalisierungsprozesses. Asien verändert die Welt auch auf der Werteebene, in den Künsten und im Hinblick auf Spiritualität und Religion. Angesichts der Heterogenität und der verschiedenen historischen Erfahrungen des Kontinents kann von *der* asiatischen Kultur nicht die Rede sein, und so sind die kulturellen Einflüsse Asiens nur schwer zu messen. Die Autoren geben aber Beispiele dafür, wo sich der Zusammenfluss unterschiedlicher Kulturströmungen nachweisen lässt.

Den Auftakt macht der Nobelpreisträger, Ökonom und Philosoph Amartya Sen mit seinem ideengeschichtlichen Abriss über die chinesisch-indischen Beziehungen. Sen verdeutlicht anhand der Verbreitung des Buddhismus, der Entwicklung in Astronomie und Mathematik, der Gesundheitsversorgung und der Tradition des öffentlichen Gesprächs, inwieweit sich China und Indien wechselseitig zu wirtschaftlichen und sozialen Entwicklungen angeregt haben, die weltweit Bedeutung erlangten. Für Sen sind diese zivilisatorischen Beeinflussungen nicht nur der Schlüssel zum

Verständnis der Geschichte eines Drittels der Menschheit, sondern in einem weiteren Sinn auch für die produktive Kraft der sogenannten kulturellen Globalisierung.

Karan Singh, indischer Politiker, Visionär und Präsident des Indian Council for Cultural Relations, stimmt mit Amartya Sen darin überein, dass den innerasiatischen Kulturbeziehungen bei weitem nicht die Aufmerksamkeit zuteil wird, die sie verdienen. Für Singh sind sie die kulturellen und gesellschaftlichen Wurzeln einer aufkeimenden asiatischen Identität, die sich in der Globalisierung erst noch bewähren muss. Diese Identität umfasst für ihn eine Pluralität religiöser und philosophischer Identitäten und das Bekenntnis zu einer multipolaren Weltordnung bei gleichzeitig wachsender asiatischer Integration. Insoweit zieht Singh einen direkten Vergleich zur Europäischen Union und fordert zu einer Vertiefung des europäisch-asiatischen Kulturaustausches auf.

Der japanische Diplomat und Präsident der Japan Foundation, Kazuo Ogoura, nähert sich in seinem Beitrag den gegenwärtigen Tendenzen ostasiatischer Kulturdiplomatie. Am Beispiel Japans, Chinas und Südkoreas bestätigt er einen wachsenden Kulturaustausch und interpretiert ihn aus japanischer Perspektive als Beleg für die zunehmende Integration der genannten Länder in den Globalisierungsprozess. Gleichwohl bleibt er skeptisch, ob man aufgrund der sich intensivierenden Kulturdiplomatie auch auf eine wachsende „Soft Power" Ostasiens schließen kann. Für Ogoura ist dieser von Joseph S. Nye geprägte Begriff nicht auf Regierungshandeln anwendbar, sondern allein auf zivilgesellschaftliches Engagement – und somit nur bedingt tragfähig in der ostasiatischen Region, wo autonomes zivilgesellschaftliches Handeln an Grenzen stößt.

Zu den kulturellen Rückwirkungen der wachsenden asiatischen Migration gehören auch Veränderungen in europäischen Stadtbildern, wie der Stadtplaner Eduard Kögel in seinem Beitrag zu ostasiatischen Immigrantensiedlungen in Ungarn und Italien ausführt. Eine klar umrissene Infrastruktur weicht dezentralen, informellen und flexiblen Netzwerken, die von einer gemeinsamen ethnischen Herkunft getragen werden. Die Interaktion mit der europäischen Gesellschaft bleibt auf den Handel beschränkt. Wie zuvor schon Papademetriou spricht deshalb auch Kögel die zunehmend drängende Frage, wie Europa die asiatischen Immigranten integriert, offen an.

Der spanische Komponist, Dirigent und Diplomat Delfín Colomé verdeutlicht für den Bereich der klassischen Musik, dass die traditionell dem Westen vorbehaltene Kultur nicht mehr nur einseitig nach Asien ausstrahlt. Vielmehr wird die klassische Musik zunehmend von leistungsbereiten, talentierten und hervorragend ausgebildeten asiatischen Interpreten und Komponisten mit geprägt. Colomé begrüßt die wechselseitige Beeinflussung sehr, eröffnet diese Form der kulturellen Globalisierung doch ein ungeahntes Innovationspotenzial für die Weltsprache Musik.

Der Religionswissenschaftler Michael von Brück schöpft in seinem Beitrag aus einer langjährigen intensiven Auseinandersetzung mit den fernöstlichen Philosophien und Religionen. In einem Rückblick, der bis in die griechische Antike reicht, weist von Brück nach, dass und wie die Faszination für Ostasien das europäische Denken seit frühester Zeit bestimmt hat. In der Gegenwart sind es vor allem Ayurveda, Yoga und Zen-Buddhismus, die vom hoch spezialisierten und zivilisationsmüden Westen auf der Suche nach ganzheitlichen und spirituellen Erfahrungen aufgesogen werden.

Asien verändert die Welt des 21. Jahrhunderts. Ob wir in Europa die damit verbundenen Chancen nutzen, liegt an uns. Die vernetzte Welt bietet sehr wohl viele Möglichkeiten, gemeinsam zu agieren und auch gemeinsam zu profitieren. Der abschließende Teil dieses Bandes richtet den Blick deshalb auf die kultur-, wirtschafts- und geopolitischen Handlungsoptionen.

Hans-Georg Knopp, der Generalsekretär des Goethe-Instituts, fordert, den Kulturdialog mit Fernost von Grund auf anders anzulegen als die Dialogpolitik mit dem Islam. Der Kulturaustausch sollte trotz der schwindenden kulturellen Normsetzungsmacht des Westens keinem defensiven, ängstlichen Impuls entspringen. Vielmehr steht die Kulturpolitik vor der Aufgabe, die Offenheit europäischer Künstler und Intellektueller gegenüber Asien, ihre Veränderungsbereitschaft und den Freiraum zu gemeinsamer ästhetischer Gestaltung mit ihren asiatischen Kollegen zu fördern. Über solche Prozesse entstehen authentische Interkulturalität und eine globale Perspektive, die auch im wirtschaftlichen und politischen Bereich stabilisierend wirken.

In wirtschaftlicher Hinsicht muss das Hauptaugenmerk Europas nach Ansicht des Präsidenten der Europäischen Kommission, José Manuel Barroso, auf der Umsetzung der erneuerten Lissabon-Strategie liegen, mit deren Hilfe die Europäische Union zum dynamischsten und wettbewerbsfähigsten Wirtschaftsraum der Welt werden soll. Der Schlüssel dafür liegt in einer wissensbasierten und innovationsfreundlichen Gesellschaft: Mehr Investitionen in Bildung, Forschung und Entwicklung, die bessere Durchsetzung geistiger Eigentumsrechte und ein intensiverer Technologietransfer sind entscheidend für Europas Wettbewerbsfähigkeit. Denn nur durch Innovation kann Europa seine sozialen und ökologischen Errungenschaften auch für die Zukunft sichern und sich gleichzeitig neue, zukunftsfähige Marktsegmente erschließen.

Für Pascal Lamy, den Generalsekretär der Welthandelsorganisation (WTO), verlangen die wirtschaftlichen Herausforderungen, die der Aufstieg Asiens mit sich bringt, deshalb von der EU und den USA grundlegende Reformen. Nach innen müssen beide Vorkehrungen treffen, um ihre globale Wettbewerbsfähigkeit zu fördern. Nach außen fordert Lamy, handelsprotektionistische Maßnahmen entschieden zu bekämpfen, das multilaterale Handelssystem zu stärken und die europäischen Märkte offenzuhalten, sodass auch andere von deren Chancen profitieren können. Europa sollte vor allem die Initiative übernehmen, wenn es darum geht, Asien in den Steuerungsgremien und Entscheidungsprozessen der internationalen Organisationen eine seiner Bedeutung angemessenere Rolle zuzugestehen.

Die geopolitischen Entwicklungen in Asien, besonders der Aufstieg Chinas und Indiens zu neuen Weltmächten, erfordern nach Ansicht des Politikwissenschaftlers und Europaexperten Werner Weidenfeld von der Europäischen Union eine aktive, strategische und kohärente Asienpolitik, die in enger Zusammenarbeit mit ihren internationalen Partnern entwickelt und umgesetzt wird. Gerade für Letzteres ist die EU jedoch nicht angemessen aufgestellt: Zum einen verfolgt sie ihre außenpolitischen Prinzipien je nach Partnerland unterschiedlich konsequent. Zum anderen wird der wirtschaftlichen Konkurrenz zwischen den Mitgliedstaaten mehr Aufmerksamkeit geschenkt als ihrer gemeinsamen Wettbewerbsfähigkeit im globalen Maßstab. Zudem fehlt ein asienbezogener strategischer Dialog mit den USA wie auch die Handlungsfähigkeit, um politische, notfalls militärische Verantwortung zu übernehmen. Die sicherheitspolitischen Herausforderungen sind bekannt – die strategischen Antworten der EU müssen nach Auffassung des Autors jedoch noch zu Ende gedacht werden.

Zum Abschluss bleibt die Erkenntnis, die sich im Titel dieses Buches und der Asien-Pazifik-Wochen 2007 findet: Asien verändert die Welt. Nur wenn die Europäische Union, die Mitgliedstaaten sowie ihre Bürgerinnen und Bürger auf diese Veränderungen reagieren, ihre Herausforderungen annehmen und die Kategorien des eurozentrischen Weltbildes überwinden, werden sie von der Entwicklung Asiens nicht nur betroffen sein, sondern sie auch mitgestalten können.

Malte Boecker

এশিয়া পৃথিবীকে

アジ

亞洲改變世界

एशिया दुनिया को बदल रहा

아시아는 세

ອາຊີປ່ຽນແປງໂ

เอเชียเปลี่ยนแปลง

អាស៊ីកែប្រែ

CHÂU Á THAY ĐỔI THẾ

アジ

I

ASIENS WELTMACHTPOTENZIALE

Die demographische Dynamik Asiens

CARL HAUB

„Demographie ist Schicksal", stellte der französische Soziologe August Comte bereits im 19. Jahrhundert fest. Wenn dem so ist, verfügt Asien mit einiger Sicherheit über den Schlüssel für die wirtschaftliche Zukunft der Welt. Hinsichtlich Größe und Wachstum der Bevölkerung sticht keine Region so hervor wie Asien. Dort leben weltweit die meisten Verbraucher und Produzenten. Der Kontinent erfreut sich einer günstigen Quote aktiver Arbeitnehmer zu Ruheständlern und Kindern, und dies wird auch künftig so bleiben. Jedoch wird sich der Kontinent kaum auf einen gemeinsamen Begriff bringen lassen, denn Asien umfasst einige der vielfältigsten Länder der Erde.

Asien ist stets die weltweit bevölkerungsreichste Region gewesen und wird dies aller Voraussicht nach auch bleiben. Dort leben vier Milliarden Menschen – etwa 60 Prozent der Weltbevölkerung. Man nimmt an, dass diese Zahl bis Mitte des 21. Jahrhunderts auf mindestens 5,3 Milliarden ansteigen wird, also auf das 1,3-Fache der heutigen Bevölkerung. Dieser Anstieg ist, verglichen mit Afrika, nicht dramatisch: Die afrikanische Bevölkerung wird sich voraussichtlich bis Mitte des Jahrhunderts mehr als verdoppeln und von heute 0,9 Milliarden auf zwei Milliarden Menschen anwachsen.[1] Das langsamere Bevölkerungswachstum ist der eigentliche Schlüsselfaktor für den zunehmenden politischen und wirtschaftlichen Einfluss Asiens auf der internationalen Bühne.

Die „Bevölkerungsexplosion“ des 20. Jahrhunderts – und der Begriff trifft hier tatsächlich zu – wurde ausgelöst durch eine enorme Verbesserung der Gesundheitsversorgung in den Entwicklungsländern bei gleichbleibenden Geburtenraten.[2] Die Sterberaten besonders von Säuglingen sanken dort aufgrund stark verbesserter Gesundheitsmaßnahmen nach dem Zweiten Weltkrieg schneller, als dies jemals in den Industrienationen geschehen ist. Das Bevölkerungswachstum stieg mit teilweise über drei Prozent pro Jahr auf nie gekannte Werte. Bei einer solchen Wachstumsrate würde sich die Bevölkerung binnen 23 Jahren verdoppeln.

Die Welt war mit einer völlig neuen Situation konfrontiert. Die armen Länder mussten sich der Auswirkungen dieser Entwicklung bewusst werden – andernfalls hätten sie wohl weiterhin ihr Dasein in Armut fristen müssen. In der zweiten Hälfte des 20. Jahrhunderts erkannten die asiatischen Länder dieses neue Dilemma und reagierten darauf. In Afrika blieb eine Reaktion weitgehend aus.

Die Geschichte hat gezeigt, dass mit zunehmender Verstädterung, Bildung und Industrialisierung die Geburten- und Sterberaten deutlich sinken. Dieser „demographische Wandel“, der in Asien vor einigen Jahrzehnten begonnen hat, ist einer der Hauptgründe für den jetzigen Aufstieg des Kontinents zum Global Player. Neben dem niedrigen Bevölkerungswachstum ist ein weiteres Ergebnis des demographischen Wandels die veränderte Altersstruktur. Diese kann ermittelt werden, indem man etwa die Gesamtbevölkerung ins Verhältnis zu einer der drei Altersgruppen setzt: jünger als 15 Jahre, zwischen 15 und 64 Jahren („erwerbsfähiges Alter“) und älter als 65 Jahre.

Länder mit hohen Geburtenraten, also mit einem Durchschnitt von mindestens sechs Kindern pro Frau, in denen 45 Prozent der Bevölkerung oder mehr jünger als 15 Jahre alt sind, werden als „jung“ eingestuft. Unter solchen Bedingungen kann die wirtschaftliche Entwicklung eines Landes erschwert werden, denn eine ständig wachsende Bevölkerung belastet die häufig schwachen Staatshaushalte. So eine Situation kann auch ein Hinweis darauf sein, dass ein Staat sich nicht mit den negativen Auswirkungen eines schnellen und stetigen Bevölkerungswachstums auseinandersetzt.

Die Rolle der Fertilität

Der Schlüssel zur demographischen Entwicklung Asiens liegt in der sogenannten zusammengefassten Geburtenziffer („total fertility rate", TFR) – der durchschnittlichen Zahl der Kinder, die eine Frau – bei konstanter Gesamtgeburtenrate des Landes – in ihrem Leben zur Welt bringt. So werden beispielsweise in Indien etwa 27 Millionen Kinder pro Jahr geboren. Das entspricht 24 Geburten pro 1.000 Einwohner. Bei dieser Geburtenrate würde eine indische Frau im Laufe ihres Lebens durchschnittlich etwa drei Kinder gebären; die TFR beträgt somit drei.

Die Bevölkerung „erneuert" sich, wenn Paare im Durchschnitt zwei Kinder haben, sich also lediglich selbst ersetzen und nicht die zukünftige Generation vergrößern. Beträgt die Geburtenziffer über einen langen Zeitraum hinweg etwa zwei, führt dies zu einem Nullwachstum der Bevölkerung. Einige asiatische Länder liegen derzeit über der Erneuerungsrate, einige kommen ihr sehr nahe, und einige bewegen sich deutlich unter dieser Marke. Auch Europa liegt unter der Erneuerungsrate: Hier führen die niedrigen Geburtenraten dazu, dass man eine weiter abnehmende und gleichzeitig alternde Bevölkerung befürchtet.

Asien unterscheidet sich von anderen großen Entwicklungsregionen wie Afrika und Lateinamerika insofern, als die Geburtenziffer dort am stärksten variiert: In Südkorea und Taiwan beträgt sie 1,1 – in Afghanistan hingegen 6,8. Einige der wirtschaftlich erfolgreichsten asiatischen Länder haben sehr niedrige Geburtenziffern: Südkorea, Taiwan, Singapur (je 1,2), Japan (1,3), China (1,6), Thailand (1,7) und Sri Lanka (2,0). Zu den Ländern mit niedrigen oder mittleren Raten gehören Vietnam (2,1), Indonesien (2,4), Malaysia (2,6), Indien (2,9) und Bangladesch (3,0). Höher sind die Raten auf den Philippinen (3,4), in Nepal (3,7) und in Pakistan (4,6).[3]

Wie man an den Zahlen erkennen kann, ist der Status als aufstrebende Weltwirtschaftsmacht nicht zwingend an die Geburtenrate eines Landes gebunden, so wichtig diese auch für die demographische Entwicklung sein mag. Länder mit erheblichem wirtschaftlichem Einfluss, aber einer sehr niedrigen TFR, wie Japan, Südkorea und Taiwan, sehen sich heute mit einer massiven Alterung der Gesellschaft konfrontiert. Sie führt zu einem schwächeren heimischen Markt und einer erwerbstätigen Bevölkerung, die aufgrund ihres steigenden Alters immer höhere Löhne beansprucht; gleichzeitig wird das zahlenmäßige Verhältnis von Arbeitnehmern und Rentnern ungünstiger. Man kann diese Länder also als „alternde asiatische Tigerstaaten" bezeichnen. In Vietnam werden niedrige Geburtenraten vom Staat erzwungen, und dennoch ist das Land derzeit nicht in der Lage, sein wirtschaftliches Potenzial auszuschöpfen. Dies lässt sich auf den niedrigen Bildungsstand und den Mangel an qualifizierten Arbeitskräften zurückführen.

Bangladesch ist es gelungen, seine Geburtenziffer deutlich zu senken, obwohl es kaum über Bodenschätze verfügt und die Mehrheit der Bevölkerung Bauern sind. Das Land ist allerdings noch weit davon entfernt, als wirtschaftlicher Global Player wahrgenommen zu werden. Auch wenn die Geburtenziffer an sich also noch kein Indikator für den wirtschaftlichen Einfluss eines Landes ist, sollte man sie doch immer im Blick behalten. Sie kann helfen, den zukünftigen Bevölkerungsanteil eines Landes im erwerbsfähigen Alter zu berechnen – den man heute allgemein als die „demographische Dividende" bezeichnet.

Die Geschlechterverteilung

Ein weiteres wichtiges Thema ist das numerische Verhältnis von neugeborenen Mädchen zu Jungen, das sich in mehreren wichtigen asiatischen Ländern anormal entwickelt. In Ländern, wo Jungen eher erwünscht sind, kommt es vor, dass Paare nach einer Ultraschall-Untersuchung weibliche Föten abtreiben lassen. So wird das weltweit normale Verhältnis von 100 neugeborenen Mädchen zu 105 neugeborenen Jungen verzerrt. In China ist die Lage bereits dramatisch:[4] Auf 100 neugeborene Mädchen kommen 119 Jungen. In Indien sind es 114 Jungen.[5] Sowohl in China[6] als auch in Indien[7] scheint sich die Situation weiter zu verschlechtern. In Südkorea beträgt das Verhältnis 108 Jungen zu 100 Mädchen, doch die Zahlen verbessern sich allmählich.[8] Alle drei Länder unternehmen erhebliche Anstrengungen, um die Abtreibung weiblicher Föten zu unterbinden, aber die Geschlechterstruktur ist bereits stark aus dem Gleichgewicht gebracht. Dieses neuartige Phänomen wird zweifelsohne soziale Probleme – von der Abwanderung von Männern bis hin zu Frauenhandel – mit sich bringen.

Bevölkerungsgröße

Die Größe der Bevölkerung ist nicht der einzige Indikator für den Einfluss eines Landes, auch wenn sie eindeutig auf sein Potenzial sowohl als Markt als auch als Produzent hindeutet. Mehr als 60 Prozent der 3,9 Milliarden Asiaten verteilen sich auf zwei Nationen: 1,3 Milliarden Menschen leben in China und 1,1 Milliarden in Indien. Indonesien ist mit 226 Millionen Menschen nach den USA das viertgrößte Land der Welt. Weitere bevölkerungsreiche Länder sind Pakistan (166 Mio.), Bangladesch (147 Mio.), die Philippinen (86 Mio.), Vietnam (84 Mio.), Thailand (65 Mio.), Myanmar (51 Mio.) und Südkorea (49 Mio.).[9]

Die wirtschaftliche und politische Entwicklung hängt von vielen weiteren Faktoren ab, wie den sozialen Bedingungen im Land, der politischen Geschichte, der kulturellen und religiösen Situation und den gesetzlichen Bestimmungen für Auslandsinvestitionen. Doch allein seine Größe wird Asien zu einem Global Player machen. Ein beeindruckender Indikator ist hier die Tatsache, dass in Indien allein eine Altersgruppe – Jungen unter fünf Jahren – mit 62 Millionen größer ist als die gesamte französische Bevölkerung.[10] Auch wenn nur relativ wenige Menschen in Indien einen westlichen Lebensstil mit dem entsprechenden Konsumverhalten haben, ist das Potenzial des indischen Marktes enorm.

Demographischer Wandel und Abhängigkeitsrelation

Die sich verändernde Altersstruktur ist einer der Schlüssel zu Asiens wirtschaftlichem Aufschwung. Die Geburtenrate sinkt, und daher geht auch der Anteil der Kinder und Jugendlichen an der Gesamtbevölkerung zurück, während die Erwerbstätigen einen immer größeren Teil der gesamten Bevölkerung ausmachen. Im Jahr 1970 waren in Asien 40 Prozent der Bevölkerung unter 15 Jahre alt. Im Jahr 2007 sank der Anteil dieser Gruppe auf 27 Prozent, und er wird mit großer Sicherheit im Jahr 2020 nur noch bei 24 Prozent liegen. Zwischen 1970 und 2007 stieg der Prozentsatz der über 65-Jährigen nur sehr langsam von 4,1 auf 6,6 Prozent.[11] Folglich verkleinern sich die nichterwerbstätigen Bevölkerungsgruppen stark.

Für wissenschaftliche Untersuchungen derartiger Veränderungen werden häufig Indikatoren zu Hilfe genommen, wie die Abhängigkeitsrelation beziehungsweise das Verhältnis von Erwerbstätigen zu Nichterwerbstätigen. Die klassischen erwerbslosen Altersgruppen sind die unter 14-Jährigen und die über 65-Jährigen, obwohl diese Kategorien nur bei wenigen Gesellschaften genau passen. In den Industrienationen beispielsweise sind weit weniger 15- bis 19-Jährige erwerbstätig, und viele Menschen gehen vor ihrem 65. Lebensjahr in Frührente. Diese Tendenz wird auch für Entwicklungsländer gelten, deren Bildungsniveau weiter steigt und Rentensysteme besser werden. Trotzdem verwenden wir hier im Weiteren den Begriff der klassischen „abhängigen" (also erwerbslosen) Altersgruppen.

In Asien kamen 1970 durchschnittlich 126 Erwerbstätige auf 100 „Abhängige"; im Jahr 2007 sind es 193, und man erwartet, dass das Verhältnis auf bis zu 207 Erwerbstätige (pro 100 Abhängige) im

Jahr 2020 anwachsen wird. Für Europa lauten die Zahlen für diese Jahre: 179, 217 und 194. Bei genauerem Hinsehen wird ihre wahre Bedeutung klar: In den letzten Jahren hat sich die Bevölkerungspyramide Europas auf den Kopf gestellt. Im Jahr 2005 lebten in Europa 56 Millionen Menschen im Alter zwischen 40 und 44 Jahren und nur 37 Millionen Null- bis Vierjährige. Für Asien dagegen waren diese Altersgruppen mit 259 Millionen bzw. 357 Millionen Menschen zu beziffern.[12] Dieser Unterschied definiert die demographische Dividende des Kontinents sowie die Jugendlichkeit der asiatischen Arbeitskräfte und des Marktes. Selbst mit sinkenden Geburtenraten wird die Bevölkerungspyramide Asiens weiterhin ein jugendliches Fundament haben, das mindestens so groß ist wie die älteren Bevölkerungsgruppen. Folglich wird Asien jung bleiben.

Mit anderen Worten: Asien altert, aber nur langsam. Im Jahr 2005 lag das Durchschnittsalter der asiatischen Bevölkerung bei 27,7 Jahren, und Schätzungen zufolge wird es bis 2020 lediglich auf 32,2 Jahre steigen. Die europäische Bevölkerung war dagegen 2005 durchschnittlich 39 Jahre alt, und für 2020 rechnen Fachleute mit einem Durchschnitt von 43,1 Jahren. Zudem wird erwartet, dass der Anteil der über 65-Jährigen in demselben Zeitraum in Europa von 16 auf 19,1 Prozent anwachsen wird.[13]

Asien steht an einem bedeutenden Punkt in seiner Geschichte. Noch vor einigen Jahrzehnten waren die asiatischen Gesellschaften vornehmlich agrarisch geprägt und „zu jung" für die schwere Last, die stetig nachwachsenden Generationen mit Bildung und gleichzeitig die gesamte Bevölkerung mit Wohnraum, Nahrung und Gesundheitsdiensten zu versorgen. Da sich das Bevölkerungswachstum verlangsamt hat, können diese Aufgaben nicht nur bewältigt werden, sondern hat sich auch die Qualität der Leistungen verbessert. Dank der demographischen Veränderungen ist Asien dazu immer mehr in der Lage, einige Länder natürlich früher als andere.

Fokus Indien

Asiatische Länder werden künftig Anwärter auf Spitzenpositionen in der Weltwirtschaft sein, und einige haben diese Positionen bereits jetzt erreicht. Doch wird dies nicht automatisch geschehen. Indien, das in letzter Zeit oft als aufstrebende Macht bezeichnet wurde, hat immer noch das Problem einer unterernährten, wenig gebildeten und weitgehend dörflichen Bevölkerung, während die Oberschicht als elitäre Minderheit hauptsächlich in den großen Metropolen beheimatet ist. Die Geburtenrate ist auch in Indien gesunken, aber nicht überall gleich stark: In den meisten großen, wenig gebildeten nördlichen Staaten ist sie nur langsam zurückgegangen. Trotzdem hat Indien die Kraft und auch das Geschick, einen größeren Teil der Gesellschaft an der wachsenden Wirtschaft teilhaben zu lassen.

Darüber hinaus ist die potenzielle demographische Dividende ausschlaggebend. 1970 betrug das Verhältnis zwischen erwerbstätiger und nichterwerbstätiger Bevölkerung nur 127 zu 100. Doch die sinkende Geburtenrate hat es im Jahr 2007 auf 173 zu 100 erhöht. Falls die Geburtenrate weiterhin sinkt, wird dieses Verhältnis auf bis zu 200 zu 100 steigen. Diese allgemeine Quote verbirgt jedoch die Tatsache, dass Indiens erwerbstätige Bevölkerung jung bleiben wird, wie das Durchschnittsalter zeigt. Es wird allen Erwartungen zufolge bis 2020 von derzeit 24 Jahren auf nicht mehr als 29 Jahre steigen. Indien bleibt jung aufgrund der relativ hohen Geburtenrate in der Vergangenheit sowie der Tatsache, dass der prozentuale Anteil der über 65-Jährigen von derzeit 5,5 Prozent vermutlich auf nur sieben Prozent im Jahr 2020 steigen wird.[14]

Fokus China

In China ist die Geburtenrate durch die nationale Bevölkerungspolitik viel niedriger als in Indien. Mit 1,6 ist die TFR heute sehr niedrig, und dies würde vermuten lassen, dass China ebenso wie viele europäische Staaten mit einer alternden Bevölkerung konfrontiert sein wird. Langfristig ist das wahrscheinlich auch der Fall, doch da die Geburtenrate erst in den letzten Jahrzehnten stark gesunken ist, wird kurz- bis mittelfristig wohl Chinas eigene demographische Dividende entscheidend sein. Im Jahr 1970, mit einer TFR von 5,5 Kindern pro Frau, lag das Verhältnis von erwerbstätiger zu nichterwerbstätiger Bevölkerung bei 152 zu 100. Als Folge des dramatischen Geburtenrückgangs liegt dieser Wert heute bei 250 zu 100. Laut Schätzungen wird er auch 2020 noch relativ hoch sein, bei etwa 230 zu 100.[15] Damit wird China eine ältere Erwerbstätigengruppe haben als Indien. Das Durchschnittsalter der chinesischen Bevölkerung von derzeit 32,6 Jahren wird voraussichtlich bis 2020 auf 37,9 Jahre ansteigen. Dies resultiert ebenfalls aus der momentan niedrigen Geburtenrate.

Ähnliche Schlüsse können für viele andere asiatische Staaten gezogen werden, deren Entwicklung heute vergleichbar oder weniger ausgeprägt ist. Praktisch alle Länder in Asien sind aber in einem demographischen Wandel begriffen: Entweder haben sie ihn bereits vollendet, oder sie sind dabei, ihn zu vollziehen.

Wenn wir abermals China und Indien betrachten, die Länder mit den meisten potenziellen Konsumenten und Produzenten, sollte hervorgehoben werden, dass Bevölkerungszahlen zwar ein grundlegender Indikator des Potenzials eines Landes sind, aber mehr auch nicht. Die Geschwindigkeit des wirtschaftlichen Aufschwungs wird von vielen Faktoren abhängig sein. Noch heute arbeiten im landwirtschaftlichen Sektor 44 Prozent der chinesischen[16] und 57 Prozent der indischen Beschäftigten,[17] und oftmals reicht es gerade zum Überleben.

Doch unabhängig von der Geschwindigkeit und dem Ausmaß der wirtschaftlichen Entwicklung wird der Einfluss Asiens in den nächsten Jahren wachsen. Dies ist durch die Größe der Bevölkerung und ihr niedriges Durchschnittsalter sichergestellt. Asiens Macht wird in Zukunft politisch wie auch wirtschaftlich anhand vieler Faktoren zu spüren sein: angefangen von der Größe des Marktes über die Möglichkeiten der Produktion bis hin zu dem Einfluss in internationalen Organisationen.

Anmerkungen

1 Population Reference Bureau 2006.

2 Die Definition der Begriffe „Industrienationen" und „Entwicklungsländer" richtet sich nach den Konventionen der Vereinten Nationen. Die Industrienationen umfassen demnach Europa (inklusive Russland), Nordamerika, Australien, Japan und Neuseeland. Als Entwicklungsländer werden alle anderen Länder in Afrika, Asien, Lateinamerika, Ozeanien und der Karibik bezeichnet.

3 Population Reference Bureau 2006.

4 China Population Information and Research Center 2006.

5 Registrar General and Census Commissioner of India 2005.

6 China Population Information and Research Center 2005 und 2006.

7 Registrar General and Census Commissioner of India 2004 und 2005.

8 Korea National Statistics Office.

9 Population Reference Bureau 2006.

10 United Nations 2005.

11 Ebd.

12 Ebd.

13 Ebd.

14 Ebd.

15 Ebd.

16 International Labour Office 2005.

17 Ministry of Labour and Employment 2004.

Literatur

China Population Information and Research Center. „Family planning becomes controversial topic". December 30, 2005. http://www.cpirc.org.cn/en/enews20051230.htm (Download 20.4.2007).

China Population Information and Research Center. „China to keep population below 1.3 b[illion]“. July 1, 2006. http://www.cpirc.org.cn/en/enews20060107.htm (Download 20.4.2007).

International Labour Office. *Yearbook of Labour Statistics 2005*. Geneva 2005.

Korea National Statistics Office. Seoul. http://kosis.nso.go.kr/cgi-bin/sws_888.cgi?ID=DT_1B8000A&IDTYPE=3&A_LANG=2&FPUB=4&SELITEM= (Download 14.4.2007).

Ministry of Labour and Employment, Government of India. *Indian Labour Yearbook*. Shimla/Chandigarh 2004.

Population Reference Bureau. *World Population Data Sheet*. Washington D. C. 2006.

Registrar General and Census Commissioner of India. *Sample Registration System Report*. New Delhi 2004.

Registrar General and Census Commissioner of India. *Sample Registration System Report*. New Delhi 2005.

United Nations. *World Population Prospects, 2004 Revision*. New York 2005.

Wirtschaftliche und technologische Perspektiven für Asien

HORST SIEBERT

Kräftige Dynamik

Die Entwicklung Asiens in den letzten dreißig Jahren ist die Geschichte eines beachtlichen wirtschaftlichen Erfolges. Asien[1] bestreitet heute mit einer Bevölkerung von über 3,5 Milliarden Menschen und einem Bruttoinlandsprodukt von 9,7 Billionen US-Dollar 21,6 Prozent des Weltsozialprodukts. Es liefert 28 Prozent der Weltexporte, also der Warenexporte ohne Dienstleistungen.[2] 1970 lagen diese Anteile noch bei 14,9 Prozent (Bruttoinlandsprodukt) und zwölf Prozent (Weltexporte).

Im Gegensatz zu Lateinamerika, das in den vier Dekaden nach 1950 auf die Strategie der Importsubstitution setzte, also den Schutz seiner heimischen Industrie, verfolgten die asiatischen Länder im Wesentlichen die Politik, ihre Volkswirtschaften dem internationalen Wettbewerb auszusetzen. Auf diese Weise eröffneten sich der nationalen Produktion Chancen, und die Exporte wurden eine der entscheidenden Antriebskräfte des wirtschaftlichen Wachstums. Den vier Tigern – Hongkong, Singapur, Südkorea und Taiwan – gelang es, ihren Anteil an den Weltmarktexporten von 2,0 Prozent im Jahr 1960 auf 9,7 Prozent im Jahr 2005 zu steigern. Chinas Anteil an den Weltexporten nahm von 0,7 (1960) auf 7,3 Prozent (2005) zu.

Gleichzeitig diente den asiatischen Volkswirtschaften eine starke Kapitalakkumulation als zweiter Wachstumsmotor, ermöglicht durch eine hohe Sparneigung und ausländische Direktinvestitionen. Die Bruttosparquote (einschließlich der Ersparnisse im Unternehmenssektor sowie der Abschreibungen) erreichte in vielen asiatischen Ländern über 30 Prozent des Bruttosozialprodukts, im Vergleich zu etwa 20 Prozent in den OECD-Ländern. Die ausländischen Direktinvestitionen finanzierten einen Teil der Bruttoinvestitionen, in China beispielsweise acht Prozent im Jahr 2005. All dies ging neben einer konsequenten Öffnung der Volkswirtschaften für den internationalen Wettbewerb mit der Einführung marktwirtschaftlicher Prinzipien einher.

ABBILDUNG 1:
WACHSTUMSRATEN IN DER WELTWIRTSCHAFT 1950–2004

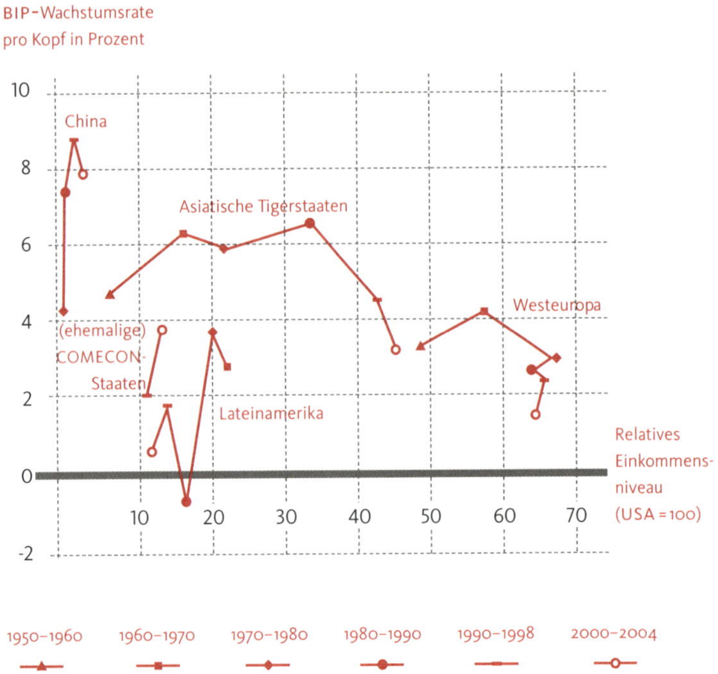

Quelle: Siebert 2007b

Entsprechend hoch lagen die Wachstumsraten des Bruttoinlandsprodukts, die es vielen Ländern Asiens ermöglichten, den Abstand zu den USA zu verringern. Besonders eindrucksvoll ist dies im Vergleich zu anderen Regionen der Welt den vier Tigern gelungen (Abbildung 1). Sie haben im Aufholprozess zu den Industrienationen beim Einkommen pro Kopf zum Durchschnitt der OECD aufgeschlossen. Dabei spielte der sektorale Strukturwandel zu den Dienstleistungen eine bedeutende Rolle.[3]

China verzeichnet seit 1980 eine durchschnittliche BIP-Wachstumsrate von nahezu zehn Prozent jährlich. Die südostasiatischen Länder Malaysia, Indonesien und Thailand erreichen für den gleichen Zeitraum beachtliche Zuwachsraten von 6,0 Prozent und mehr. Allerdings haben die meisten Länder, im Vergleich zu den vier Tigern, im Aufholprozess noch eine weite Strecke vor sich. Insgesamt liegt die Wachstumsrate für Asien im Zeitraum 1970 bis 2005 bei 4,1 Prozent – knapp einen Prozentpunkt über der der Weltwirtschaft von 3,2 Prozent.

Das Wachstumsbild der asiatischen Volkswirtschaften ist zu differenzieren. So weist Japan seit 1980 eine Zuwachsrate von lediglich 2,4 Prozent auf. Nach dem Platzen der japanischen Blase 1990 hat das Land mit 1,5 Prozent (1991–2005) nahezu stagniert, nachdem sich die Wachstumsrate vorher bei 4,5 Prozent (1970–1990) bewegt hatte. Die asiatische Währungskrise 1997 – mit der Folge eines schrumpfenden Bruttoinlandsprodukts für viele Länder – war der Preis für die rigide Anbindung der asiatischen Währungen an den US-Dollar, bekannt als Dollar-Standard. Dieser half mit von vielen als unterbewertet erachteten nationalen Währungen, den Export anzukurbeln.

Die Währungskrise stellte für die meisten asiatischen Volkswirtschaften eine Zäsur dar. So ist es den vier Tigern nicht gelungen, zu ihren hohen Wachstumsraten von 7,9 Prozent (1971–1997) zurückzukehren. Die Raten liegen seit 2000 mit 4,4 Prozent deutlich niedriger. Allerdings kann das damit zusammenhängen, dass die Phase des aufholenden Wachstums für diese Länder vorbei ist.

Indien, nach China das bevölkerungsreichste Land der Erde, schaffte es, durch eine Neuorientierung seiner Wirtschaftspolitik, bei der Planungselemente aufgegeben wurden und Marktkräften eine größere Rolle eingeräumt wurde, die niedrige Rate der 70er Jahre von 2,8 Prozent auf 5,7 Prozent in den 90er Jahren zu steigern, sodass sich insgesamt eine Rate von 5,1 Prozent für den Zeitraum seit 1970 ergibt (Tabelle 1). Die Philippinen mit einer Wachstumsrate von 3,7 Prozent zwischen 1970 und 2005 wurden ohnehin nicht zu den asiatischen Tigern gezählt.

TABELLE 1: WIRTSCHAFTSWACHSTUM* IN ASIEN

	1970er	1980er	1990er	2000er	1970–2005
Asien	4,5	4,6	3,5	3,8	4,1
Ostasien	4,5	4,5	3,2	3,4	3,9
China	7,3	9,7	9,9	9,3	9,1
Japan	5,2	3,7	1,7	1,5	3,2
Korea	8,3	7,6	6,1	5,2	7,0
Südostasien	7,3	5,6	5,3	5,0	5,9
Malaysia	7,7	5,8	7,1	5,2	6,6
Indonesien	7,8	6,4	4,6	4,7	6,0
Thailand	7,5	7,3	5,1	5,0	6,3
Südasien	2,4	5,7	5,4	6,0	4,7
Indien	2,8	5,9	5,7	6,4	5,1
nachrichtlich: Welt	4,0	3,0	2,8	3,0	3,2

* Wachstumsrate des Bruttosozialprodukts, real in konstanten Preisen von 2000. Durchschnittliche (geometrische) jährliche Wachstumsrate pro Dekade; ausgenommen Afghanistan und Zentralasien. Dekadenwerte berechnet für einen Zeitraum mit den Jahren 0 und 9 der Dekade, z. B. 1970–1979. Quelle: Eigene Berechnungen auf der Basis World Bank 2007.

Bremsende Faktoren des Wachstumsprozesses

Die wirtschaftliche Zukunft Asiens wird entscheidend davon abhängen, wie weit es den einzelnen Volkswirtschaften gelingt, die Wachstumskräfte stark zu halten und damit den bisherigen kräftigen Wachstumsprozess fortzusetzen. Für diejenigen Schwellenländer, die anders als die neuen asiatischen Industrieländer (z. B. Korea) beim Bruttosozialprodukt pro Kopf noch nicht zum OECD-Durchschnitt aufgeschlossen haben, ist der sektorale Strukturwandel ein bedeutender Weg, auf dem sie das wirtschaftliche Wachstum vorantreiben können. Sie müssen neben der Industrie die Dienstleistungen für Produktivitätssteigerungen nutzen, also auf beiden Beinen vorangehen.[4] Ferner stehen eher bremsende Faktoren und Kräfte der Innovation im Widerstreit (siehe unten).

Zu den retardierenden Elementen in Asien zählt, dass sich Japan, das etwa die Hälfte des Bruttosozialprodukts Asiens ausmacht, schwertut, auf den ehemaligen höheren Wachstumspfad zurückzufinden. Dabei ist anzunehmen, dass das Land als reife Volkswirtschaft ein Gleichgewicht mit niedrigeren Zuwachsraten erreicht hat. Ferner wird das Wachstum Asiens zukünftig vor allem von der wirtschaftlichen Entwicklung Chinas beeinflusst, das knapp ein Viertel des Bruttosozialprodukts Asiens stellt. Dort dürfte sich das bisherige hohe Wachstum abschwächen. Dies bedeutet weniger stimulierende Effekte für die anderen Volkswirtschaften, entsprechend ihrer Handelsintensität mit China.

Chinas hohe Sparneigung, die unternehmerische Initiative und die Leistungsbereitschaft der Bevölkerung mit dem Wunsch, am Wohlstand teilzuhaben, sprechen sicherlich für die Fortsetzung der hohen Wachstumsraten.[5] Aber viele andere Faktoren, wie wir sie aus dem Verhalten reifer Volkswirtschaften kennen, können bremsend wirken:

- Das Arbeitsangebot, das bisher etwa einen Prozentpunkt zu der Wachstumsrate von zehn Prozent beigetragen hat, lässt sich langfristig kaum noch ausdehnen.

- Mit zunehmender Knappheit des Faktors Arbeit stellt sich ein höherer Reallohn ein; dadurch wird der Vorteil für arbeitsintensive Exportgüter geringer.
- Mit zunehmender Kapitalakkumulation wandert die Volkswirtschaft bei gegebener Technologie auf der Grenzproduktivitätskurve des Kapitals nach unten; die Grenzproduktivität des Kapitals nimmt ab.
- In der Infrastruktur, etwa beim Verkehr, zeigen sich Engpässe.
- Der Sicherheit des Arbeitsplatzes muss größere Aufmerksamkeit zukommen.
- Gefährliche Umweltunfälle, etwa in der Chemie, verlangen höhere Ausgaben.

Eine besondere Wachstumsschranke wird sich bei der Vermeidung von Umweltschäden, sei es bei der Luftverschmutzung, sei es bei der Verunreinigung der Gewässer und der Böden, bemerkbar machen. Dies gilt vor allem deshalb, weil Chinas Wachstum bisher mit hohen Umweltschäden einherging, sodass man von einem verzerrten Wachstum sprechen kann. Dabei spielt Chinas Energiehunger als Verursacher von Umweltschäden eine entscheidende Rolle. Die Internalisierung der sozialen Kosten wird bei den Verursachern die Grenzproduktivität des Kapitals (und der Arbeit) reduzieren.

Ein weiteres großes Problem wird sich in der sozialen Absicherung stellen. Im alten System beruhte die Absicherung bei Krankheit und im Alter auf den Staatsbetrieben, die Gesundheitsleistungen und Renten zur Verfügung stellten. Nachdem die Staatsbetriebe ihre Bedeutung eingebüßt haben, ist die Bevölkerung weitgehend ohne soziale Absicherung in den Bereichen Arbeitslosigkeit, Gesundheit und Alterssicherung. China befindet sich auf diesen Gebieten in einer Lage wie die europäischen Länder vor über hundert Jahren. Die wirtschaftspolitische Aufgabe wird also darin bestehen, eine soziale Absicherung zu organisieren, ohne die Fehlanreize der kontinentaleuropäischen Systeme zu übernehmen. Dabei hat China die Chance, bei der Alterssicherung und auch im Gesundheitswesen stärker auf Elemente der Kapitaldeckung anstatt auf eine umlagenfinanzierte soziale Absicherung zu setzen.

Über diese Wachstumsbegrenzungen hinaus ist ferner offen, ob es zu einer Bankenkrise kommt. Chinas Bankensystem ist fragil. Die Chinesen sparen weitgehend in Form von Depositen bei Banken, eine Anlage ihrer Finanzmittel im Ausland ist ihnen verwehrt; die Umtauschmöglichkeit in fremde Währung ist auf 20.000 US-Dollar pro Jahr begrenzt. Die hohen Währungsreserven sind in der Vergangenheit zu einem beachtlichen Teil dazu benutzt worden, die Banken zu rekapitalisieren. Die chinesische Regierung muss daher in jedem Fall vermeiden, dass die Anleger das Vertrauen in die Banken verlieren.

Man kann argumentieren, dass sich all diese Fragen – auch ein denkbarer Vertrauensverlust in das Bankensystem technisch lösen lassen. Aber die bremsenden Faktoren kosten Wachstumspunkte. Dies ist dann nicht der Fall, wenn es China gelingt, die Produktivität entscheidend zu heben und in der Produktion in den Bereich der höherwertigen Produkte vorzustoßen (siehe unten).

Die Frage der sozialen Absicherung[6], die Verteilungsdebatte zwischen Stadt und Land, die Interpretation der Nutzungsrechte und auch die Umweltschäden, vor allem soweit sie zu Krankheit und frühem Tod führen, enthalten politischen Sprengstoff, der die Stellung der kommunistischen Partei berührt. Hier stellen sich zusätzliche Fragen. So ist offen, inwieweit das in China praktizierte System der zeitlich begrenzten Nutzungsrechte mit 30 Jahren für landwirtschaftlichen Boden, 50 Jahren für Fabriken und 70 Jahren für Wohnungseigentum auf Dauer tragfähig ist. Die Eigentumsrechte an Unternehmen scheinen an das Nutzungsrecht an Boden gebunden zu sein. Faktisch werden Nutzungsrechte für die Zwecke vergeben, die die höchste Produktivität versprechen. Letztlich entscheiden Kollektive. Die Kompensation bei Enteignung ist nicht eindeutig geregelt, die Rechtsstaatlichkeit ist nicht ausgeprägt, Korruption herrscht vor.

Die entscheidende Frage lautet, inwieweit die ökonomische Freiheit auf Dauer zwangsläufig ein Verlangen nach politischer Freiheit nach sich zieht. Denn die Menschen, die sich wirtschaftlich anstrengen, wollen möglicherweise auch die Regeln beeinflussen, nach denen sie wirtschaften sollen. Eine mögliche Antwort jedoch besteht darin, dass sich die Chinesen, von denen die meisten danach streben, reich zu werden, wenigstens aber am Wohlstand zu partizipieren, für lange Zeit mit der wirtschaftlichen Freiheit zufriedengeben.

All diese Überlegungen deuten darauf hin, dass die Wachstumsrate Chinas im nächsten Jahrzehnt sechs Prozent kaum übersteigen wird. Entsprechend geringer fallen im Vergleich zu den letzten 25 Jahren die positiv stimulierenden Effekte für die anderen asiatischen Länder aus. Dort stellt sich die Frage nach den Bremseffekten nicht wie in China, da drohende Probleme bisher konsequenter angegangen wurden. Tendenziell dürfte die Wachstumsrate Asiens niedriger liegen als die 4,1 Prozent aus den Jahren 1970 bis 2005.

Das Innovationspotenzial Asiens

Diesen bremsenden Einflüssen auf das wirtschaftliche Wachstum kann eine kräftige Innovation entgegenwirken. Technologisch trifft für die meisten Volkswirtschaften Asiens in den letzten drei Jahrzehnten – mit Ausnahme Japans und der asiatischen Tiger – wohl die Produktzyklusthese von Raymond Vernon (1966) zu. Dank ihres komparativen Vorteils bei arbeitsintensiven Produkten spezialisierten sie sich auf diejenigen Güter, bei denen die Produktionsvorteile aus den Industrienationen abwanderten. Dabei geht es im Wesentlichen um Güter, deren Produktionsverfahren in den späteren Phasen des Produktzyklus weitgehend standardisiert und damit auch bekannt sind (Textilien, Stahl, Automobile, Keramik). Entsprechend kann man von einer Imitationsphase sprechen. Mit diesen Produktzyklusgütern ist dann auch die Vorstellung von Asien als Werkbank der Weltwirtschaft verbunden.

Doch die meisten Länder haben diese Strategie des Nachbaus – in China zuweilen unter Missachtung der geistigen Eigentumsrechte – bereits verlassen. Viele waren auch bemüht, in ein höherwertiges technologisch-innovatives Produktsortiment vorzustoßen, insbesondere die Herstellung neuer Güter aufzunehmen und so technologische Stufen zu überspringen. Asiens fünf führende Exportländer (China, Korea, Malaysia, Singapur und Taiwan) bestreiten heute ein Fünftel der Weltproduktion in der Elektronik, wobei sicherlich arbeitsintensive Produktionen eine große Rolle spielen. In der Halbleiterindustrie werden mehr als 70 Prozent der Weltproduktion in Asien erstellt.[7] Diese Länder erreichen hohe Anteile der Hochtechnologie-Exporte: 31 Prozent der Warenexporte in China, 32 Prozent in Korea, 57 Prozent in Singapur. Bei Japan beträgt der Anteil hingegen 22 Prozent, bei Indien lediglich fünf Prozent. Zum Vergleich bewegen sich die Zahlen für die USA bei 32 Prozent, für Deutschland bei 16 Prozent.

Ausländische Direktinvestitionen waren und sind für die Volkswirtschaften Asiens ein wichtiger Kanal, über den ein Zugang zu neuer Technologie ermöglicht wurde. Zudem haben die Länder Asiens traditionell der Ausbildung der Arbeitskräfte große Bedeutung beigemessen, um auf diese Weise Wissenskapital und Fähigkeitskapital (Humankapital) aufzubauen und die Arbeitsproduktivität zu heben. Folgt man der neueren Wachstumstheorie, so ist Humankapital eine entscheidende Voraussetzung dafür, neues Grundlagenwissen aufzuspüren und anwendbare neue Technologien zu finden. Dies gilt selbst dann, wenn die Wissenschaft leider zu wenig Information darüber hat, wie die Produktionsfunktion zur Auffindung neuen technischen Wissens genau aussieht.

Zwar sind die Technologie- wie auch die Kapitalmärkte der asiatischen Volkswirtschaften offen, und dies sowohl zwischen den asiatischen Ländern als auch für nicht-asiatische Volkswirtschaften. Dennoch verbleibt technisches Wissen weitgehend innerhalb der nationalen Grenzen. Dies gilt für Grundlagenwissen, aber in besonderer Weise für angewandtes Wissen. Zudem sind die Arbeitsmärkte segmentiert. Nationale Anstrengungen zum Aufbau des Humankapitals kommen damit dem eigenen Land zugute. Entsprechend wird dies als Aufgabe der einzelnen Länder angesehen.

So verfolgt China eine explizite Innovationsstrategie. Es unternimmt erhebliche Anstrengungen, sein Ausbildungssystem zu verbessern. Derzeit besuchen dort 5,7 Millionen Studierende die Colleges und Universitäten, übrigens anders als in Deutschland mit Studiengebühren; 350.000 studieren im Ausland.[8] Die heimkehrenden Studierenden beflügeln das Niveau der heimischen Universitäten massiv, da sie erlernte Arbeits- und Denkweisen zu Hause implementieren können. Im Jahr 2005 haben 73.000 Studierende chinesische Universitäten mit einem Master oder Doktortitel im Bereich Engineering verlassen.[9] Das sind dreimal so viele wie in den USA. Die schiere Zahl der Ausgebildeten sollte zu innovativen Leistungen führen.

Asien ist nicht nur durch günstige Lohnkosten für Direktinvestitionen aus Industrieländern attraktiv. Die Qualität des Humankapitals hat es zu einem interessanten Standort für das „Offshoring“ von Innovation gemacht.[10] Internationale Unternehmen lagern ihre Forschung teilweise nach Asien aus. Im Jahr 2005 wurden 315 neue Projekte ausländischer Direktinvestitionen in Forschung und Entwicklung in Süd-, Ost- und Südostasien verzeichnet, davon vier Fünftel in China und Indien. Zum Jahresende 2005 belief sich die Zahl der ausländischen Forschungs- und Entwicklungszentren in China auf 750.[11] Die mit dem „innovation offshoring“ verbundenen ausländischen Direktinvestitionen ermöglichen den Volkswirtschaften, an der technologischen Front mit dabei zu sein. Sie sind neben den Direktinvestitionen in Produktion und Dienstleistungen ein weiterer wichtiger Zugang zu neuer Technologie.

Geht man von einer Produktionsfunktion neuen Wissens aus, so sind Investitionen und unter ihnen Direktinvestitionen ein möglicher Indikator für die Realisierung neuen technischen Wissens, denn neue Technologie verkörpert sich in neuem Kapital. Allerdings handelt es sich dabei um eher schwache Indikatoren. Ferner kann man darauf abstellen, welche Inputs bereitgestellt werden, um neues Wissen zu kreieren. Dabei geht es um Ausgaben in technologierelevanten Sektoren in Relation zum Bruttosozialprodukt, wie etwa Ausgaben in der Informations- und Kommunikationstechnologie in Relation zum Bruttosozialprodukt, Forschungs- und Entwicklungsausgaben, Zahl der Patentanmeldungen der Inländer oder Zahl der Wissenschaftler in Forschung und Entwicklung pro Million Einwohner.

Gemäß diesen Inputfaktoren für das Auffinden neuen technologischen Wissens schneiden die OECD-Länder Asiens im Vergleich zu den USA und zu Europa gut ab. So wendet Japan 3,5 Prozent seines Bruttoinlandsprodukts für Forschung und Entwicklung auf (Tabelle 2). Ein Land wie China liegt dagegen bei den Forschungs- und Entwicklungsausgaben in Relation zum Bruttoinlandsprodukt und bei den Wissenschaftlern in Forschung und Entwicklung pro Million Einwohner zurück. Leider sind diese Inputgrößen nur ungenügende Indikatoren; sie würden ja eine erfolgreiche Situation signalisieren, wenn die Inputs ineffizient verwendet würden. Zudem sind die Inputs nicht immer vergleichbar. So differieren die Annahmeraten von Patenten zwischen den Ländern erheblich, sie liegen bei der Hälfte in den USA und einem Sechstel in Japan. Zudem werden nur die bei den wichtigsten Patentämtern registrierten Patente erfasst. Auch die Anteile der Inländer an den Patentanmeldungen unterscheiden sich erheblich, mit 72 Prozent in Japan, 52 Prozent in den USA und 26 Prozent in Deutschland. Idealerweise würde man anstelle der Inputs den aus den Forschungs- und

Entwicklungsausgaben resultierenden technologischen Fortschritt messen. Dabei tritt das Problem auf, dass man das Produktivitätswachstum eindeutig auf die technologischen Anstrengungen zurückführen können muss. Zudem muss dabei isoliert werden, welcher Anteil der Outputzunahme auf die Vermehrung der Produktionsfaktoren Arbeit und Kapital oder auf die Verknappung der Energie oder der Umwelt zurückzuführen ist.

Technologisches Wissen kann international zwischen Ländern über Märkte gehandelt und im Unternehmensverbund ausgetauscht werden.[12] Deshalb ist die Technologiebilanz (im Rahmen der Zahlungsbilanz) ein möglicher Indikator der technologischen Position von Volkswirtschaften. Sie zeigt an, ob ein Land Importeur oder Exporteur von Technologie ist. Sie umfasst Zahlungen für Lizenzen, Patente, den Kauf von Technologien und für technologische Unterstützung.

Über die Technologiebilanz Asiens insgesamt liegen keine vollständigen Informationen vor. Die von Japan ist für das Jahr 2004 mit 0,23 Prozent des Bruttoinlandsprodukts wie die der USA (0,25 Prozent) positiv. Dagegen hat Korea eine negative Technologiebilanz (–0,32 Prozent)[13]. Für China existieren keine entsprechenden Daten. Die Bilanz für Royaltys und Lizenzen sowie Forschung und Entwicklung Chinas ist mit über fünf Milliarden US-Dollar (2005) defizitär.

In der technologischen Landschaft Asiens nimmt Japan insofern eine Sonderrolle ein, als es im Vergleich zu Deutschland eher einseitig auf ausgesuchte Exportsektoren spezialisiert ist. Dies ist zum Teil auf eine explizite staatliche Politik im Rahmen des MITI (Ministry of International Trade and Industry) zurückzuführen. Die von vielen befürchteten Verdrängungsprozesse europäischer Produzenten durch Japan, etwa im Automobilbau, sind aber nicht eingetreten.

Zusammenfassend lässt sich festhalten, dass die asiatischen Schwellenländer zwar für absehbare Zeit die Werkbank der Welt-

TABELLE 2: INDIKATOREN DER TECHNOLOGISCHEN LEISTUNGSFÄHIGKEIT, 2005

	Ausgaben für Informations- u. Kommunikationstechnologie (% des BSP)	Patentanmeldungen, Inländer	Forschungs- u. Entwicklungsausgaben (% des BSP)	Wissenschaftler in Forschung u. Entwicklung (pro Mio. EW)
Asien	6,6	540.912	2,4	953
Ostasien u. Pazifik (Entwicklungsländer)[a]	5,3	66.112[b]	1,4[b]	708[b]
China	5,3	65.586[b]	1,4[b]	708[b]
Südasien	5,7	6.795[b]	0,7[d]	119[e]
Indien	5,8	6.595	n. v.	n. v.
asiatische OECD-Länder				
Japan	7,5	362.342[b]	3,1[f]	5.287[f]
Korea	6,9	105.027	2,5	3.003
Singapur	9,4	509	2,2	4.353
Europa und Zentralasien (ohne OECD-Länder)	5,1	34.767[b]	0,9[b]	1.993[c]
Industrieländer USA, EU	7,2	758.896[b]	2,4[f]	3.805[c]
USA	8,8	185.008[b]	2,7[b]	4.605[c]
Europäische Währungsunion	5,4	72.974[b]	1,9[f]	2.607[f]
Deutschland	6,1	48.329[b]	2,5[b]	3.261[b]
nachrichtlich:				
Entwicklungsländer	5,4	132.755[b]	0,8[b]	n. v.
Welt	n. v.	860.529	n. v.	n. v.

a = ohne Japan, Korea, Singapur, Hongkong sowie Brunei und Macao; b = 2004; c = 2002; d = 2000; e = 1998; f = 2003; n. v. = nicht verfügbar. Quelle: World Bank 2007.

wirtschaft bleiben, gleichzeitig aber als Standort für Innovationen für die Weltwirtschaft an Bedeutung gewinnen. Da sie auf den Wettbewerb als Entdeckungsverfahren setzen, werden sie ihr Innovationspotenzial stärken. Es ist nicht unwahrscheinlich, dass ein Land wie China in der technologischen Modernisierung ähnlich erfolgreich ist wie bei der Eroberung der Gütermärkte. Die Industrieländer haben jedenfalls keinen Grund, davon auszugehen, dass sie ihre Position in der Weltwirtschaft und im internationalen Handel ohne eigene nennenswerte Anstrengungen halten können.

Wirtschaftliche Integration als stimulierender Faktor

Ähnlich wie Europa kann Asien versuchen, den Wachstumsprozess durch eine vertiefte wirtschaftliche Integration zu stärken. Insgesamt handelt es sich bei diesen regionalen Integrationen um etwa zwei Dutzend Freihandelsabkommen in Asien, die außer der 1992 gegründeten ASEAN Free Trade Area (AFTA) und der Kooperation zwischen Australien und Neuseeland alle nach 2000 zustande kamen. Neben den regionalen asiatischen Integrationen ist die 1989 gegründete APEC zu nennen.

ASEAN (Association of Southeast Asian Nations) wurde 1967 mit dem Ziel gegründet, eine asiatische Freihandelszone (AFTA) zu etablieren. Mitglieder sind Brunei Darussalam, Indonesien, Kambodscha, Laos, Malaysia, Myanmar, die Philippinen, Singapur, Thailand und Vietnam. AFTA wird als eine eher lockere Integrationsform angesehen, die zwar Güter abdeckt, aber sonst wenig außer Investitionen. Auch ASEAN selbst ist ein eher loser Verbund. In der letzten Zeit haben die ASEAN-Regierungschefs jedoch ein ehrgeizigeres Projekt verabredet: eine ASEAN-Wirtschaftsgemeinschaft (AEC, ASEAN Economic Community) oder einen asiatischen Wirtschaftsraum (ASEAN Economic Space) zu begründen. Sie verfolgen damit den Zweck, Hindernisse für Güteraustausch und Investitionen zu beseitigen und einen einheitlicheren institutionellen Rahmen zu etablieren. Dabei dient die europäische Integration als Modell.

Die ASEAN-China-Freihandelszone (ACFTA), seit Juli 2005 in Kraft, bezieht sich derzeit nur auf bestimmte, vorwiegend landwirtschaftliche Güter. Sie könnte einmal die größte Freihandelszone der Welt werden, in der die Güter zu niedrigeren Zollsätzen gehandelt werden. Zugleich wäre sie ein Eckpfeiler in Chinas Außenwirtschaftspolitik. Seit 2004 ist die South Asian Free Trade Area (SAFTA) zwischen Bangladesch, Bhutan, Nepal, Indien, Pakistan und Sri Lanka in Kraft; die Zölle sollen bis 2012 abgebaut sein.[14]

Weiterhin gibt es eine ganze Reihe von rein bilateralen Freihandelsabkommen.[15] Singapur hat dieses Instrument intensiv genutzt und zehn Abkommen abgeschlossen, darunter mit Australien, Chile, der EFTA (European Free Trade Association), Indien, Japan, Korea, Neuseeland und den USA. Das Instrument der bilateralen Abkommen wird auch von Japan verstärkt eingesetzt: Das Land hat Abkommen mit Malaysia, Mexiko, den Philippinen und Singapur; Abschlüsse stehen bevor oder Verhandlungen sind im Gang mit Brunei, Indonesien, Indien, Thailand und Vietnam. Die Verhandlungen mit Korea sind unterbrochen. Japan hat wegen der Abschottung seiner Märkte, insbesondere seines Agrarmarktes, Schwierigkeiten, Handelsabkommen mit anderen asiatischen Ländern abzuschließen.

Korea hat Abkommen mit Chile, der EFTA, Singapur und den USA (noch nicht vollständig ratifiziert); andere sind in Vorbereitung. Indien hat Abkommen mit Singapur, Sri Lanka und Thailand. Thailand hat neben Indien Abkommen mit Australien, China, Neuseeland, Indien und Japan (noch nicht ratifiziert). Es ist davon auszugehen, dass vor allem China dieses bilaterale Instrument in der Zukunft – auch international – verstärkt einsetzt. Eine ganz Asien umfassende Freihandelszone, die all diese bilateralen Abkommen insgesamt ausdehnen und China sowie Indien umfassen würde, ist derzeit nicht in Sicht.

Die APEC (Asia-Pacific Economic Cooperation) verfolgt das Ziel, den freien Handel unter ihren Mitgliedsländern zu ermutigen. Sie umfasst aktuell 21 Mitglieder, und zwar die Anrainer des pazifischen Beckens: die Mitglieder von ASEAN und NAFTA (Kanada, Mexiko, USA), Australien, China, Chile, Japan, Korea, Neuseeland, Peru, Russland und Taiwan. APEC will Handelshemmnisse für Güter und Dienstleistungen in Übereinstimmung mit den Prinzipien der WTO abbauen. An einen gemeinsamen Außenzoll ist nicht gedacht.

Ferner bestehen Diskussionsforen wie „ASEAN plus 3" (China, Japan und Korea), das vor allem im Zusammenhang mit Währungsfragen genannt wird, sowie der seit 2005 jährlich stattfindende Ostasiatische Gipfel („ASEAN plus 3" sowie Australien, Indien und Neuseeland). Diskutiert werden dort Themen wie das Energieangebot, die finanzielle Stabilität, Erziehung, die Vogelgrippe und die Zusammenarbeit bei Naturkatastrophen. Japan spricht zwar in diesem Zusammenhang von einer „East-Asian OECD", aus der einmal ein „East Asian Free Trade Agreement" entstehen könnte; doch die Interessenlage in dieser Gruppe dürfte sehr unterschiedlich sein, da Japan und die kleineren Staaten den wachsenden Einfluss und die dominierende Rolle Chinas mit Argwohn betrachten.

Während die APEC eher einen allgemeinen Koordinierungsversuch darstellt, ohne den Status einer Freihandelszone zu erreichen, sind AFTA und die bilateralen Abkommen Freihandelsabkommen, die die Zölle zwischen den Mitgliedsländern abschaffen oder verringern, aber anders als Zollunionen die Außenzölle gegenüber Drittländern beibehalten. Entsprechend sind Probleme des Ursprungslandes bei der Erhebung von Außenzöllen zu lösen. Die Freihandelsabkommen in Asien erreichen also bei weitem nicht die gleiche Intensität an Integration wie die Wirtschaftsunion in Europa; diese ist ja auch eine Zollunion und hat wichtige Bereiche wie die Außenwirtschafts- und die Wettbewerbspolitik vergemeinschaftet.

Zudem sind die bilateralen Abkommen von sehr unterschiedlicher Qualität. Volle Freihandelsabkommen umfassen Güter, Dienstleistungen und in der Regel auch Investitionen. Dazu zählen etwa die Abkommen Singapurs mit entwickelten Volkswirtschaften. Begrenzte Freihandelsabkommen beziehen sich nur auf eine Positivliste von Gütern und Dienstleistungen, für die Zollpräferenzen gelten; sie stellen einen ersten Schritt zur Integration dar.[16]

Durch die etwa zwei Dutzend bilateralen Freihandelszonen ist in Asien ein Geflecht von bilateral akzeptierten Regeln entstanden, die als Ausnahme zur institutionellen multilateralen Ordnung der WTO zu interpretieren sind, da sie Artikel XXIV des GATT-Vertrags in Anspruch nehmen, der regionale Integrationen vom Nichtdiskriminierungsverbot ausnimmt. Damit entfällt die Verpflichtung, die Meistbegünstigungsklausel anzuwenden; die bilateral eingeräumten Vorteile müssen also nicht multilateralisiert werden.

Von einigen werden die bilateralen Freihandelszonen als ein Baustein für eine multilaterale Ordnung angesehen. Mit ihnen ließen sich, so wird argumentiert, einige Handelshemmnisse leichter beseitigen – etwa im Bereich der Dienstleistungen und der Investitionen – und der Marktzugang leichter etablieren als im Rahmen der WTO („open regionalism")[17]. Daran ist richtig, dass die Länder Asiens sich nicht durch eine regionale Integration ihre Exportchancen in der Welt nehmen lassen möchten, die durch einen multilateralen Rahmen möglich sind. Sie favorisieren also wegen ihrer Orientierung auf den Export eher eine multilaterale Ordnung.

Dennoch ist zu befürchten, dass der multilateralen Ordnung durch die leicht zu verhandelnden bilateralen Abkommen allmählich das Wasser abgegraben wird, denn die Staaten sind kaum noch bereit, viel Energie in komplexe weltweite Verhandlungsrunden wie die Doha-Runde zu investieren. Das Resultat ist dann ein zersplittertes Regelwerk, in dem sich Staaten und Regionen wie die EU und NAFTA und später vielleicht einmal AFTA nach Gusto auf die Beseitigung bilateraler Hemmnisse verständigen.

Die bisherigen Integrationsbemühungen, vor allem die bilateralen Freihandelsabkommen, gehen einher mit der Strategie Japans und Chinas, die verstärkt auf ein Verbundnetz in Asien setzen, indem sie die Produktion von Zwischenprodukten im Wege des Outsourcing und des Offshoring in andere asiatische Länder verlagern. Dies kann durch bilaterale Abkommen erleichtert werden.

Zusammenfassung

Asien wird sich in den nächsten beiden Jahrzehnten wirtschaftlich weiterhin positiv entwickeln, wobei die Wachstumsrate des Bruttoinlandsprodukts unterhalb der in den letzten 25 Jahren erreichten 4,1 Prozent liegen und sich eher zwischen drei und 3,5 Prozent bewegen dürfte. Bremsende Faktoren werden vor allem in China ihre Wirkung zeigen: Engpässe in der Infrastruktur, Fragen der Einkommensverteilung und der sozialen Absicherung sowie der Ressourceneinsatz zur Verringerung von Umweltschäden. Dennoch sollte es den asiatischen Ländern gelingen, ihre Innovationskraft zu stärken, in neue Felder vorzustoßen und dabei auch die technologische Grenze der Weltwirtschaft mit zu beeinflussen.

Der Anteil Asiens an der Weltproduktion wird zunehmen; der Schwerpunkt der Weltwirtschaft verlagert sich stärker Richtung Asien, das auch relativ zu den USA in der internationalen Politik an Bedeutung gewinnt. Idealerweise vollzieht sich dieser Prozess des strukturellen weltwirtschaftlichen Wandels in friedlicher Weise. Die USA und Europa dürfen sich in den nächsten 20 Jahren verstärkt von Asien herausgefordert fühlen. Vor allem die großen kontinentaleuropäischen Länder haben bei alternder Bevölkerung keinen Grund, technologische Innovationen und ihre institutionelle Modernisierung saumselig anzugehen.

Für kritische Hinweise dankt der Autor David Cheong, Rolf Langhammer und Mike Plummer. Michael Trinkus und Alexander Schrats waren bei der Sammlung von Daten behilflich.

Anmerkungen

1 Hier definiert einschließlich Indien: Ostasien (China, Hongkong, Japan, Macao, Mongolei, Nordkorea, Südkorea, Taiwan) , Südostasien (Brunei, Indonesien, Kambodscha, Laos, Malaysia, Myanmar, Philippinen, Singapur, Thailand, Timor-Leste, Vietnam) und Südasien (Bangladesch, Bhutan, Indien, Malediven, Nepal, Pakistan, Sri Lanka); ohne Afghanistan und Zentralasien.

2 Daten für 2005, World Bank 2007.

3 Asian Development Bank 2007.

4 „Walking with two legs", Asian Development Bank 2007.

5 Siebert 2007a.

6 Der Anteil der Personen, die von weniger als 2 US-Dollar pro Tag leben, ist von 72 Prozent (1990) auf 35 Prozent (2004) zurückgegangen (Unesco Institute for Statistics 2006).

7 Asian Development Bank 2007.

8 Unesco Institute for Statistics 2006.

9 National Bureau of Statistics of China 2006.

10 Ernst 2006.

11 In der Automobilindustrie haben Shanghai GM und Shanghai Volkswagen ihre R&E-Zentren ausgebaut, Nissan, DaimlerChrysler und Honda neue R&E-Zentren errichtet. Toyota hat 2005 das Technical Center Asia Pacific in Thailand eröffnet und richtet ein R&E-Zentrum in Tianjin in China ein. Unctad 2006: 56.

12 Kanter 2005.

13 Zum Vergleich: Deutschland hat eine ausgeglichene Technologiebilanz (Daten nach OECD 2006).

14 Zu erwähnen sind ferner ANZCERTA (Australia New Zealand Closer Economic Relations Trade Agreement) oder abgekürzt CER, das 1983 zustande kam, und die 2006 ins Leben gerufene P4 zwischen Brunei, Chile, Neuseeland und Singapur. In CER streben die beiden Länder einen ungehinderten Güteraustausch, eine Liberalisierung des Dienstleistungshandels und eine Harmonisierung der Regulierungen an.

15 Plummer 2007.

16 Ebd.

17 Ebd.

Literatur

Asian Development Bank. *Asian Development Outlook 2007: Growth Amid Change*. Hong Kong 2007.

Ernst, Dieter. *Innovation Offshoring: Asia's Emerging Role in Global Innovation Networks*. East West Center Special Reports No. 10. Honolulu 2006.

International Monetary Fund (IMF). *Balance of Payments*. Online-Datenbank, Mai 2007.

Kanter, James. „The Idea Economy: Battle over right to sell knowledge". *International Herald Tribune*. October 2, 2005.

National Bureau of Statistics of China. *China Statistical Yearbook 2006*. Beijing 2006.

OECD. *Science, Technology and Industry Outlook 2006*. Paris 2006.

Plummer, Mike G. „Best Practices in Regional Trading Agreements: An Application to Asia". *The World Economy*. Mimeo. www.nottingham.ac.uk/economics/leverhulme/seminars/pdf/plummer.pdf (Download 26.05.2007).

Siebert, Horst. „China – How to Cope with the New Global Player". *The World Economy* 30 (6) 2007a. 893–922.

Siebert, Horst. *The World Economy: A Global Analysis*. London 2007b.

Vernon, Raymond. „International Investment and International Trade in the Product Cycle". *Quarterly Journal of Economics* 80 (2) 1966. 190–207.

Unctad. *World Investment Report 2006: FDI from Developing and Transition Economies, Implications for Development*. New York 2006.

Unesco Institute for Statistics. *Global Education Digest 2006: Comparing Education Statistics Across the World*. Montreal 2006.

World Bank. *World Development Indicators*. Online-Datenbank, Mai 2007.

Asien, Europa und das globale Mächtegleichgewicht

PAUL KENNEDY

In der Weltgeschichte, und besonders in der Geschichte der internationalen Beziehungen, gibt es immer wieder Zeiten, in denen ein grundlegender Wandel der Machtverteilung erfolgt. So vollzog sich um 1500 der Aufstieg der neuen westeuropäischen Nationalstaaten (Spanien, Frankreich, England und Wales, Republik der Niederlande) mit der darauf folgenden Expansion nach Übersee, während gleichzeitig der Einfluss der Mittelmeermächte wie Venedig und Mailand schrumpfte. Eine dramatische Schwächung, bis hin zum endgültigen Zerfall, erfuhren das Reich der Inka und jenes der Azteken in Amerika. Um das Jahr 1900 sahen sich die ursprünglichen europäischen Großmächte, Großbritannien, Frankreich und das Habsburgerreich, nicht nur dem relativ schnell wachsenden Deutschen Kaiserreich und dem Russischen Reich gegenüber, sondern vor allem den sich mehr und mehr ausweitenden Nationen außerhalb Europas wie den Vereinigten Staaten von Amerika und Japan.

Es wäre keineswegs vermessen zu behaupten, dass in den ersten Jahrzehnten des 21. Jahrhunderts ein ähnlich grundlegender Wandel stattfindet. Vor 15 Jahren, nach dem Zerfall der UdSSR, der auch der bipolaren Welt ein Ende bereitete, behauptete der bekannte US-amerikanische Kolumnist Charles Krauthammer, das internationale Staatensystem befinde sich in einem „unipolaren Moment", eine zuvor nie dagewesene Konstellation, gekennzeichnet dadurch, dass ein einziger Staat, nämlich die USA, in nahezu allen Machtbereichen unangefochten an der Spitze stehe.

Der Begriff, den Krauthammer verwendete, war damals so provokativ wie zutreffend. Rückblickend scheint er sogar noch überzeugender, da der „Moment" (zumindest im Kontext der langen Zeiträume von Weltgeschichte) eine begrenzte Zeit andeutet, in der ein bestimmter Zustand herrscht, der sich danach wieder verändert. Beispiele sind der britische „Moment" im Nahen Osten zwischen 1914 und 1956 oder der faschistische „Moment" in Italien von 1921 bis 1943. Dies waren wichtige Phasen in der Geschichte, aber nicht für die Ewigkeit bestimmt.

Was wird also diesem „unipolaren Moment" der USA ein Ende bereiten, wenn er tatsächlich ein Ende findet? Wissenschaftler führen hier eine Reihe gleichzeitiger Entwicklungen an: den Wiederaufstieg Europas zu einer wirtschaftlich ebenbürtigen Macht, die Aufrichtung Russlands unter Putin, die „Zerstreuung" der US-Macht aufgrund ihrer ziellosen globalen Kreuzzüge und möglicherweise auch die Schwächung der Nationalstaaten an sich. Doch ich vermute, dass zukünftige Historiker beim Rückblick auf das frühe 21. Jahrhundert den Aufstieg der neuen (wenngleich auch uralten) asiatischen Großmächte, vor allem Chinas und Indiens, als die für diese Epoche einzig wirklich bedeutende Veränderung in der Weltpolitik bezeichnen werden.

Asiens Wirtschaftsaufschwung

So wie es für die Geschichtsschreiber um 1500 und 1900 schwierig war, die Auswirkungen der damals richtungsweisenden Veränderungen zu erkennen, fällt es auch den Beobachtern heute schwer, die globalen Konsequenzen des Aufstiegs der asiatischen Mächte im Allgemeinen vorherzusagen, geschweige denn die Implikationen für Europa im Besonderen zu prognostizieren. Kein Chronist kann den Gesamtblick über die Geschehnisse seiner Zeit haben, und unsere Arbeit beruht zunächst auf bestimmten Annahmen. Daher ist es wichtig, diese erst einmal zu erläutern.

Dieser Beitrag geht davon aus, dass sich das militärische, wirtschaftliche, finanzielle, institutionelle und sogar kulturelle globale Schwergewicht derzeit in Richtung Asien verlagert. Außerdem ist davon auszugehen, dass die größten Wirkungen dieser Verschiebungen wahrscheinlich nicht Europa betreffen werden, sondern eher Japan, Pakistan, Russland und die USA. Fakt ist jedoch, dass kaum eine Region dieser Welt, nicht einmal die Antarktis, von diesem Wandel unangetastet bleiben wird. Selbst wenn sich also der Aufstieg Asiens stärker außerhalb Europas auswirken wird, bringt er dennoch bedeutende Folgen für diesen Kontinent mit sich.

Für die folgende Erörterung ist es wichtig, diejenigen Aspekte des europäischen Lebens zu verstehen, die der Aufstieg Asiens wahrscheinlich nicht so sehr berühren wird oder die sogar davon profitieren könnten. So ist es sehr wahrscheinlich, dass etablierte europäische Universitäten wie Oxford, Heidelberg oder Leuven aus der globalen Vernetzung von Hochschulen und Forschungseinrichtungen sowie vermehrten Investitionen in universitäres Know-how und Wissen einen Nutzen ziehen werden. Traditionelle Arbeitsplätze und Stellen wie von Krankenschwestern oder Lehrern sowie Polizei oder Feuerwehr werden an ihren Ort gebunden bleiben. Produzenten regionalspezifischer Güter oder Spezialitäten wie Single Malt Whisky oder Champagner werden sich einer erhöhten Nachfrage erfreuen. Die Regionen Europas, deren Wirtschaftsfaktor Nummer eins der Tourismus ist, wie die Toskana, die Schweizer Alpen und Devonshire, werden weiter zunehmende Besucherströme verzeichnen können.

Natürlich spielen sich die Folgen des asiatischen Aufstiegs auf einer höheren bzw. allgemeineren Ebene ab, quasi am Schachbrett der globalen Machtstrukturen. Wenn dieser Aufstieg dem üblichen Muster des „Aufstiegs und Falls der großen Mächte“

folgt, sollte die Entwicklung die folgenden Stadien in ungefähr dieser Reihenfolge durchlaufen:

Weiter fortsetzen wird sich zunächst der vergleichsweise rapide Anstieg der Produktion in Asien, der sich in der immensen Kapitalbildung und den Auslandsinvestitionen zeigt (vergleichbar dem Kapitalschub im Westen des 19. und 20. Jahrhunderts). London und New York werden als *die* globalen Finanzzentren relativ gesehen an Bedeutung verlieren. Asien wird immer fortgeschrittenere, höherentwickelte Güter produzieren, zunehmend in den Hightech-Sektor vordringen und diesen schließlich dominieren. Asiatische Unternehmen werden zu den größten der Welt gehören, und letztlich wird sich der Einfluss Asiens auf wirtschaftlicher wie politischer Ebene bis nach Afrika, Lateinamerika und möglicherweise auch den Nahen Osten erstrecken. Insgesamt kann man also durchaus von einem richtungsweisenden Wandel der globalen wirtschaftlichen Machtverteilung sprechen.

All dies lässt sich mit statistischen Daten wie auch mit Einzelberichten belegen. In einer vor Jahren veröffentlichten bekannten Studie von Goldman Sachs über den Aufstieg der sogenannten BRIC-Staaten (Brasilien, Russland, Indien und China) wurde prognostiziert, dass China im Jahr 2050 ein höheres Bruttoinlandsprodukt (BIP) aufweisen werde als die Vereinigten Staaten. An dritter Stelle, knapp hinter den USA, werde Indien folgen, während alle anderen Nationen, auch Japan und die europäischen Volkswirtschaften, weit zurückbleiben würden.

Aktuellere Studien deuten sogar darauf hin, dass China die USA noch früher überholen wird. Die Volksrepublik behauptet, dass in China im Jahr 2006 mehr Patente angemeldet worden seien als in den Vereinigten Staaten. Der Kapitalbesitz Chinas stellt den aller anderen Volkswirtschaften in den Schatten. Indien ist heute der zweitgrößte Softwareentwickler weltweit. Die Folgen dieser Entwicklung sind keineswegs nur finanzieller Art. Chinas Beitrag zur Entwicklungshilfe auf den Philippinen ist heute viermal so groß wie jener der USA. Wie wirkt sich das auf die Beziehungen zwischen Manila, Washington und Peking aus?

Trotz alledem ist anzunehmen, dass die zukünftige wirtschaftliche Machtverteilung auf unserer Erde die relative Stellung Asiens und Europas weit weniger dramatisch verändern wird. Dass sich der Wandel jedoch weiter fortsetzen wird, scheint ziemlich sicher. All die üblichen Wirtschaftsindikatoren – der Anteil am weltweiten BIP, die Größe des Kapitalmarktes, die erteilten Patente pro Jahr, die Zahl der in den Fortune 500 zu findenden Unternehmen, die Intensität des Flugverkehrs, die Anzahl der Auslandstouristen – deuten darauf hin, dass Asiens Kurs kontinuierlich steigen wird. Es ist also nur logisch, davon auszugehen, dass Europas Kurs relativ gesehen fallen wird.

Aber wird er tatsächlich abstürzen? Hier sind die Prognosen weit weniger alarmierend. Vielmehr werden Europas Banker, Berater, Produzenten von Luxusgütern, Fluglinien der höheren Preisklassen, Autohersteller der teureren Marken oder das Hotelgewerbe vom Wachstum Asiens nicht unwesentlich profitieren. In ihren Augen – und für ihre Geldbeutel – bedeutet Asiens Erfolg wachsende Märkte. Darüber hinaus ist die Eurozone weit weniger anfällig für mögliche Währungserschütterungen in China bzw. Asien, weil sie eine geringere internationale Schuldenlast als die USA trägt. Europa hat einfach nicht mit den Unausgewogenheiten im Handelsbereich zu kämpfen, die derzeit in den Wirtschaftsbeziehungen zwischen den USA und Asien bestehen. Soweit nationale und regionale Aussagen noch relevant sind, mögen die Auswirkungen daher auf Europa im weiten Bereich der Wirtschaft insgesamt wohl gar nicht so schwerwiegend sein. Mit dem Niedergang der spanischen Wirtschaft im 18. Jahrhundert etwa wäre diese Entwicklung keineswegs vergleichbar.

Militärischer Machtgewinn

Die Zunahme der militärischen Macht Asiens manifestiert sich in der Verfügbarkeit technisch immer höher entwickelter Waffensysteme und größerer Kapazitäten sowie in den gesteigerten militärischen Ambitionen. Nicht abzustreiten ist die grundlegende Tatsache, dass Asien die militärische Macht Europas immer mehr in den Schatten stellen wird, sollten sich das relative Wirtschaftswachstum und die Verteidigungsausgaben der beiden Kontinente über die nächsten 20 Jahre so weiterentwickeln wie im vergangenen Jahrzehnt.

Fakten und Zahlen, die diese Entwicklungen belegen, müssen nicht lange gesucht werden. Sie finden sich zum Beispiel in der jährlichen Studie „The Military Balance" des „International Institute of Strategic Studies" und in den Analysen des „Stockholm International Peace Research Institute" sowie anderer Thinktanks zu Verteidigungsfragen. Die entsprechenden Einzelanalysen stapeln sich auf den Schreibtischen. Das US-Verteidigungsministerium gab vor wenigen Monaten seinen jährlichen Bericht an den Kongress, der eine Angst einflößende Beschreibung der Militärmacht China lieferte und Proteste der chinesischen Regierung nach sich zog. Im November 2006 verkündete das „US Naval War College", das in den 30er Jahren die Kriegspläne der Vereinigten Staaten gegen Japan entwickelte, dass es ein „China Maritime Studies Institute" gründen werde. Fast zeitgleich veröffentlichte das renommierte „Royal United Services Institute Journal" in London einen sehr nachdenklich stimmenden Artikel, „The Royal Navy on the Brink", der den fast vollständigen Niedergang von Europas ehemals größter Seemacht beschreibt und bitter feststellt, dass Indien bis zum Jahr 2011 einen Flugzeugträger sowie 30 weitere Kriegsschiffe bauen wird. Mit diesen außerordentlichen Veränderungen hat sich bisher jedoch noch kein Politiker Europas befasst.

Daraus können drei Schlüsse gezogen werden. Erstens spielt Europa bereits heute – wenn überhaupt – nur noch eine Nebenrolle in den militärischen Angelegenheiten Asiens. Weder will noch wird es bei der Sicherung jener zwei Seehandelswege, die sich zu den bedeutendsten des 21. Jahrhunderts entwickeln – der stark befahrenen Route über den Pazifik und der wichtigen Handelsstraßen zwischen Persischem Golf und Fernem Osten –, eine Rolle spielen. Von den westlichen Mächten werden einzig und allein die USA zur Sicherheit in diesen Regionen beitragen, wenn auch in einem begrenzteren Ausmaß.

Zweitens mögen sich die europäischen Staaten zwar auf ihre eigenen lokalen und regionalen Sicherheitsangelegenheiten konzentrieren, aber dennoch ist es unwahrscheinlich, dass sie mit der gleichen Entschiedenheit und im gleichen Maß in moderne Waffensysteme und das Militär investieren wie die asiatischen Länder. Dies zeichnet sich am deutlichsten in den äußerst unterschiedlichen Schiffbauvorhaben der Flotten ab. Während sogar die berühmte Royal Navy eine Kürzung nach der anderen hinnehmen muss und sich die restlichen Marinen Europas mit ihrem Abbau auseinandersetzen, wachsen die Kriegsschiff- und U-Boot-Flotten Asiens immer weiter. Schon 2006 hielt „The Military Balance" fest, dass die japanische Kriegsmarine über nahezu genauso viele Zerstörer und Fregatten (53) verfügt wie die französische (33) und britische (23) zusammen. Aber die Erweiterung der japanischen Flotte verlief bei weitem nicht so schnell wie die der chinesischen und indischen. Sicher würden die meisten Kommentatoren zu internationalen militärstrategischen Fragen einräumen, dass beispielsweise die Lage im Südchinesischen Meer weitaus unbeständiger ist als am Golf von Biskaya und daher die höheren Investitionen in moderne Verteidigungsausrüstung nur logisch sind. Unbestritten ist aber die Tatsache, dass sich dasSchwergewicht in der Handelsschifffahrt wie auch bei den Kriegsmarinen mit Beginn des 21. Jahrhunderts in die Regionen östlich des Suezkanals verlagert, so wie es sich nach 1500 vom Orient und dem Mittelmeer in Richtung Atlantik verschob.

Drittens deuten vor allem China und auch Indien an, dass sie Weltraumsysteme mit dreifacher Funktion entwickeln wollen:

kommerziell, wissenschaftlich und militärisch. Zweifelsohne wird die Europäische Union auf Hauptinitiative Frankreichs ihr Satellitenprogramm und die Weltraumtechnologie in den nächsten Jahren vorantreiben wollen, aber niemand kann wirklich davon ausgehen, dass Europa in diesem wichtigen Bereich spektakuläre militärische Kapazitäten aufbauen wird. Gleichzeitig zweifeln nur wenige daran, dass China (und in weitaus geringerem Maß auch Indien) in Zukunft für die USA ein ernst zu nehmender Konkurrent in der strategischen Nutzung von Weltraumsystemen sein wird.

Nun mögen manche Leserinnen und Leser vielleicht denken, dass all dies nicht so bedeutend ist, dass es den ernsten Ton der bisherigen Ausführungen rechtfertigen würde. Schließlich sollte die Welt den Europäern und ihren Regierungen dankbar sein, dass sie militärstrategische Fragen als zweitrangig betrachten. Die Hoffnung bestünde, dass dieser Kontinent nicht noch einmal die Menschheit in einen gigantischen Konflikt zwischen den Nationen stürzen würde. Jedoch müssen so denkende Europäer und ihre Politiker auch sehen, dass sie ihre Möglichkeiten, die Geschehnisse auf der internationalen Bühne zu beeinflussen, verringern, wenn sie ihre Militärmacht hintanstellen.

Asiens Einfluss in internationalen Organisationen

Ein weiterer Aspekt des globalen Machtgleichgewichtes ist, dass es keinen grundlegenden Wandel erfährt, ohne zumindest einige Veränderungen in den internationalen Strukturen und Institutionen mit sich zu bringen. Beispiele hierfür gibt es in der Geschichte zur Genüge: der Untergang der Hanse und der Verlust des päpstlichen Einflusses nach 1500, beide auf den Aufstieg der neuen, westeuropäischen Monarchien zurückzuführen, oder der Zerfall des Völkerbundes, als die faschistischen, revisionistischen Länder in den 30er Jahren in die Offensive gingen. Es ist eher unwahrscheinlich, dass sich dieses historische Muster ändert, und in diesem Fall wird die Position der heutigen Hauptakteure in den internationalen Angelegenheiten und Organisationen (und dazu gehört natürlich auch Europa) relativ gesehen eine Schwächung erfahren. Das Gleiche gilt vermutlich auch für andere derzeit führende Nationen wie die Vereinigten Staaten und Japan.

Es ist nicht allzu schwierig, die Schauplätze zu bestimmen, auf welchen sich solche Veränderungen abspielen werden. So ist es fast unvorstellbar, dass ein einflussreiches und aufstrebendes Land wie Indien, das ein Sechstel der Weltbevölkerung stellt, nicht früher oder später ständiges Mitglied des Sicherheitsrates der Vereinten Nationen inklusive Vetorecht sein wird. Jedoch betrifft diese Prognose weniger die europäischen Interessen als jene Russlands, Chinas und der USA (nicht zu vergessen Pakistan, Iran und Japan), und eine solche, längst überfällige Aufwertung wird sicher keinen Privilegienverlust Frankreichs und Großbritanniens nach sich ziehen. Der wirtschaftliche Aufstieg Asiens wird ohne Zweifel zu Veränderungen führen beim Anteil an Ausgaben, in der Stimmenverteilung und bei anderen wichtigen Faktoren, die als Indikatoren für den Einfluss im Gouverneursrat der Weltbank und des Internationalen Währungsfonds gelten. Allerdings wird dies nicht ausreichen, um Europas Position in den internationalen Finanzinstitutionen zu gefährden. Ein Inder an der Spitze des IWF wäre bestimmt nicht das Ende der Welt. Zu erwarten ist wohl auch, dass Asien in Zukunft mehr Gehör findet in Organisationen wie der Welthandelsorganisation, der Doha-Runde sowie in Verhandlungen über den Schutz geistigen Eigentums und Umweltabkommen. Wird das die Verhandlungsposition Europas schwächen? Natürlich wird es das, aber wahrscheinlich nicht gravierend. Vor allem jedoch kann man nicht sagen, dass Europa von diesen Veränderungen stärker betroffen sein wird als jede andere nicht-asiatische Region dieser Welt.

Wenn in der globalen Mächteverteilung eine bestimmte Region oder ein Land mehr und mehr an Bedeutung gewinnt, ist es nur normal, dass sein kultureller, ideologischer und politischer Einfluss ebenso wächst: Ein Erfolg führt quasi zum nächsten. Aber „normal" bedeutet nicht „zwangsläufig", und gerade im Hinblick auf die Soft Power sollte man mit Prognosen über sich ändernde Einflüsse Asiens bzw. Europas äußerst vorsichtig sein. „Orientalische" Kunst, Kultur, Philosophie und Wissenschaft beeinflussen seit Tausenden von Jahren den Okzident, und zwar in den meisten Fällen positiv. Etwa seit den 40er Jahren des 19. Jahrhunderts jedoch ist der Einfluss des Westens auf den Osten spürbarer, zunächst durch Kanonenboote, Händler und Missionare, später in der Welt der Finanzen, Mode und Musik. Dies ist auch heute noch ganz offensichtlich der Fall, wie jeder, der einmal durch die Einkaufsstraßen Shanghais geschlendert ist, bezeugen kann. Der Aufstieg Asiens wird daran wohl nichts ändern, außer vielleicht auf subtile Weise wie z. B. durch den Aufkauf westlicher Modefirmen. Was wir vermutlich erleben werden, ist ein verstärktes Zusammenwirken zwischen Ost und West in Kultur und Tourismus sowie in Wirtschaft, Wissenschaft und Bildung. Das kann nun wirklich für kein europäisches Land Grund zur Klage sein.

Geopolitische Folgen

Zwei Feststellungen scheinen mir an dieser Stelle angebracht. So ist es überaus unwahrscheinlich, dass diese natürlichen Machtverschiebungen auch die Weltordnung entscheidend verändern oder die Aussage des „New York Times"-Kolumnisten Thomas Friedman, unsere Welt werde immer „flacher", bestätigen wird. Stattdessen ist es viel wahrscheinlicher, dass die aufstrebenden asiatischen Staaten ebenso egoistisch die eigene Nation in den Vordergrund stellen werden, wie dies ihre „Vorgänger" um 1500 und 1900 taten. Die internationalen Strukturen sind weiterhin stark vom Wettbewerb bestimmt, und China wie auch Indien haben ein enormes Vertrauen in ihre Kultur und ihre Zukunft. Die Hoffnung, dass die aufstrebenden Nationen des 21. Jahrhunderts anderen

Verhaltensmustern folgen werden als die Großmächte früherer Zeiten, stellt also gleichzeitig die natürlichen, chaotischen und von Furcht bestimmten Strukturen des menschlichen Verhaltens in Frage. Das Drama vom „Aufstieg und Fall“ wird sich weiter abspielen. Einzig die Hauptrollen werden neu verteilt.

Zudem werden sich in Zukunft die Beziehungen Europas zu Afrika, Russland und dem Nahen Osten vergleichsweise viel problematischer darstellen als die zu den aufstrebenden Ländern Asiens. In Bezug auf Afrika wird es um Probleme mit dem zunehmenden demographischen Ungleichgewicht und den Strömen illegaler Einwanderer und deren Folgen für die Innenpolitik gehen; ebenso um die schwierigen Fragen, die sich aus Europas Versuchen ergeben, das Leid Afrikas zu lindern. Bei Russland geht es nicht nur um die derzeit aktuelle Frage, wie man mit dem Putin-Regime umgehen soll, sondern auch einfach um das Land selbst: ein riesiger, militarisierter Nachbar mit reichen Energiereserven und einer quasi implodierenden Bevölkerungsstruktur, der nach den Rückschlägen der Jahre 1989 bis 1991 entschlossen den Wiederaufbau verfolgt – ein Land, das gegen praktisch jedes seiner Nachbarländer irgendeinen Groll hegt und an alle irgendwelche Forderungen stellt. Hinsichtlich des Nahen Ostens (und der islamischen Welt im Allgemeinen) wird das Problem darin bestehen, dass sich seine Krisen und Kriege zwar schnell auf Europa auswirken können, Europa selbst hingegen wenig Möglichkeiten hat, die Geschehnisse in dieser relativ nahen Region zu beeinflussen. Verglichen mit diesen unmittelbaren Sorgen über mögliche Katastrophen direkt vor der Haustür wird die langfristige Aussicht auf das Emporkommen Asiens vielen Bürgerinnen und Bürgern des alten Kontinents eher unwichtig erscheinen. Und wahrscheinlich haben sie Recht.

Zusammenfassung

Wenn es nicht zu unvorhersehbaren Naturkatastrophen oder einem selbstverschuldeten Krieg zwischen den Großmächten kommt, stellt der Aufstieg Asiens eine der größten und wichtigsten Entwicklungen unserer Zeit dar, die sich auf alle möglichen Bereiche des menschlichen Handelns auswirkt – von militärstrategischen Fragen über Wirtschaft und Kultur bis hin zu den Institutionen. Dieser Wandel ist mit einigen der richtungsweisenden Veränderungen im globalen Mächtegleichgewicht vergleichbar, die sich in früheren Jahrhunderten ereigneten. Wenn dem so ist, wird das Wachstum Asiens das grundlegend egoistische und anarchische Wesen des internationalen Staatensystems nicht verändern, sondern es vielmehr bestätigen, wenn auch auf eine moderne, dem 21. Jahrhundert angemessene Weise.

Die Auswirkungen auf Europa werden bedeutend sein, aber sie werden weder verheerend ausfallen noch grundlegende Veränderungen für den Kontinent mit sich bringen. Eher werden sie bestehende Tendenzen bestätigen und beschleunigen als etwas vollkommen Neues hervorrufen. Europas Anteil an der weltweiten Produktion, der rund einem Fünftel entspricht, könnte sich langsam verringern, während der Kurs Chinas und Indiens steigt. Aber natürlich geht es hier nicht um einen totalen Verlust – bei den wenigsten Europäern wird sich dieser Wandel im Geldbeutel bemerkbar machen.

Aus strategischer Perspektive ist zu sagen, dass es seit 1967 keine europäischen Flotten oder sonstige europäische Militärpräsenz östlich des Suezkanals gibt. Daher ist auch nicht davon auszugehen, dass sie in den kommenden Jahren wieder in Erscheinung treten wird. Es ist zudem schwer vorstellbar, dass Europa mit den Vereinigten Staaten, mit Russland, China und Indien in Sachen weltraumbasierte Waffensysteme oder Raketenabwehrsysteme gleichziehen wird.

Europa wird sich zukünftig seinen Einfluss in den internationalen Institutionen mit Ländern wie Indien und China teilen müssen, ebenso wie andere alteingesessene Staaten (USA, Japan), denen das Teilen möglicherweise nicht so leicht fallen wird. Im

Reich der Ideen und der Kultur verspricht Europa jedoch das zu bleiben, was es ist: eine vereinte und gleichzeitig vielfältige Region, reich an Geschichte, Sprache, Kunst und Architektur – ein Ort voller gesellschaftlicher Dynamik, der die besten Aussichten hat, diesen Weg auch im 21. Jahrhundert fortzusetzen.

एशिया दुनिया को

نیا کو بدل رہا ہے

ອາຊີປ່ຽນແປງໂລ

CHÂ

アジアは世

เอเชียเปลี่ยนแปลงโ

亚洲改

এশিয়া পৃথিবীকে

II

ASIENS HERAUSFORDERUNGEN

Innerasiatische Fragilitäten

AUREL CROISSANT

Zu Beginn des 21. Jahrhunderts wird Asien im Westen in erster Linie als Schauplatz wirtschaftlicher Veränderungen wahrgenommen. Tatsächlich sind die nördlichen Teile Asiens seit Jahrzehnten die am schnellsten wachsenden Volkswirtschaften weltweit. Schätzungen der Weltbank für das Jahr 2020 prognostizieren die Volksrepublik China sogar als führende Weltwirtschaftsmacht, noch vor den USA.[1] Im letzten Jahrzehnt hat auch Indien begonnen, sich zu einer neuen wirtschaftlichen Macht zu entwickeln.

Neben diesem Bild eines prosperierenden Asiens gibt es jedoch auch andere Wahrnehmungen. So ist keineswegs die gesamte Region eine Wachstumszone. Weite Gebiete Südasiens, bedeutende Teile Südostasiens und die Mehrzahl der ozeanischen Staaten sind von der Dynamik abgekoppelt. Zugleich sind viele Gesellschaften geprägt von massenhafter und extremer Armut, dem Aufbrechen gewaltsamer Konflikte zwischen ethnischen Gruppen, von religiösem Fanatismus und transnationalem Terrorismus. Schwache oder zerfallen(d)e Staaten an den Rändern der Region bergen regionale, ja globale Risiken, da transnational operierende politische Extremisten und das organisierte Verbrechen diese Räume begrenzter oder nichtexistenter Staatlichkeit für sich nutzen können.

Beide Wahrnehmungen haben ihre Berechtigung: Jene 22 Staaten umfassende Region, die hier als Asien beschrieben wird (die

21 im Bertelsmann Transformation Index, BTI, als Asien und Ozeanien erfassten Staaten plus Japan)[2], ist Schauplatz sehr unterschiedlicher Entwicklungen. Einerseits ist sie aus vielfältigen Gründen ökonomisch und gesellschaftlich in Bewegung und wird damit auch zu einer wachsenden wirtschaftlichen, kulturellen und politischen Herausforderung für den Westen. Viele dieser Entwicklungen zeichnen sich erst in Anfängen ab, manche lassen sich bereits genauer fassen und werden in anderen Beiträgen dieses Bandes aufgegriffen.

Zugleich aber ist Asien wie kaum eine andere Weltregion von gesellschaftlichen, häufig gewaltsamen Konflikten gekennzeichnet. Strukturelle und intraregionale Fragilitäten als Folge aktueller und potenzieller Konflikte bewirken, dass viele asiatische Gesellschaften unterschiedlich anfällig für politische und soziale Erschütterungen sind.

Welche innerasiatischen Fragilitäten haben das Potenzial für nationale, regionale oder globale Krisen? Die folgenden Ausführungen basieren auf der Grundannahme, dass Asien zu Beginn des 21. Jahrhunderts vor einer Reihe zentraler Herausforderungen steht: Humanitäre Krisen, drohende Pandemien, Umweltprobleme, demographischer Wandel, Staatlichkeitsprobleme, transnationaler Terrorismus, die Virulenz ethnopolitischer Konflikte sowie eine immer ungleichere Verteilung von gesellschaftlichem Wohlstand ergeben ein Potenzial für innerstaatliche und regionale Konflikte. Einige davon könnten sich zu globalen Krisen ausweiten, die dann auch westliche Gesellschaften betreffen.

Konflikte in Asien zu Beginn des 21. Jahrhunderts

Die Daten der quantitativen Konfliktforschung sprechen eine klare Sprache: Keine andere Region der Welt hat eine ähnlich hohe Zahl an Konflikten wie Asien. So wurde im Jahr 2006 nach Angaben des Heidelberger Instituts für Internationale Konfliktforschung (HIIK)[3] etwa ein Drittel aller weltweiten Konflikte in

Asien und Ozeanien ausgetragen. Wesentliche Entwicklungstrends globaler Konflikte dokumentieren sich in Asien. Vier davon sind hervorzuheben.

Zunahme innerstaatlicher Konflikte

Der erste Trend ist die Verlagerung des Konfliktgeschehens von der zwischenstaatlichen auf die innerstaatliche Ebene. In der Konflikt- und Kriegsursachenforschung besteht Einigkeit darüber, dass sich seit dem Ende des Kalten Krieges die meisten Konflikte weltweit nicht zwischen, sondern innerhalb von Staaten ereignen.[4] So zählte das HIIK für 2006 insgesamt 196 innerstaatliche und nur 76 zwischenstaatliche Konflikte. Noch eindeutiger ist das Bild, wenn wir allein jene Konflikte betrachten, die mit einem hohen systematischen Einsatz von Gewalt ausgetragen werden. Das HIIK spricht hier von ernsten Krisen beziehungsweise von Kriegen (bei einer fünfstufigen Konfliktintensität von „latenten Konflikten" bis „Kriegen"). Davon fanden 31 im Jahr 2006 innerhalb von Staaten statt, aber nur einer zwischen Staaten; drei waren transnationale Konflikte, in denen also eine der Konfliktparteien ein nichtstaatlicher Akteur war, dessen Hauptoperationsbasis sich in einem anderen Land befand als der Gegner.

Dieses Muster bestimmt auch das Geschehen in Asien. Von den 76 Konflikten, die das HIIK für das Jahr 2006 in Asien zählte, waren 61 innerstaatlich und nur 15 zwischenstaatlicher Natur. Dabei gibt es immer mehr innerstaatliche Konflikte, je weiter südlich man blickt. Während im nördlichen Asien eher zwischenstaatliche Dauerkonflikte, etwa um Taiwan und Korea, dominieren, sind im südlichen Asien sowie Teilen Südostasiens die drängenden Fragen der regionalen Sicherheit nicht Kriege zwischen Staaten (Ausnahme: Indien und Pakistan), sondern die steigende Zahl innerstaatlicher und transnationaler Konflikte sowie, damit einhergehend, die Erosion von Staatlichkeit.

Identitätsbezogene Konfliktmuster

Der zweite Trend unterstreicht diese Entwicklung. Wie in anderen Konfliktregionen dominieren in Asien zunehmend Identitäts-, Kultur- und Selbstbestimmungskonflikte.[5] Bei einem Blick auf die innerstaatlichen asiatischen Konflikte kristallisieren sich fünf Konfliktmuster heraus.

1. *Konflikte der Staatskonsolidierung:* Sie treten im Zuge der Neugründung von Staaten auf. Als typische Konflikte postkolonialer Staats- und Nationbildung dominierten sie in Asien in den ersten Jahrzehnten nach dem Zweiten Weltkrieg. Obwohl bis auf wenige Ausnahmen abgeklungen, wirken sie auch in aktuelle Auseinandersetzungen hinein, wie etwa in den Bürgerkrieg zwischen tamilischen Aufständischen und Zentralregierung auf Sri Lanka, Chinas Konflikte niedriger Intensität in Tibet und Xinjiang sowie in die Minderheitenkonflikte in Indonesien (Aceh, West-Papua), auf den Philippinen und in Myanmar.
2. *Kontroll- und Machtkonflikte zwischen politischen Eliten*: Ihnen liegen keine weltanschaulichen, nationalen oder kulturellen Motive zugrunde. Vielmehr handelt es sich um Auseinandersetzungen über den Zugang zu Regierungsmacht und die Kontrolle von Staatsressourcen. Reine Machtkonflikte gibt es in Asien verhältnismäßig selten, und sie beschränken sich eher auf kleinere Staaten.
3. *Anti-Regime-Konflikte*: Im Zentrum stehen hier nicht die Etablierung und Konsolidierung neuer Staaten, sondern die Legitimitätsfrage der politischen und häufig auch der gesellschaftlichen Ordnung. In der Vergangenheit waren die Konfliktparteien typischerweise die Zentralregierung und kommunistische Aufstandsbewegungen. Ähnlich wie Konflikte der Staatskonsolidierung waren Regime-Konflikte vor allem ein Phänomen der ersten Jahrzehnte nach dem Zweiten Weltkrieg. In der jüngeren Vergangenheit haben sie kontinuierlich an Bedeutung verloren und sind nur noch vereinzelt virulent: etwa in Nepal, auf den Philippinen und lokal eingegrenzt in Indien. Auch Konflikte der demokratischen Systemtrans-

formation in der Region lassen sich als Facette dieses Musters nennen. Demokratisierungskonflikte hat es in der Region schon früher gegeben. Im größeren Maße sind sie jedoch erst in den 80er und 90er Jahren aufgetreten.[6]

Dagegen ist die Zahl an Konflikten mit Beteiligung religiös-fundamentalistischer Akteure in den letzten 25 Jahren erheblich gestiegen. Vor allem im islamisch geprägten Süden und Südosten der Region kämpfen sie für eine religiös begründete Staats- und Gesellschaftsordnung anstelle der säkular definierten postkolonialen Staaten.[7] Wenngleich das exakte Ausmaß dieser Bedrohung umstritten ist, gibt es zahlreiche Hinweise darauf, dass Konflikte um kulturelle und religiöse Werte gerade an den Schnittstellen der verschiedenen Kulturen und Religionen in Süd- und Südostasien deutlich zugenommen haben, auch weil „alte" Konfliktlagen von Akteuren zunehmend „neu" definiert werden.

4. *Separationskonflikte organisierter ethnischer Gruppen an der Staatsperipherie*: Als „vertikal" strukturierte Konflikte zwischen Zentralregierung und politisch organisierten ethnischen Gruppen um nationale Selbstbestimmung, Autonomie oder Sezession dominieren sie schon seit Jahrzehnten das Konfliktgeschehen in Süd- und Südostasien. So hatte die Region nach einer Studie des amerikanischen Konfliktforschers Ted Gurr zu Beginn der 90er Jahre die weltweit höchste Dichte an ethnischen Konflikten sowie die größte Zahl an unabhängigen ethnopolitischen Gruppen, die an solchen Auseinandersetzungen beteiligt waren.[8] Seitdem ist ihre Zahl und Bedeutung noch gewachsen. Beispielhaft sind hier zahlreiche ethnische Separationskonflikte im Norden und Westen Pakistans, im Nordosten und Nordwesten Indiens, im Norden und Osten Sri Lankas, im Südwesten und Nordwesten Chinas und in Südostasien (Philippinen, Myanmar, Indonesien, Thailand).[9]

Diesen Konflikten liegen oft reale Missstände zugrunde. Allerdings dienen diese in manchen Fällen politischen Eliten als Vorwand, um für andere politische oder ökonomische Ziele zu mobilisieren, wie die Kontrolle wirtschaftlicher Ressourcen oder die Erlangung beziehungsweise Verteidigung politischer Macht.

5. *Inter-kommunalistische Konflikte:* beispielsweise zwischen Han-Chinesen und vorwiegend muslimischen Hui in China, zwischen Hindus und Muslimen in Indien, zwischen Christen und Muslimen, Javanesen und anderen Volksgruppen sowie zwischen zugewanderten und eingesessenen Bevölkerungsgruppen in Indonesien oder zwischen Chinesen, Indern und Malaien in Malaysia. Auch hier vermischen sich oft kulturelle Konfliktlinien mit ökonomischen Konfliktlagen und konkurrierenden Machtansprüchen. Im Unterschied zu den vertikalen Separationskonflikten handelt es sich dabei aber um „horizontale" Konflikte zwischen zwei oder mehr politisch nicht organisierten Gruppen in einem bestimmten Gebiet. Als dezentrale Konflikte zwischen verschiedenen kommunalistischen Gruppen haben sie sich deutlich ausgeweitet. Häufig handelt es sich auch um latente Konflikte, die sich in sporadischen Gewalteruptionen entladen.[10] Zentral organisierte interkommunalistische Konflikte sind dagegen eher auf den indischen Subkontinent beschränkt; dort haben sie jedoch zugenommen.

Zunahme „kleiner Kriege"

Als dritter Trend bestätigt sich auch für Asien die weltweite Entwicklung zu „kleinen Kriegen"[11] zwischen staatlichen und nichtstaatlichen Gruppen. Diese Konflikte geringer und mittlerer Intensität, in denen Gewalt begrenzt, vereinzelt oder nur sporadisch eingesetzt wird und bei denen man deshalb kaum noch von Kriegen sprechen kann,[12] finden sich unterschiedlich ausgeprägt in zahlreichen Staaten der Region. Die Akteure sind häufig nichtstaatlich, ihre Mittel Terroranschläge oder gezielte Aktionen gegen die ungeschützte Zivilbevölkerung. Allerdings ist dies für Asien kein völlig neues Phänomen. Im Grunde dominieren innerstaatliche Konflikte „niedriger Intensität" dort schon seit Jahrzehnten. Oft sind es „alte“ Konflikte, deren Anfänge in die 60er und 70er Jahre zurückreichen, teilweise sogar noch weiter.[13]

Transnationalisierung des Konfliktgeschehens

Der vierte Entwicklungstrend, die Transnationalisierung des Konfliktgeschehens, dokumentiert sich ebenfalls unterschiedlich ausgeprägt in der Region. So weisen die meisten innerstaatlichen asiatischen Konflikte in der einen oder anderen Form über die Einzelgesellschaft hinaus. Dabei geht es unter anderem um

- Beziehungen zwischen Angehörigen verwandter ethnischer Gruppen über Staatengrenzen hinaus, die von Konfliktakteuren für ihre Zwecke genutzt werden (z. B. die engen Verbindungen zwischen muslimischen Malaien auf beiden Seiten der thailändisch-malaysischen Grenze)
- die besondere Bedeutung der Unterstützung von Diaspora-Gemeinden für Aktivitäten nichtstaatlicher Konfliktakteure (z. B. die Rolle der Sri-Lanka-tamilischen und der Sikh-Diaspora in Nordamerika)
- die Tatsache, dass nichtstaatliche Akteure in einem innerstaatlichen Konflikt früher häufig durch Regierungen von Drittstaaten unterstützt wurden (z. B. Aufständische im indischen Teil Kaschmirs durch Pakistan oder die Rebellen auf Mindanao und in Aceh durch Libyen)
- Ausstrahlungs- oder Ansteckungseffekte von lokalen Konflikten auf Nachbargesellschaften oder ganze Regionen (z. B. der Afghanistankonflikt seit 1979)

Die Transnationalisierung innerstaatlicher Konflikte in Asien hat durch den zunehmenden religiösen Fundamentalismus und islamistischen Terrorismus seit den 80er Jahren einen zusätzlichen Schub erfahren. Obwohl viele aktive Gruppen und Bewegungen einen lokalen, häufig separatistischen Charakter haben und keiner religiös imprägnierten Weltanschauung folgen, stellen sie Ansprechpartner für globale Terrornetzwerke wie Al Khaïda dar.[14] Neben dem Nahen und Mittleren Osten sind besonders süd- und südostasiatische Staaten zunehmend Schauplatz terroristischer Aktivitäten.[15]

In diesem Zusammenhang diagnostizieren manche Beobachter das Entstehen eines „Krisengürtels" des transnationalen Terrorismus, der von Afghanistan, Pakistan, den zentralasiatischen Republiken und dem chinesischen Xinjiang und Tibet über Indien, Bangladesch bis nach Indonesien und auf die Philippinen reicht.[16] Die Kombination von schwacher Staatlichkeit und sozioökonomischen Ungleichheiten hat es dem international operierenden Terrorismus ermöglicht, sich in muslimischen Teilen Asiens festzusetzen. Langjährige innerstaatliche Konflikte haben durch die Verbindung zum Phänomen des internationalen Dschihadismus eine neue Dimension erhalten.

Die hohe Fragmentierung der ethnischen, sprachlichen und religiösen Demographien in Südostasien – auch im Vergleich zu den eher ethnisch homogenen Gesellschaften in Nordostasien – schafft seine eigenen Probleme für die regionale Sicherheit und Entwicklung, erhöht die Gefahr des Auswachsens innerstaatlicher Krisen zu zwischenstaatlichen Konflikten und erschwert die Bedingungen für erfolgreiches Konfliktmanagement.

Konfliktpotenziale und wunde Punkte

Die Diskussion innerasiatischer Fragilitäten und Konfliktlagen mit Potenzial für globale Krisen muss allerdings auch Risiken berücksichtigen, mit denen asiatische Staaten in Zukunft vorrangig konfrontiert sein werden. Vier wunde Punkte sind besonders hervorzuheben.

Faktor politische Stabilität

Ein Problem vieler Länder besteht in ihren instabilen politischen Ordnungen. Aktuell betrifft dies vor allem „junge" Demokratien, die in den letzten zwei Jahrzehnten etabliert wurden (u. a. Bangladesch, Indonesien, die Philippinen und Thailand), und autoritäre Systeme wie Pakistan oder Myanmar. Perspektivisch gilt dies aber auch für „starke" Autokratien wie die Volksrepublik China und Nordkorea. Die Ursachen für die mangelnde Stabilität der politischen Institutionen und Verfahren lassen sich in drei Bereichen benennen: die mangelnde Inklusion der politischen Institutionen, eine schwache oder unzureichende Staatlichkeit sowie das paradoxe Paar ökonomischer Misserfolg und ökonomischer Erfolg.

Eines der hervorstechenden Ergebnisse des von der Bertelsmann Stiftung seit 2004 regelmäßig veröffentlichten „Bertelsmann Transformation Index" ist die schwache soziale und politische Integrationsleistung der politischen Institutionen und die geringe Fähigkeit oder Bereitschaft der politischen Führungen zur gesellschaftlichen Konsensbildung und Deeskalation gesellschaftlicher Konfliktlinien.[17] Eine Facette dieses Problems ist die „Ethnokratisierung" von Staat und Politik, eine andere der fehlende Zugang der sozial und wirtschaftlich Benachteiligten zu effektiver politischer Partizipation, zu bürgerlichen oder zu sozialen Rechten.

In zahlreichen asiatischen Ländern sind die schwache Staatlichkeit und der fehlende Konsens über die Zugehörigkeit zum Staatsvolk weitere Ursachen für die mangelnde Stabilität und Effektivität politischer Institutionen. Dabei ist ein deutliches Nord-Süd-Gefälle zu erkennen. Während im nördlichen Asien (koreanische Halbinsel, Japan, China, Taiwan) das staatliche Gewaltmonopol einschließlich einer arbeitsfähigen Verwaltung weitgehend institutionalisiert ist, sind Gesellschaften Süd- und Südostasiens – bis auf wenige Ausnahmen wie Singapur – in unterschiedlichem Maße von dem Problem betroffen. Die „Staatlichkeitskrise" äußert sich dort in eingeschränkter Entscheidungsfähigkeit, mangelndem Kontrollvermögen und ineffektiver Implementierung. Ein zerfallener Staat wie Afghanistan, wo „Staat" nur noch ein Etikett ist, ist sicherlich ein Extrem. Abgeschwächt zeigen sich solche Phänomene aber auch in den Peripherien des philippinischen und des indonesischen Archipels sowie zunehmend in Ozeanien.

Vielerorts bedrohen auch „Störanreize“ aus dem sozialen und wirtschaftlichen System die politischen Ordnungen. Dies lässt sich für die Nicht-Demokratien der Region als Dilemma der Entwicklungsdiktatur umschreiben. Da die meisten der heute noch existierenden Diktaturen in Asien ihre Herrschaftslegitimation vor allem über spezifische ökonomische Leistungsfähigkeit und kaum mehr über weltanschauliche Quellen beziehen, ist das Einlösen der Versprechen auf Entwicklung für den Machterhalt der politischen Führungen zentral.

Erfolgreiche wirtschaftliche Entwicklung geht allerdings mit gesellschaftlicher Modernisierung einher. Sie verbessert die Kommunikations- und Informationsmöglichkeiten, lässt neue soziale Schichten entstehen oder wachsen – besonders die neuen Mittelschichten in den Städten – und steigert die Komplexität des gesellschaftlichen und wirtschaftlichen Lebens. Letzteres erhöht wiederum die Anforderungen an staatliches Handeln.

Das Anwachsen neuer sozialer Schichten geht fast zwangsläufig zu Lasten der alten Unterstützungsgruppen autokratischer Ordnung; die erfolgreichen Entwicklungsdiktaturen drohen sich also ihre eigene soziale Basis „wegzumodernisieren“. Verbesserte Möglichkeiten der Kommunikation und Information erschweren es autokratischen Führern, auf Informationsmonopole und repressive Kontrolle als zentrale Herrschaftsinstrumente zu setzen. Die steigende Nachfrage aus der Gesellschaft nach angemessenem Regierungshandeln widerspricht jedoch der nachlassenden Steuerungsfähigkeit der zunehmend eigendynamisch verlaufenden Ausdifferenzierungsprozesse in Wirtschaft und Gesellschaft. Damit droht die Überforderung des auf dem Prinzip der hierarchischen Steuerung aufgebauten autokratischen Systems.

Umgekehrt geraten aber auch jene Entwicklungsdiktaturen, die nicht Entwicklung „liefern“, unter gesellschaftlichen

Druck. Je stärker dieser ist, desto mehr müssen sie auf Repression zurückgreifen. Dies schwächt mittel- bis langfristig ihre Widerstandskraft, da der dauerhafte Einsatz von Repression die sozialen, wirtschaftlichen und politischen Ressourcen einer Gesellschaft auszuzehren droht. Sich verschlechternde oder anhaltend schlechte Lebensbedingungen können also ebenso die Stabilität autokratischer Herrschaft schwächen, wie eine Verbesserung nach und nach zur Einforderung politischer Mitspracherechte führen kann.

Demokratien scheinen hier besser gewappnet. Die politische Stabilität und Überlebensfähigkeit demokratischer Systeme ist zumindest bei kurzfristigen Wirtschaftskrisen höher als in Autokratien. Ökonomisches Wachstum wirkt praktisch immer stabilisierend auf Demokratien.[18]

Somit scheint ein sinnvoller Ausweg aus dieser Problematik in einer nachhaltigen Demokratisierung zu bestehen. Aktuell spricht freilich nur wenig für weitere Demokratisierungen autoritärer Ordnungen in Asien oder für eine schnelle Konsolidierung der jungen Demokratien in der Region. Vielmehr deuten zahlreiche Indikatoren darauf hin, dass die meisten der neuen Demokratien Asiens in erheblichen Schwierigkeiten stecken. Thailand ist ein markantes Beispiel. Es ist auch nicht davon auszugehen, dass die in Teilen der Forschung kursierenden Szenarien für eine Demokratisierung der Volksrepublik China in der nahen Zukunft Realität werden könnten.

Die Konflikt- und Kriegsursachenforschung liefert zudem empirisch fundierte Hinweise, dass Demokratisierung zumindest kurzfristig nicht zu einem Rückgang inner- und zwischenstaatlicher Konflikte führt. Vielmehr lassen die verfügbaren Daten den Schluss zu, dass Demokratisierungsprozesse gerade in multi-ethnischen Staaten Konflikte anheizen und empfänglich für Provokationen innerstaatlicher Gewaltgruppen sind.[19]

Faktor Gesellschaft

Neben diesen politischen Risiken gibt es eine Reihe von strukturellen Anfälligkeiten. Die ihnen zugrunde liegenden Entwicklungen schaffen einerseits Entwicklungspotenziale und eröffnen asiatischen Gesellschaften Chancen gerade im Wettbewerb mit dem Westen. Andererseits erzeugen sie aber auch Risiken und Konfliktpotenziale. Ob letztlich Chance oder Risiko überwiegt, wird davon abhängen, als wie robust sich die gesellschaftlichen und politischen Institutionen in Asien erweisen, um die damit verbundenen Belastungen zu bewältigen.

Dies sind zum einen Konfliktpotenziale, die sich aus demographischen Entwicklungen ergeben, vor allem dem immer noch hohen Bevölkerungswachstum in vielen asiatischen Gesellschaften. Allein in den hier berücksichtigten Staaten Asiens ist die Bevölkerung zwischen 1975 und 2004 nach Angaben des Entwicklungsprogramms der Vereinten Nationen (UNDP) von etwa zwei auf über drei Milliarden Menschen gewachsen. Bis 2015 wird von einem weiteren Anstieg auf 3,8 Milliarden ausgegangen.[20] Für Gesamtasien werden fünf Milliarden in den nächsten 30 Jahren prognostiziert. Die potenziellen Folgen sind dramatisch. Sie reichen von mangelnder Nahrungs- und Gesundheitsversorgung sowie fehlenden Arbeitsplätzen bis hin zu ökologischem Raubbau und drohenden Ressourcenkriegen zwischen Staaten.

Für die regionale und internationale Sicherheit spielt der Geschlechteraspekt der demographischen Entwicklung in bevölkerungsreichen Staaten wie China, Indien oder Pakistan eine besondere Rolle. Die Kombination von kulturell tief verwurzelten Präferenzen für männliche Nachkommen, eine signifikant höhere Sterblichkeitsrate junger Mädchen und die zunehmende Praxis der Abtreibung weiblicher Föten führt bereits jetzt zu Schieflagen in der Geschlechterrelation. Diese Ungleichgewichte werden zukünftig vermutlich noch zunehmen.

So gehen konservative Schätzungen für das Jahr 2020 davon aus, dass Indien 28 Millionen mehr junge Männer zwischen 15 und 34 Jahren als Frauen haben wird, China etwa 30 Millionen und Pakistan zwischen drei und fünf Millionen. Das entspräche einem Anteil dieser „überschüssigen Söhne" an der männlichen Altersgruppe von 12 bis 15 Prozent („youth bulge")[21]. Diese jungen Männer ohne Chance auf Partner, Partnerin oder Nachkommenschaft werden überwiegend arm und schlecht ausgebildet sein und nur geringe Arbeitsmarktchancen haben. Als sozialer Bodensatz ihrer Gesellschaften dürften sie in besonderem Maße zu Kriminalität und Gewalt neigen.

Eine weitere mögliche Konsequenz der demographischen Entwicklungen sind die zunehmenden innerstaatlichen Konflikte. Sie verschärfen noch die sogenannten „Ressourcenkonflikte" – z.B. um Wasser und Rohstoffe –, denn durch das Bevölkerungswachstum tritt das Problem knapper Ressourcen sehr viel stärker zu Tage.

Das vorrangige Risiko Asiens ist die Überwindung der Armut. Nach Angaben der Weltbank leben derzeit in dieser Region mit überragenden Wachstumspolen fast 900 Millionen Menschen in großer Armut – davon mehr als die Hälfte allein in Südasien. 500 Millionen Menschen sind absolut arm: Sie müssen mit weniger als einem US-Dollar pro Tag auskommen. Dies sind nach Angaben des Bundesministeriums für wirtschaftliche Zusammenarbeit und Entwicklung etwa 75 Prozent aller Armen weltweit.[22] In Kombination mit den zuvor genannten Faktoren und Konfliktmustern resultiert hieraus zusätzlich eine hohe innerstaatliche Konfliktanfälligkeit, besonders für die ohnehin konfliktgeplagten Gesellschaften des südlichen und südöstlichen Asien.

Dies gilt besonders für das Problem des zunehmenden Terrorismus. In der Forschung ist umstritten, inwieweit Armut und Unterentwicklung politischen Extremismus beeinflussen. Doch legt beispielsweise die Korrelation der sich dramatisch verschärfenden Armut in den Palästinensergebieten mit der steigenden Unterstützung fundamentalistischer Gruppen die Annahme nahe, dass Armut und Unterentwicklung das Wachstum extremistischer politischer Bewegungen zumindest fördern, denn sie stellen vorteilhafte gesellschaftliche und politische Opportunitäts- und Mobilisierungsstrukturen für solche Akteure bereit.

Faktor Gesundheit

Ein drittes Set an Risikofaktoren, die ihren Ursprung in Asien haben und globale Wirkungen zeigen, dreht sich um die Gesundheit. Nicht zuletzt durch die Debatten über AIDS, SARS und die Vogelgrippe erweist sich der Faktor Gesundheit als besonders sensitiv gegenüber globalen Verbreitungseffekten. Zwar ist die HIV/AIDS-Pandemie bislang vor allem auf das sub-saharische Afrika konzentriert. Mittelfristig sind aber alarmierende HIV-Epidemien in Staaten wie China und Indien zu befürchten. Auf der Grundlage vorsichtiger Schätzungen wird bis 2025 eine kumulative Zahl der HIV-Neuinfektionen von 70 Millionen in China und 110 Millionen in Indien prognostiziert.[23] Zum Vergleich: Ende 2005 lebten in China schätzungsweise 650.000 Menschen mit HIV, in Indien 5,7 Millionen.[24]

Gesundheitssysteme in Asien sind meist schlecht entwickelt und nicht auf die Bewältigung dieser Risiken eingerichtet. Vielen Staaten fehlen die finanziellen und medizinischen Möglichkeiten einer effektiven präventiven Seuchenbekämpfung, häufig auch aufgrund einer politisch gewollten Unterfinanzierung des Gesundheitssektors. So bleiben sozialinvestive Aufwendungen für die Gesundheitsversorgung in den meisten Ländern deutlich hinter den Mitteln für ihre Verteidigung zurück.[25] Wertewandel und die Veränderung von Sozialstrukturen tragen das ihre dazu bei, um die Ausbreitung von Epidemien zu beschleunigen. Verstädterung und wachsende Mobilität führen dazu, Gefahren wie die Vogelgrippe in Windeseile über die ganze Region zu verbreiten.

Auch hier sind zügige Lösungen unwahrscheinlich; eher ist eine Zunahme dieser Risikofaktoren zu erwarten.

Faktor Umwelt

Die ökologischen Entwicklungen sind das vierte große Thema der Region. Internationale Einschätzungen stimmen darin überein, dass das (ost-)asiatische Entwicklungsmodell – ähnlich wie das westliche bis weit ins 20. Jahrhundert – charakterisiert ist durch die systematische, häufig rücksichtslose Ausbeutung natürlicher Ressourcen und massive Umweltzerstörung. Wirtschaftswachstum und das Entstehen von Megacitys, Bevölkerungswachstum und die Erschließung landwirtschaftlicher Nutzflächen, Wasser- und Luftverschmutzung haben zu einer kontinuierlichen Zunahme der Umweltverschmutzung gerade in den wirtschaftlich besonders erfolgreichen Staaten geführt. Schon jetzt sind die ökonomischen Kosten der Umweltzerstörung erheblich: Sie betragen nach mittleren Schätzungen der Asiatischen Entwicklungsbank aus dem Jahre 2003 für Gesamtasien vier bis acht Prozent der regionalen Wirtschaftsleistung.

Ökologischer Raubbau gerade in ärmeren Ländern, steigender Ressourcenverbrauch und Energiebedarf in den boomenden Volkswirtschaften sowie die sich abzeichnenden Auswirkungen des globalen Klimawandels vergrößern die Risiken der asiatischen Entwicklung. Zudem stehen den Regierungen in der Region die notwendigen Implementierungs- und Kontrollinstrumente für eine bessere Umweltpolitik häufig nicht zur Verfügung. Selbst ein vergleichsweise „starker“ Staat wie die Volksrepublik China ist nicht in der Lage, eigene Umweltgesetze effektiv in allen Landesteilen einzuführen.[26]

Für die zukünftige Entwicklung innerstaatlicher, regionaler oder globaler, auch gewalttätiger Krisen sind ökologische Verletzlichkeiten womöglich die eigentliche Herausforderung des frühen 21. Jahrhunderts (nicht nur) in Asien. Eine stärkere Rolle als

Konfliktursache könnte die zunehmende Ressourcenknappheit in Interaktion mit anderen, zuvor genannten politischen und sozialen Faktoren spielen,[27] da sie ökonomische Verteilungskonflikte zwischen gesellschaftlichen Gruppen verstärkt.

Ausblick

Zahlreiche Staaten in Asien haben in den letzten Jahren und Jahrzehnten erfolgreich nachholende Entwicklung betrieben. Die ökonomischen, mitunter auch die sozialen Leistungsbilanzen dieser Länder sind beeindruckend. Doch die innerasiatischen und regionalen Fragilitäten – politischer, gesellschaftlicher, ökonomischer und ökologischer Art – sind erheblich.

Zwei Beispiele sollen hier herausgegriffen werden. Wenn es zu weiteren Systemtransformationen in asiatischen Staaten kommen sollte, wäre auch mit einer Zunahme von Konflikten in ihrem Vorfeld und Verlauf zu rechnen. Externe Demokratisierungs bemühungen etwa westlicher Regierungen sollten sich bewusst sein, dass verwehrte Demokratieforderungen ebenso zu gewaltsamen Auseinandersetzungen führen können wie eine in Angriff genommene Transformation selbst. Entscheidend ist also, dass eine Transformation schnell und erfolgreich zur Konsolidierung geführt wird. Doch dies, so lehren uns die Erfahrungen der großen Demokratisierungswellen des 19. und 20. Jahrhunderts, ist leichter gesagt als getan. Der Rückfall des Irak in den Zustand eines „Krieges aller gegen alle" (Thomas Hobbes) liefert hierfür ein trauriges Beispiel.

Zudem dürften die Zahl, Bedeutung und Intensität ethnischer Konflikte im weiteren Sinne – ethnisch motivierte Separationskonflikte, interethnische Konflikte und inter-kommunalistische Konflikte – in den nächsten Jahren kaum abnehmen. Mit ihnen sind häufig humanitäre Krisen verbunden, die internationale Organisationen und westliche Regierungen vor die Aufgabe stellen, schnelle Nothilfe und dauerhafte Abhilfe zu leisten; außerdem konfrontieren sie Nachbarstaaten, aber auch westliche Länder mit Flüchtlings- und Migrationsproblemen.

Diese übergreifenden Problemlagen können sich destabilisierend auf die Strukturen des Aufnahmelandes auswirken, besonders wenn diverse Immigranten radikalen politisch-religiösen Programmen verbunden sind. Diese Transnationalisierung der Konflikte kann zu einem zunehmenden transnationalen Terrorismus und zu internationalen Verwicklungen in den asiatischen Räumen führen. Erschwerend kommt hinzu, dass die Region kaum über regionale oder internationale Sicherheitsregime verfügt und auf absehbare Zeit wohl auch keine herausbilden wird.[28]

Ethnisch motivierte und interethnische Konflikte sowie inter-kommunalistische Konflikte scheinen sich besonders destabilisierend auf staatliche und demokratische Strukturen auszuwirken. Da gerade die inter-kommunalistischen Konflikte oft religiös geprägt sind, hat ein interreligiöser, auch intrakultureller Dialog große präventive Bedeutung. Diese gewaltsamen Konflikte brechen für externe Beobachter meist überraschend aus, beruhigen sich dann recht schnell wieder – um ebenso überraschend wieder auszubrechen. Dies geschieht vor allem, wenn sich radikale Gruppierungen (vor allem muslimischer und hinduistischer, aber auch buddhistischer und christlicher Provenienz) in Deeskalations- und erneute Eskalationsprozesse einschalten.

Die Gleichsetzung zahlreicher muslimischer Gruppierungen in Süd- und Südostasien mit dem Phänomen des islamisch-fundamentalistischen Terrorismus hält einer genauen Analyse häufig nicht stand. Trotzdem kann kaum bezweifelt werden, dass Konflikte unter Beteiligung religiös-fundamentalistischer Akteure das größte Potenzial für regionale Krisen haben. Dies gilt vor allem, wenn sie Separationskonflikte zwischen organisierten ethnischen Gruppen und der Staatsmacht „transnationalisieren" oder wenn sie mit internationalem Terrorismus vernetzt sind, wie etwa in Pakistan, Afghanistan, Kaschmir, Bangladesch, den Philippinen und Indonesien.

Der Autor dankt Christoph Trinn für die Zusammenstellung der Daten und für hilfreiche Kommentare.

Anmerkungen

1 Worldbank 1998.
2 Bertelsmann Stiftung 2006.
3 HIIK 2007; www.hiik.de.
4 Münkler 2002.
5 Croissant und Schwank 2006.
6 Croissant 2004.
7 Abuza 2003; Gunaratna 2003.
8 Gurr 1994.
9 Reilly 2002; Croissant, Martin und Kneip 2006.
10 Anwar et al. 2005.
11 Daase 1999.
12 Schwank 2007.
13 Croissant und Barlow 2007.
14 Tellis 2004.
15 Croissant und Schwank 2006.
16 Chellanay 2003.
17 Bertelsmann Stiftung 2005, 2007.
18 Przeworski et al. 2000.
19 Snyder 2000.
20 UNDP 2006.
21 Hudson und Den Boer 2004; Heinsohn 2003.
22 BMZ 2003.
23 Eberstadt 2002.
24 UNAIDS 2006.
25 Bertelsmann Stiftung 2004.
26 Risse und Lehmkuhl 2007.
27 Homer-Dixon 1999.
28 Moon und Suh 2007.

Literatur

Abuza, Zachary. *Militant Islam in Southeast Asia*. Boulder 2003.

Anwar, Dewi Fortuna, Hélène Bouvier, Glenn Smith und Roger Tol (Hrsg). *Violent internal conflicts in Asia Pacific – Histories, political economies and policies*. Jakarta 2005.

Asian Development Bank. *Asian Development Outlook 2003*. Manila 2003.

Bertelsmann Stiftung. *Bertelsmann Transformation Index 2003 – Auf dem Weg zur marktwirtschaftlichen Demokratie*. Gütersloh 2004.

Bertelsmann Stiftung. *Bertelsmann Transformation Index 2006 – Toward Democracy and a Market Economy*. Gütersloh 2006.

Bertrand, Jacques. „Democratization and Religious and Nationalist Conflict in Post-Suharto Indonesia". *Democratization and Identity. Regimes and Ethnicity in East and Southeast Asia*. Hrsg. Susan J. Henders. Lanham 2004. 177–201.

BMZ – Bundesministerium für wirtschaftliche Zusammenarbeit. *Zur Bekämpfung der Armut. Unsere Ziele in den Regionalen Entwicklungsbanken*. Bonn 2003.

Chellaney, Brahma. „Fighting Terrorism in South Asia. The Lessons of History". *International Security* 26 (3) 2002. 94–116.

Croissant, Aurel. „From Transition to Defective Democracy. Mapping Asian Democratization". *Democratization* 11 (5) 2004. 156–179.

Croissant, Aurel, und Daniel Barlow. „Terrorist Financing and Government Responses in Southeast Asia". *Terrorism Financing and State Responses. A Comparative Perspective*. Hrsg. Jeanne K. Giraldo und Harold A. Trinkunas. Stanford 2007. 203–231.

Croissant, Aurel, und Nicolas Schwank. „Violence, Extremism and Transformation. Bertelsmann Transformation Index 2006 Findings". *Violence, Extremism and Transformation*. Hrsg. Bertelsmann Stiftung. Gütersloh 2006. 10–55.

Croissant, Aurel, Beate Martin und Sascha Kneip (Hrsg.). *The Politics of Death. Political Violence in Southeast Asia*. Münster 2006.

Daase, Christopher. *Kleine Kriege – Große Wirkung. Wie unkonventionelle Kriegsführung die internationale Politik verändert*. Baden-Baden 1999.

Eberstadt, Nicholas. „The Future of AIDS". *Foreign Affairs* 81 (6) 2002. 22–45.

Findlay, Trevor. „Turning the Corner in Southeast Asia". *The International Dimensions of Internal Conflict*. Hrsg. Michael E. Brown. Cambridge, Mass., 1996. 173–204.

Gunaratna, Rohan (Hrsg.). *Terrorism in the Asia-Pacific. Threat and Response*. Singapore 2003.

Gurr, Ted R. „Peoples against States: Ethnopolitical Conflict and the Changing World System". *International Studies Quarterly* 38 (3) 1994. 349–353.

Heidelberger Institut für Internationale Konfliktforschung. *Konfliktbarometer 2006*. Heidelberg 2007 (www.hiik.de/konfliktbarometer/pdf/Konfliktbarometer_2006.pdf).

Heinsohn, Gunnar. *Söhne und Weltmacht. Terror im Aufstieg und Fall der Nationen*. Zürich 2003.

Homer-Dixon, Thomas F. *Environment, Scarcity and Violence*. Princeton 1999.

Hudson, Valerie M., und Andrea M. Den Boer. *Bare Branches. The Security Implications of Asia's Surplus Male Population*. Cambridge 2004.

Moon, Chung-in, und Seung-won Suh. „Overcoming History: The Politics of Identity and Nationalism". *Global Asia* 2 (1) 2007. 34–48.

Münkler, Herfried. *Die neuen Kriege*. Reinbek bei Hamburg 2002.

Przeworski, Adam, Michael Alvarez, José Antonio Cheibub und Fernando Limongi. *Democracy and Development. Political Institutions and Well-Being in the World, 1950–1990*. Cambridge 2000.

Reilly, Benjamin. „Internal Conflict and Regional Security in Asia and the Pacific". *Pacifica Review* 14 (1) 2002. 7–21.

Risse, Thomas, und Ursula Lehmkuhl. „Governance in Räumen begrenzter Staatlichkeit“. *APuZ* 20–21/2007. 3–9.

Schwank, Nicolas. „Entwicklung innerstaatlicher Kriege seit dem Ende des Ost-West Konfliktes“. *Dossier: Innerstaatliche Konflikte*. Hrsg. Bundeszentrale für Politische Bildung. Bonn 2007. Online-Publikation der Bundeszentrale für Politische Bildung. www.bpb.de/themen/7U54R1,0,0,Entwicklung_innerstaatlicher_Kriege_seit_dem_Ende_des_OstWest_Konfliktes.html (Download 16.05.2007).

Snyder, Jack. *From Voting to Violence: Democratization and Nationalist Conflict*. New York 2000.

Tellis, Ashley J. „Assessing America's War on Terror: Confronting Insurgency, Cementing Primacy“. *National Bureau of Asian Research Analysis* 15 (4) 2004. Seattle 2004.

UNAIDS. Die AIDS-Epidemie. Statusbericht Dezember 2006. http://data.unaids.org/pub/EpiReport/2006/2006_EpiUpdate_de.pdf (Download 17.05.2007).

UNDP. Human Development Report 2006. http://hdr.undp.org/hdr2006/statistics/ (Download 16.05.2007).

Worldbank. *China 2020: Development Challenges in the New Century*. New York 1998.

Asiatische Mobilität und Europa: Wie man das fast Unvermeidliche steuern und davon profitieren kann

DEMETRIOS G. PAPADEMETRIOU

Der Beginn des Zeitalters der Mobilität

In den nächsten 25 Jahren wird es mehr Migranten geben als jemals zuvor in einem vergleichbaren Zeitraum der Menschheitsgeschichte. Dafür verantwortlich sind fünf Faktoren: die demographischen Strukturen in den Herkunfts- und Zielländern, der Bedarf an Arbeitskräften über das gesamte Einkommens- und Qualifikationsspektrum, vor allem im obersten und untersten Bereich, das wachsende wirtschaftliche Zusammenspiel sowie die dadurch zunehmenden gesellschaftlichen und kulturellen Kontakte, dauerhafte Emigrations- und Immigrationstraditionen sowie immer dichtere und bessere Netzwerke.

Diese Kräfte, welche die Migration vorantreiben, scheinen praktisch allen Kräften, die ihnen entgegenwirken, standhalten zu können. Zu den Gegenkräften gehören große gesellschaftliche und kulturelle Vorbehalte gegenüber zunehmender Immigration, die Besorgnis der ansässigen Bevölkerung über Auswirkungen auf Löhne und Arbeitsmarkt sowie Reaktionen auf das Unvermögen (oder den mangelnden Willen?) der Regierungen in Herkunfts- und Zielländern, aber auch Transitländern, die illegale Einwanderung einzudämmen. Tatsächlich scheinen lediglich zwei Kräfte groß genug, um das aufzuhalten, was zukünftig als „Zeitalter der Mobilität" bezeichnet werden wird: eine Ausweitung des Terrorismus sowie unkontrollierbare Illegalität.

Wenn wir tatsächlich an der Schwelle eines solchen Zeitalters stehen, sollten wir die voraussichtlichen Einflussgrößen dieser neuen Ära gründlich durchdenken und damit beginnen, eine analytische und politische Infrastruktur aufzubauen, die diese Mobilität steuert, unterstützt und letztlich auch von ihr profitieren wird.

Asiens Anteil an der internationalen Migration

Seit die „UN Population Division" Aufzeichnungen über internationale Migrationsströme führt, stellt Asien konstant in jedem Jahrzehnt die bei weitem größte Zahl an Migranten, und in manchen Phasen sogar die Mehrheit (gezählt werden Personen, die mindestens ein Jahr lang außerhalb ihres Geburtslandes wohnen). Eigentlich ist das nicht sehr verwunderlich, wenn man bedenkt, dass ungefähr die Hälfte der Weltbevölkerung in Asien und etwa zwei Fünftel in China oder Indien leben. Angesichts dessen sowie der Präferenzen und Strömungsläufe der Immigration im Großteil der westlichen Industrieländer wird klar, dass die Einwanderung aus Asien, besonders China und Indien, weiter wachsen wird.

In den traditionellen Einwanderungsländern (Kanada, Australien und Neuseeland) und Großbritannien stellen Asiaten jetzt schon die größte Gruppe der Immigranten, und in den USA machen sie einen großen Anteil der Einwanderer (fast zwei Fünftel) aus. Darüber hinaus streben alle diese Länder eine stärker selektive Immigrationspolitik an, die Bildung, Kenntnisse in der Sprache des Ziellandes und berufliche Qualifikationen verlangt. Dies wird den Anteil an asiatischen, vor allem indischen und chinesischen (sowie taiwanesischen) Immigranten in diesen Ländern weiterhin enorm steigern.

Migration in der „direkten Nachbarschaft"

Aber wie steht es mit Europa? Auch hier werden Asiaten, insbesondere Chinesen und Inder, die Migrationsströme in den kommenden Jahrzehnten dominieren. Auf den ersten Blick mag diese

Prognose vielleicht unglaubhaft erscheinen. Schließlich spielt sich Migration meist in der unmittelbaren „Nachbarschaft" ab. Auch die jährliche Studie der OECD (Organisation für wirtschaftliche Zusammenarbeit und Entwicklung) macht deutlich, dass sich die Immigrantenpopulation in Europa hauptsächlich zusammensetzt aus im europäischen Ausland geborenen Einwanderern sowie Immigranten der zweiten und dritten Generation aus Europa oder einem direkt angrenzenden Land. Darüber hinaus sorgen in Europas Nachbarschaft – vor allem südlich und südöstlich der Europäischen Union – ein großes ungenutztes Arbeitskräftepotenzial und die entsprechende demographische Struktur (eine sehr junge Bevölkerung) dafür, dass Europa in absehbarer Zukunft keinen Mangel an Arbeitskräften befürchten muss.

Warum ist trotzdem mit einem bedeutenden Anstieg der Migration aus Asien, und besonders aus Indien und China, nach Europa zu rechnen? Die Antwort ergibt sich aus einem Prozess mit vier Strängen, die im Folgenden erklärt und analysiert werden.

Erstens wird die EU in den nächsten fünf bis zehn Jahren eine große Zahl an Arbeitskräften aus den neuen Mitgliedstaaten aufnehmen. Doch dieses Angebot an Arbeitskräften ist begrenzt. Das demographische Profil in den meisten neuen Mitgliedstaaten spiegelt jene problematische Struktur wider, die in vielen der alten EU-Länder vorherrscht, mit Ausnahme Großbritanniens, Frankreichs und des Großteils der skandinavischen Länder. Auch die erwartete Verbesserung der sozialen Infrastruktur und der wirtschaftlichen Möglichkeiten in den Herkunftsländern wird die Einwanderung in die EU aus den neuen Mitgliedstaaten langsam verringern.

Bulgarien und Polen sind hierfür zwei gute, wenn auch unterschiedliche Beispiele. In den letzten Jahren ist aus Bulgarien ein so großer Teil der jüngsten und dynamischsten (und daher auch mobilsten) Bevölkerung ausgewandert, dass der EU-Beitritt hinsichtlich neuer Emigrationsschübe kaum ins Gewicht fällt. Dennoch sah sich das Land gezwungen, aktiv nach neuen Arbeitskräften in Eurasien zu suchen, um sein eigenes Wirtschaftswachstum auf Kurs zu halten. In ähnlicher Weise sucht Polen, das nach seinem EU-Beitritt 2004 massive Auswanderungswellen erlebte, ein hohes Wirtschaftswachstum aufweist und dringend eine bessere Infrastruktur aufbauen muss, händeringend nach Arbeitskräften. Eines der ersten Länder, mit dem es eine entsprechende Vereinbarung unterschrieben hat, ist China.

Zweitens ist die Erweiterung der Europäischen Union um die westlichen Balkanländer und weitere Staaten östlich der heutigen Grenzen von Bedeutung. Diese Länder sind jedoch sehr klein, und mit einer Ausnahme, nämlich Albanien (und Kosovo), bestehen überall die gleichen demographischen Probleme wie im Großteil der EU. Darüber hinaus befinden sich die mobilsten Arbeitskräfte dieser Länder (also jene mit den nötigen Kontakten sowie Sprach- und anderen Fähigkeiten) schon länger innerhalb der EU, sowohl legal als auch – hauptsächlich – illegal.

Drittens spielen die Türkei und Nordafrika eine entscheidende Rolle. Die Türkei ist ein großes Land mit einer jungen Bevölkerung und einer stabilen Geburtenrate. Wenn es im nächsten Jahrzehnt der Europäischen Union beitreten würde, wäre es aufgrund seiner Größe und demographischen Struktur durchaus in der Lage, die EU zehn Jahre lang mit einer beträchtlichen Zahl an Arbeitskräften – vor allem im unteren Segment des Arbeitsmarkts – zu versorgen. Eine ähnliche Rolle könnten einige Länder des Nahen Ostens und Nordafrikas spielen. Jedoch werden die Politik der Europäischen Union, die Sorge über ein weiteres Anwachsen des Islams in Europa und die Verbindung zwischen islamischem Fundamentalismus und Terrorismus wahrscheinlich einen wirklich flüssigen Migrationsstrom über das Mittelmeer und entlang der Mittelmeerküste in näherer Zukunft verhindern.

Der vierte Aspekt betrifft die afrikanischen Länder südlich der Sahara. Demographisch gesehen bietet diese Region ein schier unerschöpfliches Reservoir an Arbeitskräften für Europa, und laut Geburtenraten und weiteren Entwicklungsprognosen wird dies auch langfristig so bleiben. Das gestiegene Interesse der EU an der Förderung der sogenannten „circular migration“, also eines zeitlich befristeten Aufenthalts in einem Land, bedeutet, dass eine gesteuerte Immigration aus dieser Region denkbar wäre. Und tatsächlich gab der Europäische Rat bei seinem Treffen im Juni 2007 der Europäischen Kommission grünes Licht, um über den möglichen Ablauf solcher Programme zu beraten. Auch die portugiesische Ratspräsidentschaft im zweiten Halbjahr 2007 legt ein großes Augenmerk auf dieses Thema. Ähnlich wie bei der Türkei, dem Nahen Osten und Nordafrika werden jedoch auch in diesem Fall ethnische und religiöse Vorbehalte sowie vor allem rassistische Vorurteile – ganz zu schweigen vom sehr unausgereiften Konzept in der Mitteilung der Kommission vom Mai 2007 – die gesteuerte Immigration dieser Arbeitskräfte in absehbarer Zukunft wohl verhindern, auch wenn dies hinsichtlich der Migrationssteuerung eine sehr konstruktive Lösung wäre.

Der asiatische Migrationsstrom und Europa

Chinesische Migration

Wie steht es nun also um die asiatische Migration? Die ersten Menschen aus Asien immigrierten im späten 19. Jahrhundert nach Europa, nachdem die Regierung der Vereinigten Staaten von Amerika in den 1880er Jahren beschlossen hatte, die Einwanderung aus China zu unterbinden. Im frühen 20. Jahrhundert gab es erste, leichte Konzentrationen von chinesischen Einwanderern in Europa, zunächst im östlichen London, in Liverpool, Bremen, Hamburg, Rotterdam und Amsterdam. Die meisten dieser Immigranten kamen aus den Provinzen Guangdong und Fujian, aber einige Händler auch aus Zhejiang. Der größte je verzeichnete Zustrom aus China fand während des Ersten Weltkriegs statt, als Frankreich und Großbritannien im Osten Chinas rund 200.000 männliche Arbeiter anwarben, unter anderem für den Straßenbau und die Arbeit in Fabriken. Die meisten kehrten anschließend nach China zurück, aber einige blieben in den beiden Ländern – obwohl Großbritannien viele von ihnen später in seine Kolonien auswies. Doch führten diese ersten Immigrationen dazu, dass ab etwa Mitte des 20. Jahrhunderts die Zahl der Chinesen in Großbritannien, Frankreich, den Niederlanden, Italien und Spanien zunahm.

Die nächste chinesische Einwanderungswelle erfolgte zwischen den 50er und den frühen 80er Jahren und brachte hauptsächlich Auswanderer aus Hongkong. Diese Gruppe wählte die gleiche Richtung wie die früheren Ströme und ähnliche Zielländer; hinzu kam allerdings Belgien. In dieser Phase gab es eine Konzentration chinesischer Einwanderer in der Gastronomie, einem Wirtschaftszweig, der durch die verstärkte Einwanderung von Familien wichtiger wurde und diese gleichzeitig auch unterstützte. In dieser Zeit verwurzelten sich die chinesischen Immigranten zunehmend in Europa, und die ersten Chinatowns entstanden.

All dies ist jedoch nicht vergleichbar mit den heutigen Ausmaßen der chinesischen Migration und deren Ausweitung auf ganz Europa, die erst durch die Öffnung der chinesischen Wirtschaft 1978 und vor allem das neue Auswanderungsgesetz von 1985, das die Ausstellung eines Reisepasses erleichterte, möglich wurden. Die sich ständig verschlechternde wirtschaftliche Situation in Lianoning, Jilin und Heilongjiang führte in diesen nordöstlichen Provinzen zur vermehrten Emigration, meistens in den Süden und Osten Europas. Im Gegensatz zu früheren Emigrationswellen nach dem Zweiten Weltkrieg, die hauptsächlich durch die in der Heimat herrschende elende Armut verursacht wurden, verlassen die Auswanderer seit 1980 China vor allem, um ihre finanzielle Situation zu verbessern. Und dieses Ziel verfolgen sie auf eine erstaunlich systematische und koordinierte Weise. Im Jahr 2001 schätzte der Europarat die Zahl der Staatsbürger aus der Volksrepublik China, die in Europa leben, auf 200.000. Wissenschaftlichen Schätzungen zufolge lag die Zahl aller in Europa lebenden Menschen chinesischer Herkunft (mit einer europäischen oder der chinesischen Staatsbürgerschaft) in den späten 90er Jahren bei rund einer Million.

Indische Migration

Die ersten Migranten von Südasien nach Europa im 17. Jahrhundert waren Segler, die als Laskaren bezeichnet wurden und auf britischen Schiffen arbeiteten. Die folgenden Immigrationsströme nach Großbritannien und in seine Kolonien kamen vom indischen Subkontinent und wurden größtenteils von der „East India Company" getragen. Bedeutendere Ausmaße nahm die Migration von Indien nach Großbritannien jedoch erst im 20. Jahrhundert an. Während das Britische Staatsbürgerschaftsgesetz aus dem Jahr 1948 zu einer großen Migrationswelle von Punjab nach Großbritannien führte und der darauf einsetzende Nachzug der Familien eine zweite Welle folgen ließ, sorgte die restriktive Einwanderungspolitik der anderen europäischen Länder dafür, dass dort die Immigration aus Indien zunächst ausblieb.

Der kürzliche Anstieg der Zahl der Inder in Europa, vor allem in Großbritannien – wo zwei Drittel aller Inder Europas leben und indische Immigranten 7,3 Prozent aller Ausländer im Jahr 2006 ausmachten –, ist daher ein relativ junges Phänomen. Es ist hauptsächlich mit der Nachfrage nach hochqualifizierten Arbeitskräften wie IT-Experten, Ärzten, Krankenschwestern zu erklären. Heute leben ungefähr zwei Millionen indische Staatsbürgerinnen und Staatsbürger sowie Menschen indischer Herkunft in Europa, 70 Prozent davon in Großbritannien, die anderen vorwiegend in den Niederlanden, Italien, Portugal, Frankreich und Deutschland.

Migranten aus anderen asiatischen Ländern

Auch Immigranten aus anderen süd- und südostasiatischen Ländern haben begonnen, in Europa Wurzeln zu schlagen. Die ersten beachtlichen Gruppen von Einwanderern aus Bangladesch und Pakistan kamen erst, nachdem Indien 1947 seine Unabhängigkeit erlangte. Diese stammten hauptsächlich aus Azad Kaschmir in Pakistan und Sylhet in Bangladesch. In den Jahren 2000 bis 2004 stellten Einwanderer aus Indien, Pakistan, Bangladesch und Sri Lanka 20,2 Prozent der nach Großbritannien immigrierenden Arbeitskräfte. Im Jahr 2005 waren 11,8 Prozent der dort im Rahmen des „Highly Skilled Migrant Programme" arbeitenden hochqualifizierten ausländischen Fachkräfte aus Pakistan – mit einer noch höheren Prozentzahl kann nur Indien aufwarten.

Ebenso gehören Immigranten aus Südostasien heute in vielen europäischen Ländern zum Alltag. Während des Kalten Krieges kamen nach entsprechenden Abkommen im Jahr 1973 und in den 80er Jahren zehntausende Vietnamesen in die DDR, um in der staatlichen Industrie zu arbeiten. Nach dem Ende des Kommunismus und der deutschen Wiedervereinigung blieben viele im Land, obwohl die deutsche Regierung wiederholt auf Ausreise drängte.

Im Gegensatz dazu waren die Südostasiaten, die im selben Zeitraum nach Frankreich und Westdeutschland einreisten, vorwiegend sogenannte „boat people" (also Bootsflüchtlinge) und andere Flüchtlinge, die nach Ende des Indochinakriegs und des Vietnamkriegs dem kommunistischen Regime entflohen. Die neuen Migrationsströme aus Kambodscha, Laos und Vietnam nach Frankreich haben nicht so große Ausmaße. Die größte Gruppe unter ihnen bilden Studentinnen und Studenten. Erwähnenswert ist jedoch, dass seit den frühen 90er Jahren Vietnamesen die drittgrößte Immigrantengruppe in der Tschechischen Republik stellen.

Was ist für die Zukunft zu erwarten?

Jede der anfangs beschriebenen fünf Kräfte, die die Migration antreiben, wird ziemlich sicher auch in den kommenden Jahrzehnten die Zahl der Migranten vergrößern. Alle Kräfte zusammen jedoch werden wohl dazu führen, dass die Migration von Asiaten fast exponentiell steigt, was zu einer weiteren Verbreitung der chinesischen und indischen Migranten in ganz Europa führen wird. Zwei Beispiele aus Berlin und Budapest bestätigen diesen Trend.

In Oranienburg am Rande Berlins hat eine Investorengruppe die Genehmigung für den Bau einer „Chinatown" für 500 Millionen Euro beantragt. Die Investoren und die politische Führung der Stadt stellen sich diese als ein Projekt mit verschiedensten Funktionen vor: eine Kulturoase, ein Gewerbe- und Handelszentrum als Magnet für chinesische Investoren und ein Freizeitzentrum. Die Investoren erhoffen sich unter anderem, dass einige der rund 7.000 in Berlin lebenden Chinesen in das neue „Chinatown" ziehen.

Obwohl dieses Projekt in seiner Art einzigartig ist, haben sich in vielen Städten ganz Europas kleine Chinatowns gebildet. Bedeutender jedoch erscheint die Tatsache, dass sich in Städten wie Athen, Rom und Budapest sowie an der portugiesischen Algarve große chinesische Märkte etabliert haben. Budapest, wo sich vier Fünftel aller nach Ungarn einwandernden Migranten niederlassen, war seit Anfang der 90er Jahre *das* Vertriebszentrum für chinesische Importe in Osteuropa. Viele polnische, ukrainische und jugoslawische Händler kamen dorthin, um Handel mit den chinesischen Großhändlern zu treiben. Der Józsefváros-Markt, auch unter dem Namen „Vier-Tiger-Markt" bekannt, spielt auch heute noch eine ähnliche Rolle, obwohl er inzwischen lediglich eines von vielen solcher chinesischen Handelszentren ist, die in der ganzen EU zu finden sind.

Ungefähr jeder dritte Inder und jeder fünfte Chinese ist derzeit unter 15 Jahre alt. Die strenge Geburtenkontrolle in China, die nun schon seit fast einer ganzen Generation besteht, wird dazu führen, dass die Bevölkerung dort viel schneller altern wird als jene Indiens, wo die Geburtenrate langsamer zurückgeht. Dennoch wird in den nächsten zwei Jahrzehnten eine zunehmende Zahl immer besser gebildeter Inder und Chinesen nach einem besseren Leben und neuen Chancen streben und diese in anderen Ländern suchen.

Gleichzeitig wird Europa als Hauptakteur der globalen Wirtschaft zunehmend aus einem globalen Pool an Arbeitskräften schöpfen müssen, um sowohl demographische Probleme als auch den Mangel an qualifizierten Fachkräften in den Griff zu bekommen. Der Bedarf an Arbeitskräften ohne spezielle Qualifikationen wird teilweise durch indische und chinesische Immigranten gedeckt werden – so wie dies in einigen europäischen Ländern jetzt schon der Fall ist. Arbeitskräfte aus den anderen Ländern Südasiens werden in Europa wahrscheinlich weniger willkommen geheißen werden, vor allem aufgrund von religiösen Vorbehalten und Sicherheitsbedenken, während die Südostasiaten in Europa noch zu wenig präsent sind, um darauf in bedeutendem Umfang aufzubauen.

In Großbritannien ist fast jeder dritte Immigrant, der einer Arbeit nachgeht, für die keine besondere Ausbildung erforderlich ist, aus Indien, während eine wachsende Zahl Chinesen in ganz Europa im Großhandel oder Einzelhandel günstige, in China hergestellte Schuhe und Bekleidung verkauft. In der Toskana und in Venetien arbeiten viele Chinesen in der Textil- und Lederbranche, ebenso in der Bekleidungsindustrie vieler anderer europäischer Länder.

Dennoch werden Inder und Chinesen in den nächsten Jahrzehnten nicht bei den durchschnittlichen Arbeitskräften die größten Auswirkungen in Europa mit sich bringen, obwohl das Beispiel Polens zeigt, dass ein solches Szenario nicht ausgeschlossen werden sollte. Viele EU-Mitgliedstaaten sowie die USA, Kanada, Australien und Südafrika versuchen zunehmend, die besten und intelligentesten Köpfe der Welt zu gewinnen. Zu diesen Bemühungen gehören Maßnahmen, die auf Fachkräfte aus Wissenschaft und Technologie, Mediziner, andere hochqualifizierte Fachkräfte und vermehrt auch Studentinnen und Studenten abzielen. Die Strategien reichen von einem vereinfachten Visa-Zugang bis hin zur Einführung von Punktesystemen, die einen stärkeren Zuzug ausländischer Arbeitskräfte für die gesamte Wirtschaft bzw. einzelne Sektoren bewirken sollen.

So stellten Inder 38,1 Prozent (und damit die größte Gruppe) aller Immigranten, die im Jahr 2005 in Großbritannien im Rahmen des „Highly Skilled Migrant Programme" eine Arbeit fanden. In den Jahren 2000 bis 2004 waren 92,4 Prozent aller indischen Einwanderer in Großbritannien als Fachkräfte, Sachverständige oder in technischen Berufen bzw. als Manager tätig. Und man darf auch nicht vergessen, dass Inder eine große Zahl an Geschäftsführern und Firmeninhabern im britischen Dienstleistungsbereich stellen.

Eine aktive Emigrationspolitik kann ebenso wesentlich sein wie die Förderung der Immigration. Zahlreiche Regierungen in China auf Provinz- und örtlicher Ebene, wie die in Wenzhou und Qintian in der Provinz Zhejiang, unterstützen mit ihren Maßnahmen die Migrationsströme nach Europa. Regierungsbehörden in diesen Städten bieten den Auswanderern ein Vorbereitungspaket an, zu dem das Erlernen der nötigen Sprach- und Kulturkenntnisse, von Geschäftsfähigkeiten und eine berufliche Ausbildung gehören. Andere örtliche Regierungen bieten Emigranten, die führende Positionen in chinesischen Unternehmen und Verbänden in Europa übernehmen, nach ihrer Ankunft wirtschaftliche Privilegien und Kontakte zur politischen Elite ihrer Heimatregion.

Derartige Maßnahmen verdeutlichen den hohen Wert, den China auf die Entwicklung transnationaler Geschäftsmöglichkeiten legt, die die enorme und immer weiter wachsende Wirtschaft

Chinas mit Städten in ganz Europa verbinden. Sie zeigen auch die Wirkung, die ein lebhaftes Zusammenspiel zwischen Druck- und Sogfaktoren auf die Wahl der Zielländer und andere Aspekte haben kann.

Studierende aus China und Indien machen heute einen immer größeren Anteil der internationalen Studierenden in Europa wie auch anderen Teilen der Welt aus. Im Jahr 2004 waren 14,4 Prozent aller ausländischen Studierenden weltweit aus China und 4,9 Prozent aus Indien. Diese beiden Länder stellen somit die meisten internationalen Studierenden weltweit. In Europa nimmt Großbritannien den größten Teil aus diesen Ländern auf, gefolgt von Deutschland, Frankreich und Schweden.

Alles deutet darauf hin, dass diese Zunahme weiter anhalten wird. Erstens wird die Verbreitung von europäischen und chinesischen Bildungsagenturen in China, die Informationen über Studienmöglichkeiten im Ausland anbieten und zukünftige Studierende beim Bewerbungsprozess unterstützen, zum weiteren Anstieg beitragen. Zweitens liefert die chinesische Regierung seit den späten 70er, aber insbesondere seit den frühen 90er Jahren Anreize, im Ausland zu studieren und danach nach China zurückzukehren, indem sie bei der Rückkehr besser bezahlte Arbeit, Steuererleichterungen und Wohnbeihilfen in Aussicht stellt. Drittens schätzen Arbeitgeber weltweit immer mehr eine internationale Ausbildung und die damit verbundene offene, globale Weltanschauung. Angesichts dieser Tendenzen sowie der anziehenden und antreibenden Kräfte in den Ziel- bzw. Herkunftsländern ist es sehr wahrscheinlich, dass Europa in absehbarer Zukunft mehr Studierende aus China und Indien aufnehmen wird.

Auch der Tourismus zwischen China, Indien und den EU-Ländern muss als Faktor berücksichtigt werden. Derzeit besuchen fast 90 Prozent aller chinesischen Touristen Hongkong, Macao oder andere asiatische Orte, während lediglich fünf Prozent nach Europa reisen. Die Welttourismusagentur der Vereinten Nationen prognostiziert, dass im Jahr 2020 rund 100 Millionen Touristen aus China kommen werden, von denen fünf Millionen wahrscheinlich Europa als ihr Reiseziel wählen. Ein Abkommen zwischen der Europäischen Union und China, das am 1. Mai 2004 in Kraft trat, vereinfacht es Touristen aus China, nach Europa zu reisen, und wurde vom EU-Kommissar für Außenbeziehungen Chris Patten als eine Maßnahme gelobt, die die wirtschaftlichen Chancen auf beiden Seiten verbessern und die Partner enger zusammenführen werde.

Die Regierungspolitik hinsichtlich der Wirtschaftsmigration ist jedoch nicht der einzige Faktor, der darauf hindeutet, dass die Migration von China und Indien nach Europa weiter zunehmen wird. Die chinesischen und indischen Gemeinden im Ausland sind heute besser verwurzelt und vernetzt als je zuvor. Als Folge entstehen zwischen diesen Gemeinden, aber auch zwischen den Gemeinden und der ansässigen Bevölkerung immer stärkere gesellschaftliche, wirtschaftliche und kulturelle Interaktionen, aus denen sie Nutzen ziehen. Die Dynamik solcher chinesischen und indischen Netzwerke fördert unterschiedliche Arten der Migration – wirtschaftliche, familiäre und humanitäre, und auch die illegale Immigration. Vor allem Migranten in Europa fühlen sich dazu verpflichtet, anderen Auswanderern aus ihrer Heimatregion Darlehen anzubieten und Beratung, wie sie nach Europa einwandern und sich am besten integrieren können.

Solche Netzwerke können auch für jene, die sich schon relativ gut in der EU integriert und etabliert haben, eine große Hilfe sein. Ein Paradebeispiel dafür sind die Chinesen Portugals. Während die direkte Migration vom chinesischen Festland nach Portugal ein relativ neues Phänomen ist (frühere Migranten kamen vor allem aus den portugiesischen Kolonien), kommen viele chinesische Migranten indirekt aus anderen EU-Ländern, vor allem aus Italien, Frankreich und Spanien. Dieses Muster ist in ganz Europa erkennbar. Chinesische Gemeinden in Europa, besonders jene, deren Mitglieder aus derselben Provinz, Region, Stadt oder demselben Dorf in China stammen, haben enge Verbindungen zueinander geschaffen. Der scheinbar nahtlos verlaufende wirtschaftliche Integrationsprozess in der EU und das Schengener Abkommen haben es auch chinesischen Geschäftsleuten einfacher gemacht, ihre Geschäfte auf die ganze Europäische Union auszuweiten.

Und schließlich wird auch die in der Öffentlichkeit vorherrschende positive Meinung über chinesische und indische Immigranten zu einem stärkeren Migrationsfluss aus den zwei größten, aufstrebenden Wirtschaftsmächten Asiens beitragen: In Europa werden diese Einwanderer praktisch nirgends als kulturelle Bedrohung oder Sicherheitsrisiko angesehen. Darüber hinaus sind Teile der chinesischen und indischen Kultur, wie das Essen und das Entertainment, schon lange in Europa akzeptiert. Während Pläne für den Bau von „künstlichen" Chinatowns in manchen Gegenden, wie in Budapest, auf Widerstand stoßen und einige Städte, wie Paris, aggressiv der Bildung chinesischer Groß- und Einzelhandelsenklaven gegensteuern, hat die Präsenz chinesischer und indischer Immigranten im übrigen Europa bisher weit weniger Reaktionen hervorgerufen als der Bau von Moscheen oder die Präsenz von Halal-Metzger.

Schlussfolgerung

Es ist ein eindeutiger Anstieg der internationalen Migration zu erkennen. Die neueste Prognose der OECD hierzu („International Migration Outlook"), die im Juni 2007 veröffentlicht wurde, verzeichnet in den letzten Jahren einen stetigen Zuwachs der dauerhaften Migration – Mitte dieses Jahrzehnts war ein Anstieg um zehn Prozent jährlich festzustellen. Gleichzeitig nimmt sowohl die zeitlich begrenzte als auch die dauerhafte Migration hochqualifizierter Fachkräfte und Studierender zu. China und Indien sind die Hauptträger dieser Migrationsströme.

Wie schon oben festgestellt, werden die demographischen Probleme, das zunehmende wirtschaftliche Zusammenspiel, die dadurch entstehenden gesellschaftlichen und kulturellen Kontakte, der wachsende Bedarf an hochqualifizierten Einwanderern, die Migration von Arbeitskräften aus dem gesamten Qualifikationsspektrum und die Festigung und Verbreitung immer besserer Netzwerke zwischen den Migranten Europa und Asien in den nächsten Jahrzehnten näher zusammenbringen. Die Notwendigkeit von Wettbewerb und Zusammenarbeit mit China und Indien wird ihr Übriges dazu beitragen.

Natürlich ist dieser Kurs nicht unbedingt vorherbestimmt. Eine der interessantesten Entwicklungen, die zu beobachten sein werden, ist die beginnende Migration der qualifiziertesten Fachkräfte in zwei oder mehrere Richtungen. Mit dem zunehmenden globalen Wettbewerb um diese Arbeitskräfte werden die talentiertesten unter ihnen den meistversprechenden Chancen, dem Kapital und den Spuren anderer talentierter Migranten folgen, um aus ihrer Bildung und Ausbildung die meisten Vorteile zu ziehen – wo auch immer sich die Möglichkeit bietet. In etwa zehn Jahren werden sich all diese Faktoren zunehmend auch in China und Indien finden, was beide Länder noch attraktiver für einige der klügsten Köpfe der Welt machen wird.

Ist eine nachhaltige Entwicklung in Asien möglich?

JOHN ELKINGTON, JODIE THORPE

Das 21. Jahrhundert steckt noch in den Kinderschuhen, und doch sagen Fachleute bereits jetzt voraus, dass die Geschichte sich in den nächsten hundert Jahren in Asien abspielen wird. Es wird vor allem die Geschichte Chinas und Indiens sein, oder von „Chindia", wie die beiden Länder auch genannt werden. Diese beiden Wirtschaftsmächte scheinen derzeit nicht mehr aufzuhalten zu sein.

Chinas Bruttoinlandsprodukt (BIP) erlebt seit 25 Jahren eine beständige Wachstumsrate um zehn Prozent. Das Land ist also auf dem besten Weg, in den nächsten zweieinhalb Jahrzehnten zur größten Wirtschaftsmacht der Welt zu werden.[1] Und Indien liegt nicht weit dahinter zurück: Mit einer Wachstumsrate von derzeit 9,2 Prozent ist auch sein Kurs auf wirtschaftliche Dominanz ausgerichtet. Im Jahr 2050 wird das indische BIP schätzungsweise 17 Prozent des weltweit erwirtschafteten Bruttoinlandsprodukts ausmachen. Wenn China die „Werkstatt" der Welt ist, stellt Indien das „Backoffice" dar und liefert den „IT-Support".

Weil die beiden Länder wachsen, spielen auch die Politiker und Geschäftsleute aus „Chindia" zusehends bedeutendere Rollen auf der Weltbühne. Beim Weltwirtschaftsforum 2007 in Davos lautete das Thema: „Die Verschiebung des Kräftegleichgewichts", und die Delegierten aus China und Indien wurden wie Stars empfangen.

Chinesische und indische Konzerne gelten bei der Boston Consulting Group als die „neuen globalen Herausforderer". CNOOC,

Infosys, Lenovo und Wipro sind längst keine unbeschriebenen Blätter mehr: Diese Unternehmen konkurrieren inzwischen mit führenden multinationalen Konzernen. So geben indische Konzerne heute schon mehr als das Doppelte für Übernahmen in Übersee aus, als ausländische Konzerne in Indien investiert haben.

Damit die hervorragenden Leistungen erhalten bleiben und China und Indien ihr Potenzial voll ausschöpfen können, wird es jedoch nötig sein, die wirtschaftliche Entwicklung nachhaltig zu gestalten. Zudem müssen gesellschaftlicher Zusammenhalt und Umweltschutz gefördert werden.

Sicher sind in einigen Bereichen schon Fortschritte zu erkennen. So hat China wirtschaftliche Reformen eingeführt und kann die Armut erfolgreich bekämpfen. Die Lebenserwartung der indischen Bevölkerung ist heute erheblich höher als vor der Unabhängigkeit des Landes. Trotzdem entwickeln sich in beiden Ländern ernst zu nehmende und derzeit noch unkontrollierte Spannungen. Im besten Fall werden sie lediglich den ökonomischen Fortschritt verlangsamen. Im schlimmsten Fall könnten sie schwere politische und wirtschaftliche Unruhen hervorrufen.

Im Folgenden werden die zentralen Herausforderungen untersucht, denen sich China und Indien in Zukunft stellen müssen.

China: Umweltverschmutzung und soziale Spannungen

Trotz der beeindruckenden Schlagzeilen, die das „Wirtschaftswunder" des riesigen Landes hervorruft, ist die chinesische Wirtschaft relativ ineffizient und zudem hochgradig umweltverschmutzend. Um Waren im Wert von 10.000 Dollar zu produzieren, verbraucht China siebenmal mehr Ressourcen als Japan, fast sechsmal mehr als die USA und dreimal mehr als Indien.[2] Experten berechnen den Schaden für Chinas Umwelt auf bis zu zwölf Prozent des BIP.[3]

Eine der wichtigsten Ursachen für die Umweltverschmutzung in China ist der steigende Energieverbrauch und die starke

Abhängigkeit von fossilen Brennstoffen: Über 70 Prozent des Stroms wird mithilfe von Kohlekraftwerken produziert, und der Staat plant, in den nächsten Jahren alle sieben bis zehn Tage ein neues Kohlekraftwerk ans Netz gehen zu lassen. Die Auswirkungen sind gravierend: der weltweit höchste Schwefeldioxydausstoß (19 Millionen Tonnen pro Jahr verglichen mit elf Millionen Tonnen in den USA), saurer Regen in mehr als 30 Prozent des Landes, erstickende Luftverschmutzung in vielen städtischen Ballungszentren und 300.000 Tote als Folge von Atemwegserkrankungen. Rund 16 der weltweit 20 meistverschmutzten Städte liegen der Weltbank zufolge in China.

Eine weitere Herausforderung ist der Klimawandel, der immense internationale Aufmerksamkeit erregt. Es ist zu erwarten, dass China im Jahr 2009 mit den USA um Platz eins auf der Liste des weltweit größten Ausstoßes von Treibhausgasen konkurriert.

Das Argument Chinas und anderer Entwicklungsländer, der Klimawandel sei in erster Linie eine Folge der Emissionen, die die Industrienationen seit der industriellen Revolution produzierten, ist gerechtfertigt. Andererseits ist nicht von der Hand zu weisen, dass Chinas Industrie und Baugewerbe heute sehr viel effizienter arbeiten könnten. Verglichen mit internationalen Standards wird in China 15 Prozent mehr Energie verbraucht, um dieselbe Menge Stahl zu produzieren, 20 Prozent mehr Kohle für die Produktion derselben Menge Strom und 24 Prozent mehr Energie für dieselbe Menge Zement.

Der Verbrauch von Trinkwasser und die Abwasserverschmutzung sind ein weiteres großes Problem in China. Einige Fachleute halten dies sogar für die größte Herausforderung im Umweltschutz. Mehr als die Hälfte der 640 chinesischen Städte leiden unter Wasserknappheit. Die Ressourcen pro Kopf sind die niedrigsten der Welt (nur rund ein Drittel des globalen Durchschnitts) und konzentrieren sich auf den Süden des Landes. Die 538 Millionen Einwohner Nordchinas – 42 Prozent der gesamten Bevölkerung – haben nur zu 14 Prozent der Wasserressourcen Zugang[4] und leiden regelmäßig unter Dürreperioden.

Die Umweltverschmutzung beeinträchtigt zudem die Verfügbarkeit von sauberem Wasser. Nur sechs der 27 größten chinesischen Städte werden mit Trinkwasser versorgt, das den staatlichen Qualitätsvorgaben entspricht. Der staatlichen Umweltschutzbehörde Chinas (SEPA) zufolge sind in fünf der sieben großen chinesischen Flusssysteme mehr als 70 Prozent des Wassers so sehr verschmutzt, dass es für Menschen unbrauchbar ist. Da immer mehr Chinesen in die Städte ziehen, wird auch das Problem der Entsorgung immer gravierender. Weniger als 20 Prozent des städtischen Abwassers wird aufgefangen und gereinigt, und 40 Prozent der ländlichen Bevölkerung leben ohne sanitäre Anlagen. Experten schätzen, dass die Regierung vier Milliarden Dollar pro Jahr allein für die Behandlung von Krankheiten ausgibt, die durch verschmutztes Wasser verursacht werden.

Massives Wachstum, die Globalisierung und zunehmender Handel haben außerdem soziale Probleme mit sich gebracht, die politisch schwer zu analysieren, geschweige denn zu lösen sind. Ein positiver Aspekt sind die gesellschaftlichen und wirtschaftlichen Entwicklungen, die seit 1978 rund 300 Millionen Chinesen aus der Armut befreit, das Land nach außen geöffnet, soziale Aufstiegschancen verbessert und einige Freiheitsrechte eingeräumt haben. Jedoch konnte nicht die gesamte Bevölkerung gleichermaßen von diesem Fortschritt profitieren.

Das moderne China ist in vielerlei Hinsicht ein Märchen mit zwei Hauptrollen: den Reichen, die in den Städten der Küstenregionen leben, und den Armen, die in den ländlichen Provinzen im Westen beheimatet sind. Die Kluft zwischen diesen beiden Bevölkerungsschichten wird immer größer und entwickelt sich zu einem ernsten und möglicherweise explosiven sozialen Problem im heutigen China.[5]

In den Dörfern ist das Leben schwierig. Die ländlichen Gemeinden schaffen es kaum, den Straßenbau, die Schulen, das Gesundheitssystem und die lokale Verwaltung zu finanzieren. Die meisten Gemeinden haben sich im Laufe der Zeit hoch verschuldet und erheben deshalb unverhältnismäßig hohe Steuern. Für die arme, ländliche Bevölkerung ist dies ein weiterer Grund zur Landflucht. Durch die Abwanderung in große Städte gibt es aber auf dem Land immer weniger Steuerzahler – ein Teufelskreis.

In den Städten ist das Leben nicht leichter. Das „hukou", wie das System der Vergabe von Zuzugsgenehmigungen genannt wird, bedeutete in früheren Zeiten, dass Wanderarbeiter vom Rechtsschutz ausgeschlossen wurden: Die wirtschaftlichen Rechte, die Arbeits- und Menschenrechte wurden ihnen verwehrt. Bis heute existiert das „hukou" in abgeschwächter Form: Zugezogene haben weitaus schlechteren Zugang zu Bildung und öffentlichen Zuschüssen als Alteingesessene.

Trotzdem wächst die städtische Bevölkerung dramatisch: um 162 Prozent zwischen 1980 und 2002. Das schnelle Anwachsen der Städte schafft wegen fehlender Planung und Missachtung der sozialen Gegebenheiten sowie der Umweltbedingungen neue Probleme.

Chinas „Ein-Kind-Politik" – oder „Politik der Geburtenplanung" – hat dem Land geholfen, das Bevölkerungswachstum in den Griff zu bekommen, und hat indirekt auch die Menschenströme in die Städte und die Ressourcenknappheit verringert. Doch gibt es unbeabsichtigte Auswirkungen, die wieder neue Belastungen schaffen.

Chinas Bevölkerung wird im Schnitt immer älter. Laut Schätzungen der Vereinten Nationen werden 2040 nur noch zwei Erwerbstätige auf einen Rentner kommen. Im Jahr 2000 waren es noch 6,4 Erwerbstätige pro Rentner. Zudem hat die Ein-Kind-Politik in Verbindung mit einer traditionellen Vorliebe für männliche Nachkommen zu einem massiven Ungleichgewicht der Geschlechter geführt. Viele Familien stellen durch Abtreibung sicher, dass ihr einziges Kind ein Junge wird. In China kommen auf 120 Jungen nur noch 100 Mädchen. Dies könnte in Zukunft eine destabilisierende Wirkung haben.

Das Ungleichgewicht der Geschlechter und das Hukou-System sind Symptome eines anderen, tief verwurzelten Problems: der Diskriminierung. Diskriminierung von Frauen, von Bauern, von Behinderten und von an HIV/AIDS oder Hepatitis B erkrankten Menschen ist weit verbreitet. Ein Mangel an demokratischen Institutionen bedeutet zudem, dass die Stimmen der ethnischen Minderheiten (Tibeter, Uiguren und Mongolen) wenig Gehör finden. Obwohl kleine Schritte unternommen worden sind, um diesen Problemen entgegenzuwirken, gibt es in China kein einheitliches Antidiskriminierungsgesetz, und diskriminierende Kriterien finden sich beispielsweise in Stellenanzeigen.

Über diesen Aspekt hinaus ist HIV/AIDS für das Land eine tickende Zeitbombe. Offizielle Zahlen besagen, dass im Jahr 2005 etwa 650.000 Menschen mit dieser Krankheit in China lebten. Allerdings kann davon ausgegangen werden, dass vor allem in ländlichen Gegenden viele Infektionen gar nicht erst gemeldet werden. Nach Expertenmeinung beträgt die tatsächliche Zahl der Infizierten 1,5 bis 2 Millionen – Schätzungen zufolge wird sie bis 2010 auf 15 Millionen steigen.

Die staatliche Politik hat hier jedoch einige Fortschritte gemacht: Erste Schritte zur Vorbeugung und zur Behandlung der Krankheit wurden unternommen. Auch wenn es noch einige Zeit dauern wird, bis diese neue Politik Wirkung zeigen kann, verdeutlicht sie die steigende Sensibilität der Zentralregierung für die destabilisierenden Auswirkungen umweltbedingter und sozialer Probleme. Präsident Hu Jintaos rhetorischer Umschwung zeugt von einem ideologischen Paradigmenwechsel der Führungselite: Das wirtschaftliche Wachstum hat nicht mehr die höchste Priorität; vielmehr wird nun Wert auf das gesellschaftliche

Gleichgewicht und die sogenannte „harmonische Gesellschaft“ gelegt.

Zum Umweltschutz sieht der 11. Fünfjahresplan Chinas vor, den Energieverbrauch pro BIP-Einheit bis 2010 um 20 Prozent zu senken. Allerdings konnte dieses Ziel bereits im ersten Jahr (2006) nicht eingehalten werden. China plant außerdem eine Reduzierung des Verbrauchs fossiler Brennstoffe in der Brennstoffmischung und eine Erhöhung der Anteile an erneuerbaren Energiequellen auf 15 Prozent bis zum Jahr 2020. Doch werden diese nur zum Teil mit Wasserkraftprojekten erreicht – zusätzlich sind 20 Atomkraftwerke geplant. Diese beiden Arten der Energiegewinnung könnten verheerende Konsequenzen haben. Der „Drei-Schluchten-Damm“ trägt bereits massiv zur Zerstörung des Ökosystems bei und verursacht hohe ökologische Kosten. Außerdem ist der riesige Damm mitverantwortlich für massive Umsiedlungen und die Vernichtung kultureller Werte.

Zwar macht Peking Fortschritte und ist bereit, die Probleme des Landes anzuerkennen, eine entsprechende Gesetzgebung zu verabschieden und in saubere Technologien zu investieren; aber die Einhaltung der Bestimmungen lässt in China zu wünschen übrig, und die Maßnahmen werden nicht ausreichend umgesetzt. Trotzdem sind die hochkarätigen Kampagnen der SEPA gegen umweltverschmutzende Projekte Anzeichen dafür, dass die von der Regierung beschlossenen Maßnahmen mit zunehmendem Nachdruck umgesetzt werden.

In einigen Städten, wie etwa in Peking, hat sich die Luft in letzter Zeit verbessert, und auch die Wasserqualität ist in einigen Gebieten gestiegen.

Indien: Ressourcenknappheit und Armut

China war in den letzten Jahren das in den Medien am meisten diskutierte Schwellenland, aber auch die Entwicklung in Indien wird zunehmend aufmerksam beobachtet. Die beiden Länder sind oft verglichen worden. Zwar beschrieb man Indien manchmal als den „trampelnden Elefanten“, während China als der „bewegliche Drache“ galt; trotzdem wird Indiens Wachstum als stabil angesehen. Man erwartet, dass die Entwicklung stetig voranschreiten wird, vor allem wegen des demokratischen Aufbaus, der breiten Bildung und der Betonung des hoch bewerteten Dienstleistungssektors.

Doch das Land wird große Herausforderungen überwinden müssen, um sein Potenzial auszuschöpfen. In Indien leben 1,1 Milliarden Menschen, das sind 17 Prozent der Weltbevölkerung, die sich nur 2,4 Prozent der globalen Landmasse teilen. Mit einem Bevölkerungswachstum von 1,6 Prozent wird Indien wahrscheinlich in 30 Jahren das meistbevölkerte Land auf dem Globus sein. Obwohl es einen größeren Prozentsatz an potenziellen Agrarflächen hat als China, verursacht das Bevölkerungswachstum ähnliche Umweltprobleme: Wasserknappheit und -verunreinigung, industrielle Umweltverschmutzung, schlechte Luftqualität und Raubbau an den Wäldern.

Mit einem durchschnittlichen Niederschlag von 1170 Millimetern pro Jahr ist Indien eines der regenreichsten Länder der Erde. Der Regen ist jedoch ungleich verteilt, was einerseits zu Überschwemmungen führt, andererseits zu Dürreperioden und Wasserknappheit. Mehr als 400 Millionen Menschen leben ohne Anschluss an Trinkwasser- und Sanitäranlagen, und bis zum Jahr 2025 werden nur noch 45 Prozent – und nicht wie derzeit 70 Prozent – der Menschen Zugang zu Frischwasser haben. Nach Schätzungen sterben jährlich etwa 1,5 Millionen Kinder unter fünf Jahren und leiden etwa 200 Millionen Arbeiterinnen und Arbeiter in Indien an Krankheiten, die auf Wasserverschmutzung zurückzuführen sind. Neunzig Prozent des Wasservorrats sind durch Haus- und Industriemüll, aber auch durch den zunehmenden Einsatz von Pestiziden verseucht, darunter die 14 größten Flusssysteme des Landes.

Die Abholzung der Wälder beeinträchtigt ebenfalls die Wasserqualität. Waldbrände und die Abholzung der Bäume mit dem Ziel, Brennstoffe oder Flächen für Landwirtschaft, Bergbau und Industrie zu gewinnen, führen zu fallenden Grundwasserspiegeln, Erdrutschen, akuter Trinkwasserknappheit und einem starken Rückgang der Artenvielfalt. Mangrovenwälder an den Küsten des Landes, die ein einzigartiges Ökosystem darstellen und Schutz vor der rauen See bieten, sind ernsthaft bedroht.

Infolge der Industrialisierung und Urbanisierung kommt es in Indien zu einem erhöhten Ausstoß von Abgasen bei Kraftfahrzeugen, ungefilterten Industrieabgasen und, wie in China, zu einer hochgradigen Abhängigkeit von Kohle. Die erhöhten Emissionen verursachen Umweltverschmutzung und Gesundheitsprobleme. Jährlich fordern Luftverschmutzung und belastete Raumluft weltweit drei Millionen Todesopfer, die meisten davon in Indien.

Die hohe Abhängigkeit von Kohle und anderen fossilen Brennstoffen für die Gewinnung von Strom (82 Prozent) hat dazu geführt, dass Indien auf der Liste des weltweit gemessenen CO_2-Ausstoßes auf Platz fünf hinter den USA, China, Russland und Japan liegt. Die Emissionsrate pro Kopf beträgt jedoch nur ein Sechstel des Weltdurchschnitts.

Im krassen Widerspruch zu diesen Zahlen steht die Tatsache, dass die indische Wirtschaft, vor allem die Land- und Forstwirtschaft, stark vom Klima abhängig ist. Zudem würde ein Anstieg des Meeresspiegels die niedrig liegenden und dicht bevölkerten Küstengebiete bedrohen.

Laut Rajendra Pachauri, dem Vorsitzenden des Weltklimarates (IPCC), ist Indien nicht angemessen vorbereitet auf den Klimawandel, der Nahrungsmittel- und Wasserknappheit, Hitzewellen, Überschwemmungen und Migrationen von Millionen Menschen zur Folge haben könnte.[6]

Das wohl dringendste Problem Indiens geht jedoch über die rein physischen Bedingungen der Umwelt hinaus und ist eng mit dem Bevölkerungswachstum verknüpft: die Armut. Zurzeit leben 35 Prozent der Bevölkerung in absoluter Armut, also von weniger als einem Dollar pro Tag. Rund 250 Millionen Menschen (29 Prozent der Bevölkerung) leben unter dem Existenzminimum. Zwar sind die Einkommensunterschiede in Indien weniger extrem als in China (Indiens Gini-Index liegt bei 0,325 verglichen mit 0,447 in China)[7]; dennoch nimmt man an, dass sie seit 1990 größer geworden sind. In Verbindung mit dem mangelnden Zugang zu Bildung und Gesundheitsleistungen führen diese Ungleichheiten zu einem Teufelskreis von sozialer Ausgrenzung und Armut. Hinzu kommt, dass Armut das Bevölkerungswachstum noch steigert, denn viele arme Familien entscheiden sich für möglichst viele Nachkommen, damit der Familie mehrere Einkommen zur Verfügung stehen.

Indien hat in den 90er Jahren die sogenannte „Nahrungsmittelsicherheit" erreicht, was in der Theorie bedeutet, dass ausreichend Nahrungsmittel vorhanden sind, um die minimalen Bedürfnisse der gesamten Bevölkerung zu stillen. Obwohl die Getreidespeicher immer besser gefüllt werden können, erlebt das Land wiederholt Hungerepidemien. Dies ist auf fehlerhafte Strategien und Engpässe in der praktischen Umsetzung zurückzuführen, denn die öffentlichen Verteilungssysteme arbeiten ineffizient und verteilen häufig überteuerte Produkte von schlechter Qualität. Die Folge ist, dass mehr als die Hälfte aller Kinder unter vier Jahren unterernährt und 30 Prozent aller Neugeborenen untergewichtig sind.

Mit dem Problem der Armut, des Hungers und der Ungerechtigkeit ist die Frage des Grundbesitzes eng verknüpft. 70 Prozent der indischen Bevölkerung leben in den 550.000 Dörfern des Landes, und die meisten von ihnen verdienen ihren Lebensunterhalt in der Landwirtschaft.

Obwohl die Umverteilung des Grundbesitzes nach der Unabhängigkeit heftig diskutiert wurde, ist sie bis zu den Zeiten der wirtschaftlichen Liberalisierung und des Booms der Exportgüter in den 90er Jahren zurückgestellt worden. In Indien wurden, dem Beispiel Chinas folgend, sogenannte „Special Economic Zones" (SEZ) eingerichtet, die hauptsächlich auf die Produktion für den Export ausgerichtet sind. In China gibt es jedoch nur sechs dieser Zonen, während Indien bereits 170 eingerichtet hat – und es werden noch mehr kommen. Viele landwirtschaftlich orientierte Gemeinden protestieren jedoch heftig gegen die SEZ-Politik und werfen dem Staat vor, fruchtbares Land zu Dumpingpreisen zu kaufen. Der Konflikt ist explosiv. Kritiker beschreiben diese Politik als „den größten Landraub im post-kolonialen Indien" und verweisen auf einen Mangel an Transparenz sowie massiv um sich greifende Korruption.

Wie in China ist auch in Indien HIV/AIDS ein großes Problem. UNAIDS zufolge leben 5,1 Millionen Menschen in Indien mit der Krankheit. Zwar macht das weniger als 1 Prozent der Bevölkerung aus, doch gibt es in absoluten Zahlen weltweit nur in Südafrika mehr infizierte Menschen. Das bedeutet, dass fast zehn Prozent der global 40 Millionen Kranken in Indien leben. HIV/AIDS tritt hauptsächlich bei Risikogruppen auf, wie Prostituierten, Drogenabhängigen, Lastwagenfahrern, doch Untersuchungen lassen vermuten, dass auch der Rest der Bevölkerung vermehrt betroffen ist und dass die Krankheit sich aus den städtischen in die ländlichen Gegenden ausbreitet. Andere in Indien verbreitete Krankheiten sind Lepra, Tuberkulose, Grauer Star und Malaria, die eigentlich vermeidbar wären. Aber auch von Fettleibigkeit hervorgerufene Herz-Kreislauf-Erkrankungen sowie Krebs und Diabetes treten vermehrt auf. Obgleich in Indien die Hälfte aller weltweit unterernährten Menschen lebt, sind in den Städten 55 Prozent der Frauen und 29 Prozent der Männer im Alter zwischen 20 und 69 Jahren übergewichtig.

Indiens Verfassung garantiert die Gleichberechtigung und verbietet Diskriminierung im Hinblick auf Religion, Rasse, Kaste, Geschlecht und Herkunft. Dennoch ist es schwierig, gesellschaftliche Normen zu überwinden, und Vorurteile sind weit verbreitet. Dies ist teilweise eine Folge des Kastensystems, das die Basis für soziale Hierarchien darstellt und die soziale Schlüsselfrage ist, da die Angehörigkeit zu einer „niederen" Kaste gleichbedeutend ist mit langsamer Entwicklung. Um dem entgegenzuwirken, wurden in Indien Institutionen und Berufe für bestimmte Kasten und Völker „reserviert", doch die Wirkung dieses Systems ist sehr umstritten.

Frauen in Indien leben in einer besonders prekären Situation. Sie werden auf vielfältige Weise wegen ihres Geschlechts diskriminiert: Weibliche Föten und Kleinkinder werden getötet, Mädchen chronisch missachtet, Frauen werden schlechter entlohnt als Männer und haben kaum oder gar keinen Zugang zu Ressourcen. Die Gewalt und andere Verbrechen gegen Frauen steigen. Wie in China gibt es ein ungleiches Verhältnis von Männern zu Frauen, auch wenn die Diskrepanz nicht so extrem ist: Auf 108 Männer kommen 100 Frauen.

Wie die chinesische hat auch die indische Regierung erste Schritte unternommen, um die dringlichsten Probleme anzugehen. Die Regierung hat eine Reihe mehr oder minder erfolgreicher Programme zur Armutsbekämpfung entwickelt, darunter auch Projekte, bei denen Arbeitssuchende eingesetzt werden, um die Infrastruktur in ländlichen Gegenden auszubauen. Das nationale Projekt „Essen für Arbeit" zum Beispiel bezahlt arbeitslose Landbewohner für Tätigkeiten im Straßen- und Kanalbau mit Bargeld oder Essensmarken; außerdem wurde im August 2005 ein Gesetz verabschiedet, das die Beschäftigung in ländlichen Gegenden garantieren soll.

Im Jahr 1986 wurde das Ministerium für Umwelt und Wälder (MOEF) eingerichtet, dessen Aufgabe es ist, Umweltschutzgesetze zu verwalten und umzusetzen. Die Politik dieses Ministeriums, die 2006 in einer Regierungserklärung dargelegt wurde, zielt ab auf die Erhaltung der Ressourcen, die Generationengerechtigkeit, die ökologische Effizienz und eine verbesserte Verwaltung. Sie wurde jedoch kritisiert, weil sie die wirtschaftlichen Interessen über die Interessen der Umwelt stelle.

Das höchste Gericht Indiens spielt ebenfalls eine aktive Rolle im Umweltschutz, denn es hat das in der indischen Verfassung verankerte „Recht auf Leben" durch „das Recht, in einer gesunden Umwelt zu leben" erweitert. Das Problem in Indien ist aber nicht ein Mangel an gesetzlichen Rahmenbedingungen, sondern ihre Umsetzung. Sie gestaltet sich schwierig, weil es keinerlei Koordination auf der Regierungsebene gibt und weil es auf lokaler Ebene an Möglichkeiten der Durchführung mangelt.

Zusammenfassung

Trotz des jüngsten „Wirtschaftswunders" in China und Indien sind beide Länder also angreifbarer geworden. Ihr langfristiges Wachstumspotenzial wird durch die starke Umweltverschmutzung und die sozialen Umwälzungen bedroht. Es ist deshalb an der Zeit, diese Probleme ernsthaft anzugehen. Während die beiden Länder sich in Details sicher unterscheiden, sehen sie sich ähnlichen Krisen gegenüber, verursacht durch erstickende Luftverschmutzung, Wasserknappheit, Klimawandel, Armut und Ungerechtigkeit, HIV/AIDS, diskriminierende soziale Normen und schwache Umsetzungskapazitäten. Auch wenn sie nur zwei der vielen asiatischen Staaten sind, so sind sie doch Schlüsselakteure auf dem Kontinent. Was auch immer in China und Indien passiert, wird höchstwahrscheinlich einen grundlegenden Einfluss auf alle Nachbarn der Region haben.

Nur ein hellseherischer Blick könnte uns verraten, ob die Historiker am Ende des 21. Jahrhunderts rückblickend von dem „asiatischen Jahrhundert" sprechen werden. Zweifellos wird aber nicht nur die wirtschaftliche Dominanz ausschlaggebend sein, sondern auch die Fähigkeit, drängende Herausforderungen im Sozialen und im Umweltschutz anzugehen. Langfristig wird also das asiatische Phänomen auch etwas über Europa und die anderen Industrienationen der Welt aussagen. Denn eine Antwort auf Fragen wie Klimawandel, Ressourcenknappheit und wachsende Ungerechtigkeit müssen wir gemeinsam finden.

Anmerkungen

1 Wilson und Purushothaman 2003.

2 Lorenz 2005.

3 Hutton 2007.

4 United Nations Development Programme 2006.

5 United Nations Development Programme 2005.

6 Intergovernmental Panel on Climate Change 2007.

7 United Nations Development Programme 2006.

Literatur

Hutton, Will. *The Writing on the Wall: China and the West in the 21st Century*. London 2007.

Intergovernmental Panel on Climate Change. *Climate Change 2007: Impact, Adaptation and Vulnerability*. Brussels 2007.

Lorenz, Andreas. *China's environmental suicide: A government minister speaks*. OpenDemocracy, April 6, 2005. www.opendemocracy.net/debates/article-6-129-2407.jsp.

United Nations Development Programme. *International Cooperation at a Crossroads: Aid, trade and security in an unequal* world. Human Development Report. New York 2005.

United Nations Development Programme. *Beyond scarcity: Power, poverty and the global water crisis*. Human Development Report. New York 2006.

Wilson, Dominic, und Roopa Purushothaman. *Dreaming with BRICs: The Path to 2050*. Goldman Sachs Global Economics Paper No: 99. New York 2003.

アジアは世界

ອາຊີປ່ຽນແປງໂລກ

អាស៊ីកែប្រែពិភព

एशिया दुनिया को बदल र

এশিয়া পৃথিবীকে

អាស៊ីកែប្រែ

نیا کو بدل رہا ہے

ອາຊີປ່ຽ

III

ASIENS SOFT POWER

Indien und China – Aspekte der wirtschaftlichen und menschlichen Entwicklung *

AMARTYA SEN

1.

Zwischen China und Indien hat es über 2.000 Jahre hinweg Beziehungen auf intellektueller Ebene gegeben. Obwohl sie in der Geschichte beider Länder tiefe Wirkungen hinterlassen haben, sind sie heute so gut wie vergessen. Wenn das Thema überhaupt noch Beachtung findet, so vor allem bei Autoren, die sich für Religionsgeschichte interessieren und dabei besonders für die Geschichte des Buddhismus, der sich bereits im ersten Jahrhundert unserer, also der christlichen Zeitrechnung von Indien in Richtung China auszubreiten begann. Damals wurde der Buddhismus in China zu einer einflussreichen Kraft, bevor er etwa tausend Jahre später durch den Konfuzianismus und den Taoismus weitgehend verdrängt wurde. Aber die Religion ist nur ein Aspekt der langen Geschichte der Verbindungen zwischen Indien und China während des ersten Jahrtausends. Es ist wichtig, diese Beziehungen besser zu verstehen, nicht nur, um die Geschichte eines Drittels der Menschheit angemessener beurteilen zu können, sondern auch, weil sie wichtig für aktuelle politische und soziale Themen sind: Die kulturellen Beziehungen zwischen China und Indien können uns viel über allgemeine Streitthemen wie die Geschichte der „Globalisierung" als kreative Kraft und den angeblichen „Kampf der Kulturen" lehren, über den heute mehr Unsinn geredet wird als über jedes andere Thema.

Sicher war die Religion einer der Hauptberührungspunkte zwischen China und Indien, und der Buddhismus hat eine zentrale Rolle für den Fluss von Menschen und Ideen zwischen den beiden Ländern gespielt. Sein weitreichender Einfluss war jedoch nicht auf die religiöse Sphäre beschränkt, sondern stellt nur eine Dimension der komplexen Verbindungen zwischen China und Indien während des ersten Jahrtausends dar. Der Buddhismus wirkte auch auf die Naturwissenschaften und die Mathematik, auf die Literatur und die Linguistik, auf die Architektur, die Medizin und die Musik. Die ausführlichen Berichte von Chinesen, die nach Indien reisten – etwa Faxian im 5. und Xuanzang und Yi Jing im 7. Jahrhundert[1] –, lassen erkennen, dass sie sich keineswegs nur für die religiösen Lehren und Praktiken interessierten. Und auch die indischen Gelehrten, die vor allem im 7. und 8. Jahrhundert China bereisten, waren nicht ausschließlich auf das Religionsstudium spezialisiert; es gab unter ihnen ebenfalls Astronomen und Mathematiker. Im 8. Jahrhundert wurde sogar ein indischer Astronom namens Gautama Siddhartha zum Vorsitzenden des chinesischen Ausschusses für Astronomie berufen.

Der Reichtum und die Vielfalt dieser frühen intellektuellen Beziehungen zwischen China und Indien waren lange Zeit in Vergessenheit geraten. Diese Nichtbeachtung hat sich in der Moderne eher noch verstärkt, weil es üblich wurde, die Weltbevölkerung scharf abgegrenzten „Kulturen" zuzuordnen, vorwiegend definiert nach der dominanten Religion. Das wohl bekannteste Beispiel ist Samuel Huntingtons Einteilung der Welt in strikte Kategorien wie „westliche Kultur", „islamische Kultur" und „Hindu-Kultur". Dies fördert die Neigung, Menschen in erster Linie über ihre Religion zu charakterisieren, selbst wenn damit ein Großteil ihrer Persönlichkeit gar nicht erfasst ist.

Eine derart verengte Betrachtung hat unser Verständnis anderer Aspekte der weltweiten Ideengeschichte bereits in Mitleidenschaft gezogen. So neigen heutzutage viele Menschen von vornherein dazu, die Geschichte der Muslime im Wesentlichen als Geschichte des Islam zu begreifen. Diese Sicht berücksichtigt nicht das Aufblühen der Naturwissenschaften, der Mathematik und der Literatur, das durch die Leistungen muslimischer Intellektueller vor allem zwischen dem 8. und dem 13. Jahrhundert möglich wurde. Eine so eng gefasste Akzentuierung führt dazu, dass ein unzufriedener arabischer Aktivist ermutigt wird, nur auf die Reinheit des Islam stolz zu sein und nicht auf die Vielfalt und den Reichtum der arabischen Geschichte. Auch in Indien wird häufig versucht, die kulturelle Fülle des Landes auf eine „Hindu-Kultur" zu reduzieren – um es mit den Worten zu sagen, die Theoretiker wie Huntington und militante Hindupolitiker in Indien gleichermaßen gebrauchen.

Auffällig ist auch eine zweite Tendenz: der merkwürdige und irritierende Unterschied bei der Darstellung westlicher und nicht-westlicher Ideen und wissenschaftlicher Ansätze. Bei der Interpretation nicht-westlicher Arbeiten neigen viele Kommentatoren dazu, die religiösen Aspekte über Gebühr zu betonen und gleichzeitig die säkularen Elemente zu vernachlässigen. Aber es wird zum Beispiel nur selten vorkommen, dass jemand behauptet, das wissenschaftliche Werk von Isaac Newton sei vor allem als „christliches" zu verstehen – obwohl Newton Christ war. Auch würde wohl kaum jemand fordern, man müsse Newtons Beitrag zur Naturwissenschaft irgendwie im Lichte seines tiefen Interesses am Mystizismus interpretieren – dabei hatten mystische Spekulationen für ihn eine große Bedeutung und waren vielleicht sogar Anstoß für einige seiner wissenschaftlichen Arbeiten.

Wenn es um nicht-westliche Kulturen geht, tritt dagegen plötzlich der religiöse Reduktionismus in den Vordergrund. Seriöse Wissenschaftler gehen auf einmal wie selbstverständlich davon aus, dass selbst die breit angelegten intellektuellen Werke buddhistischer Kollegen – oder die Arbeiten eines Anhängers der tantrischen Praktiken – nur dann „richtig verstanden" werden können, wenn man sie im besonderen Licht ihrer religiösen Ansichten und Gebräuche betrachtet.

2.

Am Anfang der Beziehungen zwischen China und Indien stand allerdings – wie wir heute fast sicher wissen – nicht etwa der Buddhismus, sondern der Handel. Vor 2.000 Jahren waren die Konsumgewohnheiten der Inder – insbesondere der reichen – stark durch neue Produkte aus China geprägt. In einer Abhandlung über die wirtschaftlichen und politischen Verhältnisse, die der große Sanskritgelehrte Kautilya im vierten vorchristlichen Jahrhundert verfasste und die einige Jahrhunderte später überarbeitet wurde, ist von „Kostbarkeiten" und „wertvollen Objekten" die Rede, wozu auch „Seide und Seidenstoffe aus dem Land China" zählen. Auch in dem historischen Epos *Mahabharata* und in den frühen *Gesetzen des Manu* werden chinesische Stoffe oder Seide *(cinamsuka)* erwähnt, die als Geschenke überreicht werden.

In vielen Sanskritquellen des frühen ersten Jahrtausends wird die exotische Natur chinesischer Produkte hervorgehoben, wie etwa im Theaterstück *Sakuntala* aus dem 5. Jahrhundert, das Kalidasa verfasst hat, der vielleicht größte Dichter und Dramatiker der klassischen Sanskritliteratur. In diesem Stück begegnet König Dusyanta während eines Jagdausfluges der hinreißenden Einsiedlertochter Sakuntala und ist von ihrer Schönheit überwältigt. Er gesteht ihr seine leidenschaftliche Liebe, indem er sich mit einer flatternden Fahne aus chinesischer Seide vergleicht: „Mein Körper geht voran, / doch rückwärts eilt mein ungestilltes Herz / wie chinesische Seide einer Fahne, / die man dem Wind entgegenträgt." In dem Theaterstück *Harsacarita*, im 7. Jahrhundert von Bana verfasst, trägt die schöne Rajyasri bei ihrer Hochzeit ein elegantes Gewand aus chinesischer Seide. Auch die Sanskritliteratur derselben Epoche bietet eine Fülle von Hinweisen auf andere chinesische Produkte, die nach Indien gelangt sind, etwa Kampfer *(cinaka)*, Zinnober *(cinapista)* und hochwertiges Leder *(cinasi)* sowie köstliche Birnen *(cinarajaputra)* und Pfirsiche *(cinani)*.

Während China vor 2.000 Jahren Waren nach Indien lieferte, exportierte Indien – zumindest seit dem ersten nachchristlichen Jahrhundert – den Buddhismus nach China. Damals kamen auf Einladung des Kaisers Mingdi aus der Han-Dynastie zwei indische Mönche namens Dharmaraksa und Kasyapa Matanga nach China, auf deren Spuren bis zum 11. Jahrhundert immer mehr indische Gelehrte und Mönche folgten. Hunderte von Wissenschaftlern und Übersetzern übertrugen Tausende von Sanskrittexten – zumeist buddhistische Werke – ins Chinesische. Die Übersetzungen wurden in erstaunlichem Tempo angefertigt. Obwohl diese Woge bis Ende des 11. Jahrhunderts verebbte, wurden zwischen 982 und 1011 unserer Zeitrechnung noch mehr als 200 Sanskritbände übersetzt.

Der erste chinesische Gelehrte, der einen ausführlichen Bericht über seinen Besuch in Indien verfasst hat, war ein Buddhist aus Westchina namens Faxian. Er war auf der Suche nach Sanskrittexten, um sie zu übersetzen und sie so der chinesischen Welt zugänglich zu machen. Nach einer beschwerlichen Reise über die Nordroute via Khotan, wo es viele Buddhisten gab, erreichte er im Jahre 401 Indien. Zehn Jahre später reiste Faxian auf dem Seeweg zurück. Nachdem er von der Gangesmündung unweit des heutigen Kalkutta losgesegelt war, besuchte er noch das buddhistische Sri Lanka und das hinduistisch geprägte Java. Die zehn Jahre in Indien verbrachte Faxian mit ausgedehnten Reisen und dem Sammeln von Dokumenten, die er später ins Chinesische übersetzte. Sein *Bericht von den buddhistischen Königreichen* ist eine höchst aufschlussreiche Darstellung der Verhältnisse in Indien und Sri Lanka. Faxian hielt sich auch mehrere Jahre im nordostindischen Pataliputra (Patna) auf, wo er außer religiösen Texten auch die Sprache und Literatur des Sanskrit studierte. Aber er entwickelte auch, wie wir noch sehen werden, großes Interesse am indischen Gesundheitswesen mit seinen Institutionen und Methoden.

Der berühmteste chinesische Besucher in Indien war jedoch Xuanzang, der im 7. Jahrhundert dorthin fuhr. Dieser große Gelehrte reiste 16 Jahre lang kreuz und quer durch Indien und sammelte Sanskrittexte, von denen er viele nach seiner Rückkehr in China übersetzte. Einige Jahre verbrachte er auch in Nalanda, einer berühmten Bildungsstätte in der Nähe von Patna. Hier studierte Xuanzang nicht nur die buddhistischen Lehren, sondern auch Medizin, Philosophie, Logik, Mathematik, Astronomie und Grammatik. Nach seiner Rückkehr aus Indien wurde er vom chinesischen Kaiser mit großem Pomp empfangen.[2]

Auch Yi Jing, der kurz nach Xuanzang nach Indien kam, studierte in Nalanda, wo er nicht nur über den Buddhismus forschte, sondern sich auch mit der Medizin und dem öffentlichen Gesundheitswesen befasste.

3.

Yi Jings Übersetzungen von buddhistischen Werken umfassen ebenfalls Texte von Tantra-Lehrern, die aus ihren esoterischen Traditionen heraus großen Wert auf Meditation legten.

Im 7. und 8. Jahrhundert wurde der Tantrismus in China zu einer einflussreichen Kraft. Und weil viele Gelehrte des Tantrismus ein starkes Interesse an Mathematik hatten – vielleicht weil sie, ursprünglich jedenfalls, von Zahlen fasziniert waren –, beeinflussten tantrische Mathematiker auch die chinesische Mathematik. Nach Joseph Needham war „der bedeutendste Tantrist", der von 672 bis 717 lebende Yi Xing, „der größte chinesische Astronom und Mathematiker seiner Zeit"[3]. Yi Xing sprach fließend Sanskrit und war mit der indischen Literatur und Mathematik vertraut. Obwohl er auch buddhistischer Mönch war, ist die Annahme, seine mathematischen Arbeiten seien in irgendeiner Weise religiös beeinflusst gewesen, falsch. Als Mathematiker, der zufällig auch ein Anhänger des Tantra war, befasste sich Yi Xing mit Problemen der Arithmetik und der analytischen Mathematik, von denen viele überhaupt nichts mit dem Tantrismus zu tun hatten – etwa mit klassischen Fragen wie der Berechnung der Gesamtzahl möglicher Situationen im Schachspiel. Sein besonderes Interesse galt Kalenderberechnungen, und auf kaiserlichen Befehl entwickelte er sogar einen neuen Kalender für China.

Besonders intensive Kalenderstudien betrieben auch die indischen Astronomen, die im 8. Jahrhundert in China lebten. Bei ihrer Forschung kamen ihnen die neuesten Entwicklungen in der Trigonometrie aus Indien zugute, die weit über die griechischen Ursprünge der konventionellen indischen Trigonometrie hinausführten. Zur gleichen Zeit beeinflussten die indische Astronomie und Mathematik, darunter die Trigonometrie, auch die Naturwissenschaften in der arabischen Welt. Damals wurden unter anderem die Schriften von Aryabhata, Varahamihira und Brahmagupta ins Arabische übersetzt.[4]

Chinesische Aufzeichnungen zeigen, dass zu dieser Zeit mehrere indische Astronomen und Mathematiker hohe Positionen im Amt für Astronomie der chinesischen Hauptstadt bekleideten. So verfasste der Inder Gautama, zum Vorsitzenden des Rates für Astronomie ernannt, das *Kaiyvan Zhanjing*. Dieses große chinesische Kompendium gilt als ein naturwissenschaftliches Standardwerk des 8. Jahrhunderts. Gautama gab auch eine Reihe von indischen astronomischen Werken in bearbeiteter Form auf Chinesisch heraus.

Dazu gehörte das *Kiuzhi li*, das auf einen in Indien eingeführten Planetenkalender zurückgeht und offenbar auf einem klassischen Sanskrittext beruht, den der Mathematiker Varahamihira um das Jahr 550 verfasst hatte. Dieses Werk ist vor allem eine algorithmische Rechenanleitung, mit der man etwa, ausgehend vom Monddurchmesser und anderen relevanten Parametern, die Dauer einer Mondfinsternis abzuschätzen vermag. Die entsprechenden Rechenoperationen beruhten auf Methoden, die zuerst von Aryabhata Ende des 5. Jahrhunderts eingeführt und später in Indien von dessen Nachfolgern wie Varahamihira und Brahmagupta weiterentwickelt worden waren.

Yang Jingfeng, ein chinesischer Astronom des 8. Jahrhunderts, hat die indischen Wurzeln der offiziellen chinesischen Astronomie wie folgt beschrieben:

> „Wer die Positionen der fünf Planeten wissen will, wendet die indischen Methoden der Kalenderbestimmung an. [...] Wir haben also drei Gruppen von indischen Kalenderexperten, nämlich um Chiayeh [Kasyapa], Chhüthan [Gautama] und Chümolo [Kumara], die alle drei im Amt für Astronomie beschäftigt sind. Aber bei den Aufgaben, die für die Regierung ausgeübt werden, greift man heute meist auf die Kalendermethoden des Meisters Chhüthan zurück, ebenso wie auf sein Werk *Große Kunst*."[5]

Ohne die Verbindungen, die der Buddhismus geschaffen hatte, wären indische Astronomen wie Gautama, Kasyapa und Kumara sicherlich nicht nach China gereist – dennoch kann man wohl kaum behaupten, dass die Werke dieser indischen Astronomen in erster Linie als Beitrag zum Buddhismus selbst gesehen werden müssen.

4.

In der Literatur über die Geschichte der Kulturen ist viel über die angebliche Isolation der chinesischen Zivilisation zu lesen und über das „typisch" chinesische Misstrauen gegenüber Ideen von außen. Diese These wurde auch in jüngster Zeit wieder herangezogen, um den Widerstand Chinas gegen eine politische Demokratisierung zu erklären. Derart simple Interpretationen können jedoch nicht begreiflich machen, warum sich China seit den Wirtschaftsreformen von 1979 im Innern wie nach außen so bereitwillig auf die Marktwirtschaft eingelassen hat, während es gleichzeitig eine politische Demokratisierung beharrlich verweigerte. Und diese Theorie übersieht auch eine andere Tatsache: dass China hinsichtlich des intellektuellen Austauschs in Wirklichkeit nie so isoliert war, wie häufig angenommen wird.

Zur Klärung solcher Fragen sind die historischen Beziehungen Chinas zu Indien von besonderer Bedeutung. Indien war nun einmal das einzige Land, das Gelehrte aus dem alten China zu Studien- und Ausbildungszwecken aufsuchten. Für die zweite Hälfte des ersten Jahrtausends dokumentieren Belege, dass sich mehr als zweihundert chinesische Gelehrte über längere Zeit in Indien aufgehalten haben. Dabei wollten sie nicht nur ihr Wissen über das Sanskrit und buddhistische Schriften erweitern, ihr Interesse galt auch vielen anderen Dingen. Die entsprechenden indischen Einflüsse sind denn auch nicht zu übersehen. Das gilt für den Gebrauch von Schlüsselbegriffen und Ideen aus dem Sanskrit, wie etwa das Wort *ch'an* oder *zen,* das aus *dhyana* – für Meditation – abgeleitet ist, aber auch für Motive der chinesischen Oper, die auf Geschichten aus dem Sanskrit beruhen, zum Beispiel *Das Himmlische Mädchen, das Blumen streut.*[6] Wie der US-Sinologe John Kieschnick aufgezeigt hat, war auch die Bauweise der chinesischen Tempel und Brücken stark von Vorstellungen beeinflusst, die über buddhistische Einflüsse aus Indien nach China gekommen waren.[7]

Der Austausch von Ideen und Wissen zwischen China und Indien erfolgte in beide Richtungen. Joseph Needham hat den Versuch unternommen, eine Liste mathematischer Ideen zu erstellen, die von China ausgehend vor allem in Richtung Indien „ausstrahlten". Er behauptet sogar, dass viel mehr Ideen von China nach Indien gelangt seien als umgekehrt: „Von den beiden Kulturen war Indien diejenige, die Ideen von außen bereitwilliger aufnahm."[8] Da die ursprüngliche Richtung einer Idee nicht belegt werden kann, nahm Needham an, dass eine Idee von dem Land ausgegangen sein muss, in dem es für ihre Existenz die frühesten Belege gibt. Doch diese Methode wurde von anderen Historikern der Naturwissenschaften und der Mathematik wie Jean-Claude Martzloff heftig kritisiert.[9] Offensichtlich ist die Wahrscheinlichkeit, dass ein früherer Existenzbeweis in Indien verloren gegangen ist, weitaus größer als in China.[10] Entscheidend ist jedoch, dass die Ideen auf dem Gebiet der Mathematik und der Naturwissenschaften wie auch in anderen, nichtreligiösen Disziplinen in beide Richtungen gewandert sind.

5.

Der Transfer von Ideen und Fertigkeiten auf dem Gebiet der Mathematik und der Naturwissenschaften ist für die heutige Wirtschaft von zentraler Bedeutung. Dasselbe gilt für die Entwicklung der Informationstechnologie und für industrielle Fertigungsmethoden. Weniger eindeutig dürfte die Antwort auf die Frage sein, wie die einzelnen Länder auf anderen Gebieten voneinander lernen können, beispielsweise bei der Ausweitung der öffentlichen Kommunikationssysteme und bei der Verbesserung des öffentlichen Gesundheitswesens. Gerade auf diesen beiden Gebieten sind die intellektuellen Beziehungen zwischen China und Indien heute immer noch genauso bedeutend wie im ersten Jahrtausend unserer Zeitrechnung.

Der Buddhismus als Religion zeichnet sich bereits in seinen Anfängen durch mindestens zwei spezifische Merkmale aus, die für ihre Zeit relativ ungewöhnlich waren: durch einen ausgeprägten Agnostizismus und durch regelmäßige, ausführliche Dispute über öffentliche Angelegenheiten. Einige der frühesten Versammlungen, bei denen es vor allem um die Beilegung von Streitigkeiten über religiöse Glaubensfragen, aber auch um andere Themen ging, sind durch Dokumente in Indien belegt. In solchen buddhistischen „Ratsversammlungen“, die sorgfältig vorbereitet waren, konnten die Vertreter unterschiedlicher Anschauungen ihre Differenzen austragen. Die erste dieser Versammlungen fand vor 2.500 Jahren kurz nach dem Tod von Gautama Buddha statt. Die größte, dritte Ratsversammlung wurde im 3. Jahrhundert unserer Zeitrechnung unter dem Patronat des Kaisers Ashoka in der Hauptstadt Patna abgehalten. Ashoka versuchte wohl auch als Erster, einen Regelkodex für öffentliche Diskussionen zu formalisieren und zu verbreiten – eine Art altindische Version von Henry Martyn Roberts Geschäftsordnung *Rules of Order*. Darin forderte Ashoka „Zurückhaltung bei der Rede, damit es nicht aus unangemessenem Anlass zur Lobpreisung der eigenen Fraktion oder zur Herabsetzung der anderen Fraktionen komme, und selbst bei angemessenen Anlässen sollte die Rede moderat sein". Sogar bei Streitigkeiten „sollten andere Fraktionen stets bei allen Gelegenheiten angemessen geehrt werden".

Ein öffentlicher Diskurs mit vernünftigen Argumenten ist, wie unter anderem John Stuart Mill, John Rawls und Jürgen Habermas geltend gemacht haben, ein zentraler Bestandteil der Demokratie. Insofern reichen die Wurzeln der Demokratie tatsächlich in die Tradition des öffentlichen Diskutierens zurück, die in Indien und in China – aber auch in Japan, Korea und anderen Ländern Asiens – einen kräftigen Anstoß vom Buddhismus und dessen Betonung des Dialogs erfahren hat. Bezeichnend ist dabei auch, dass fast alle frühen Buchdruckversuche in China, Korea und Japan auf Buddhisten zurückgehen.[11] Das weltweit erste gedruckte Buch – genauer: das erste gedruckte Buch, das mit einem Datum versehen ist – war die chinesische Übersetzung einer indischen Sanskritabhandlung mit dem Titel *Das Diamant-Sutra*, die 868 n. Chr. in China gedruckt wurde. Dieses Werk aus dem 9. Jahrhundert ist zwar ein überwiegend religiöser Text, doch die kühn vorangestellte Widmung „zu universeller freier Verteilung bestimmt" lässt erkennen, dass es der öffentlichen Bildung dienen sollte.

Laut John Kieschnick ist „einer der Gründe für die wichtige Rolle von Büchern innerhalb der chinesischen buddhistischen Tradition […] der Glaube, dass man sich mit dem Kopieren oder Drucken buddhistischer Schriften verdient machen könne". Der Ursprung dieses Glaubens lässt sich, so Kieschnick, „nach Indien zurückverfolgen".[12] Dafür spricht einiges. Ganz sicher besteht auch ein Zusammenhang mit der Tatsache, dass buddhistische Führer wie Ashoka der Kommunikation mit einem breiten Publikum große Bedeutung beimaßen. So ließ Ashoka überall in Indien große Schrifttafeln aus Stein errichten, auf denen die Kriterien eines guten „öffentlichen Benehmens" festgehalten waren – auch die Regeln für das Führen einer guten Diskussion.

Die Entwicklung der Druckkunst hatte selbstverständlich einen großen Einfluss auf die Entwicklung der Demokratie. Auch kurzfristig eröffnete sie neue Möglichkeiten für die öffentliche Kommunikation und hatte enorme Auswirkungen auf das soziale und politische Leben in China. Die Druckkunst war einer der Faktoren, die die neo-konfuzianische Bildung beeinflussten. Theodore de Bary schreibt über das Bildungssystem: „Ganz neue Bedeutung erlangte die Bildung für Frauen mit dem Aufkommen [...] des Lernens [während der Song-Dynastie] und dessen neokonfuzianischer Fortsetzung in der Ming-Dynastie, das durch die gewaltige Ausbreitung der Druckkunst, der Alphabetisierung und des Schulwesens gekennzeichnet war."[13]

6.

Die Verbindungen zwischen Indien und China auf dem Gebiet der öffentlichen Gesundheitsversorgung sind so bedeutsam wie unbekannt. Nach seiner Ankunft in Indien im Jahre 401 entwickelte Faxian ein großes Interesse an der Gesundheitsversorgung. Besonders beeindruckt war er offensichtlich von den kommunalen Krankenanstalten, wie sie im 5. Jahrhundert in Patna existierten:

> „Alle Armen und Bedürftigen des Landes […] und alle Menschen, die krank sind, gehen in diese Häuser, wo ih-

> nen jede erdenkliche Hilfe zuteil wird und sie von Ärzten untersucht werden. Sie bekommen Nahrung und Arzneimittel [...], und man tut alles, damit sie sich wohl fühlen. Wenn es ihnen besser geht, gehen sie von selbst."[14]

Auch wenn diese Beschreibung die Krankenanstalten von Patna wahrscheinlich in einem etwas zu positiven Licht erscheinen lässt, beeindruckt daran der offensichtliche Wunsch des Chinesen Faxian, von der öffentlichen Krankenversorgung Indiens zu lernen. 250 Jahre nach Faxian widmet Yi Jing drei Kapitel seines Buches über Indien der Krankenversorgung. Dabei imponierte ihm die Praxis der indischen Heilbehandlung mehr als das medizinische Wissen. Zwar schätzte er einige der indischen Behandlungsmethoden, die vor allem Schmerzen und körperliche Beschwerden lindern sollten – wie „flüssige Butter, Öl, Honig oder Zuckersirup, die Erleichterung bei Erkältungen verschaffen" –, doch insgesamt kam er zu dem Schluss: „In Heilkünsten wie der Akupunktur und Kauterisation und in der Fertigkeit des Pulsfühlens wurde China niemals [von Indien] übertroffen; die lebensverlängernde Medizin ist nur in China anzutreffen." Auf der anderen Seite könne man von Indien jedoch viel lernen: „Zum Filtern des Wassers benutzen die Inder feinen, weißen Stoff, in China sollte man dafür feine Seide nehmen." Auch würden „die Menschen im heutigen China Fisch und Gemüse meistens roh verzehren, was in Indien niemand tut". Obwohl Yi Jing bei seiner Rückkehr nach China von seinem Heimatland sehr angetan war – und die rhetorische Frage stellte, ob es in einem der fünf Teile Indiens jemanden geben könne, der China nicht bewundere –, war es ihm äußerst wichtig herauszufinden, was China von Indien lernen könnte.

7.

Die öffentliche Gesundheitsversorgung ist ein Gebiet, auf dem ein Land von einem anderen Land lernen kann, und ganz offensichtlich kann Indien heute eine Menge von China lernen. Schon seit vielen Jahrzehnten ist die Lebenserwartung der chinesischen Bevölkerung höher als die der indischen. Interessanter sind jedoch die Fortschritte, die beide Länder bei der Steigerung der Lebenserwartung erzielt haben. Das maoistische China begann kurz nach der Revolution mit dem Aufbau eines umfassenden Gesundheitssystems. Indien dagegen hatte zur selben Zeit nichts Vergleichbares vorzuweisen. Als Deng Xiaoping 1979 die ersten Wirtschaftsreformen einführte, lebten die Chinesen im Durchschnitt 14 Jahre länger als die Inder.

Mit Dengs Reformpolitik nahm China einen gewaltigen Aufschwung, und seine Volkswirtschaft wuchs weit schneller als die Indiens. Trotzdem hat die durchschnittliche Lebenserwartung in Indien seit 1979 dreimal so schnell zugenommen wie in China. Hier liegt sie heute bei 71 Jahren, in Indien bei 64 Jahren; der Abstand hat sich also halbiert. Der chinesische Durchschnitt liegt heute sogar unter dem Wert, der in einigen Teilen Indiens erreicht wird. Das gilt vor allem für den Bundesstaat Kerala, der mit 30 Millionen mehr Einwohner hat als viele Länder der Erde. In Kerala beruht der Erfolg auf der Kombination von zwei Entwicklungen. Hier besteht eine pluralistische Demokratie indischen Typs, die öffentliche Debatten und eine breite Beteiligung der Bürger am öffentlichen Leben umfasst. Zudem wurden Verbesserungen im Gesundheitswesen erzielt: Diese gehen auf staatliche Initiativen zurück, die den in China nach der Revolution entwickelten Konzepten ähneln.[15]

Die Vorzüge dieser Kombination zeigen sich nicht nur in der höheren Lebenserwartung. So liegt zum Beispiel die Relation der weiblichen zur männlichen Bevölkerung in Kerala bei 1,06 – das entspricht exakt demselben Frauenüberschuss wie in Nordamerika und Westeuropa. In China beträgt dieses Verhältnis 0,94 und im indischen Durchschnitt sogar nur 0,93, was einen deutlichen Männerüberschuss anzeigt. Die Situation in Kerala spiegelt also die größeren Überlebenschancen von Frauen wider, die keiner Diskriminierung unterworfen sind.[16]

Auch sank die Geburtenrate in Kerala deutlich schneller als in China, und dies trotz der chinesischen Politik einer staatlichen Geburtenkontrolle.[17] Zur Zeit der Reformen 1979 lag die Lebenserwartung in Kerala etwas unter dem chinesischen Durchschnittswert. Doch zwischen 1995 und dem Jahr 2000, dem letzten Zeitraum, für den gesicherte Daten hierzu verfügbar sind, war die Lebenserwartung in Kerala mit 74 Jahren bereits wesentlich höher als der chinesische Durchschnittswert von 71 Jahren im Jahr 2000.[18]

Ein weiterer Vergleich fällt ebenfalls zugunsten von Kerala aus: In China ist seit 1979 die Säuglingssterblichkeit nur extrem langsam, in Kerala dagegen kontinuierlich und sehr schnell gesunken. 1979 lag diese Rate in Kerala mit 37 pro 1.000 Geburten etwa auf demselben Niveau wie in China. Heute ist sie auf 10 pro 1.000 Geburten gesunken; das entspricht einem Drittel der chinesischen Rate mit 30 pro 1.000. In China haben sich die Zahlen im letzten Jahrzehnt kaum verändert.

Zwei Faktoren können erklären, warum sich die Entwicklung hin zu einer höheren Lebenserwartung in China trotz der positiven Auswirkungen des chinesischen Wirtschaftsaufschwungs insgesamt verlangsamt hat. Beide haben etwas mit Demokratie zu tun. Erstens wurde mit den Reformen von 1979 in China die kostenlose Krankenversicherung weitgehend abgeschafft. Die meisten Bürgerinnen und Bürger müssen seitdem also eine private Krankenversicherung finanzieren, es sei denn, der Arbeitgeber kommt – wie in wenigen Fällen – für die Versicherung auf. Dieser Entzug einer öffentlichen Dienstleistung löste in China nur wenig politischen Widerstand aus – der in jeder Mehrparteiendemokratie zweifellos aufgekommen wäre.

Zweitens sind Demokratie und politische Freiheit nicht nur ein wertvolles Gut an sich, sondern sie leisten auch einen unmittelbaren Beitrag zur Politik der öffentlichen Hand, indem sozialpolitische Missstände über eine kritische Öffentlichkeit zur Sprache kommen.[19] Das schließt die Gesundheitspolitik ein. In Indien stehen qualitativ hochwertige medizinische Einrichtungen nur den wohlhabenden Bürgern und Ausländern, die zur Behandlung nach Indien kommen, zur Verfügung. Die staatlich organisierte medizinische Grundversorgung ist dagegen ziemlich dürftig, was in den sehr kritischen Berichten der indischen Presse regelmäßig angeprangert wird. Doch harte Kritik schafft auch immer wieder die Möglichkeit, Verhältnisse zu verbessern.

Eine Stärke der indischen Demokratie ist gerade auch die kontinuierliche Berichterstattung über die Mängel des Gesundheitswesens und über die Bemühungen zur Verbesserung der Lage, die durch diese Kritik ausgelöst werden. Dies spiegelt sich in dem verringerten Abstand zwischen China und Indien hinsichtlich der Lebenserwartung wider. Die Fortschritte waren in Kerala dank der Kombination von demokratischer Beteiligung und radikalem sozialem Engagement möglich. Dass eine funktionierende Öffentlichkeit für das Gesundheitswesen wichtig ist, zeigen auch die fatalen Folgen der offiziellen Geheimnistuerei um die SARS-Epidemie in China. Die Lungenseuche war im November 2002 ausgebrochen, von den Behörden jedoch bis zum Frühjahr 2003 geheim gehalten worden.[20]

Indien kann auf dem Gebiet der Wirtschaftspolitik – und auch in der Gesundheitsversorgung – noch viel von China lernen. Umgekehrt können aber auch die indischen Erfahrungen mit Demokratie und einer funktionierenden Öffentlichkeit wertvolle Lehren für China sein. In diesem Zusammenhang lohnt es sich, daran zu erinnern, dass die Tradition der Aufsässigkeit und Respektlosigkeit gegenüber Autorität, die mit dem Buddhismus nach China gelangte, in frühen chinesischen Schriften gegen den Einfluss des Buddhismus besonders scharf kritisiert wurde. So hat sich etwa Fu-yi, ein mächtiger konfuzianischer Führer, im 7. Jahrhundert bei Kaiser Tang über die

Buddhisten beschwert. Die Kritik erinnert in gewisser Weise an die jüngsten Angriffe gegen die Falun-Gong-Bewegung:

> „Der Buddhismus ist von Zentralasien aus nach China eingesickert, und zwar in einer fremden und barbarischen Form, weshalb er damals weniger gefährlich war. Doch in der Han-Periode wurden die indischen Texte erstmals ins Chinesische übersetzt. Ihre Verbreitung begann den Glauben an die Fürsten negativ zu beeinflussen, und die Verehrung des Herrschergeschlechts wurde immer schwächer. Die Menschen begannen ihre Schädel zu rasieren und weigerten sich, ihre Köpfe vor den Fürsten und deren Vorfahren zu neigen." [21]

Fu-yi schlug damals nicht nur ein Verbot buddhistischer Predigten vor, sondern auch eine spezielle Behandlung der „zehntausende" von aktiven Buddhisten, die in China herumzogen. Er forderte den Kaiser auf, diese Menschen zu verheiraten und ihre Kinder in die Armee zu zwingen. Doch dieses Vorgehen, die Unbotmäßigkeit der Buddhisten zu brechen, wies der Kaiser zurück.

China hat mit erstaunlichem Erfolg eine führende Rolle in der Weltwirtschaft übernommen, und Indien hat wie viele andere Länder in den letzten Jahren eine Menge von China lernen können. Aber die Errungenschaften der demokratischen Teilhabe in Indien, auch in Kerala, machen deutlich, dass auch China sehr viel von Indien lernen kann. Chinas Bemühungen, vor allem in der zweiten Hälfte des ersten Jahrtausends, die eigene Isolation zu durchbrechen, sind für die heutige Welt von nachhaltigem Interesse und praktischem Nutzen. Die Geschichte zeigt uns aus erster Hand, wie grenzübergreifende Kontakte das gegenseitige Verständnis fördern und soziales Wachstum anregen können.[22]

* *Dieser Beitrag basiert auf dem Artikel „Passage to China", zuerst veröffentlicht am 2. Dezember 2004, abgedruckt mit freundlicher Genehmigung von The New York Review of Books. Copyright © 2004 NYREV, Inc. Teile des Textes sind – in der Übersetzung von Nils Kadritzke – in der deutschen Le Monde Diplomatique vom 13. Mai 2005 erschienen. Der Titel und zwei kürzere Absätze stammen aus einer Rede des Autors an der Georg-August-Universität in Göttingen. Die Rede wurde von Stephan Klasen und Isabel Günther editiert und im Universitätsverlag Göttingen 2006 publiziert.*

Anmerkungen

1 Bei der Schreibung chinesischer Namen benutze ich das „Pinyin"-System, das heute Standard ist, auch wenn in der zitierten Literatur viele weitere Schreibweisen benutzt werden. So tauchen für Faxian auch die Namen Fa-Hsien und Fa-hien auf; Xuanzang wird auch Hiuan-tsang und Yuang Chwang genannt; und der Name Yi Jing taucht auch als I-tsing und I-Ghing auf. Es gibt noch weitere Variationen.

2 Zwei aufschlussreiche Bücher jüngeren Datums beschäftigen sich mit den Reisen von Xuanzang und ihrer anhaltenden Bedeutung in der heutigen Zeit: Bernstein 2001 und Shuyun 2003.

3 Needham 1956a: 427.

4 Ein interessantes Beispiel für den Transfer von mathematischen Ideen und Begriffen nach Europa ist der Ursprung des Ausdruckes „Sinus" aus der Trigonometrie. In seiner mathematischen Sanskrit-Abhandlung aus dem Jahr 499 benutzte Aryabhata das Wort *jya-ardha* (Sanskrit für „halbe Seite"), das später zu *jya* wurde für den heutigen Begriff „Sinus". Das Wort *jya* wurde von arabischen Mathematikern des 8. Jahrhunderts als *jiba* adaptiert. Es verwandelte sich später in *jaib* (aus denselben Konsonanten), was „Bucht" oder „kleine Bucht" bedeutet. Diesen Begriff übersetzte Gherardo von Cremona (etwa um 1250) in das entsprechende lateinische Wort für Bucht: *sinus*. Davon stammt der moderne Ausdruck „Sinus" ab (Eves 1990: 237). Das Wort *jya* von Aryabhata wurde als *ming* ins Chinesische übersetzt und in Schaubil-

dern wie dem *yue jianliang ming*, wörtlich „Sinus von Mondintervallen“, benutzt (Martzloff 1997: 100).

5 Needham 1956b: 202, 12 und 37. Eine allgemeine Darstellung des indischen Kalendersystems findet man in der Abhandlung „India Through Its Calendars“ (Sen 2000).

6 Der Ausdruck „Mandarin“, der von dem Sanskrit-Wort *mantri*, „Sonderberater“, abstammt, kam viel später nach China, und zwar über Malaya. Noch heute wird der indische Premierminister *pradham mantri* oder „Sonderberater“ genannt.

7 Kieschnick 2003.

8 Needham 1956b: 146 ff.

9 Martzloff 1997: 90.

10 Zum Beispiel verweist Kieschnick, neben anderen Gründen, auf „die begrenzte Haltbarkeit von Palmblättern und Birkenrinde, auf denen die meisten Texte im alten Indien aufgezeichnet waren“ (Kieschnick 2003: 166).

11 Auch indische Buddhisten haben Druckversuche unternommen. Der chinesische Gelehrte Yi Sing, der Indien im 7. Jahrhundert bereiste, berichtet von buddhistischen Bildern, die auf Seide und Papier gedruckt waren. Doch dabei handelte es sich wohl um primitive Bildstempel. Kurz vorher soll bereits Xuanzang bei seiner Rückkehr nach China aus Indien Bilder eines indischen Gelehrten (Bhadra) gedruckt haben. Zu dieser frühen Geschichte: Needham 1956c: 148 f.

12 Kieschnick 2003: 164.

13 Bary 1999: 820.

14 The Travels of Fa-Hien 1993: 79.

15 Weniger erfolgreich war Kerala beim Wirtschaftswachstum. Das Bruttoinlandsprodukt (BIP) dort entspricht dem indischen Durchschnitt und ist niedriger als in mehreren anderen wachstumsorientierten indischen Staaten. Die Schätzungen der Weltbank haben gezeigt, dass Kerala neben den Erfolgen im Bildungs- und Gesundheitswesen auch die am schnellsten sinkende Armutsrate vorweisen kann. Dennoch kann auch der Staat Kerala hinsichtlich der Steigerung des Wirtschaftswachstums viel von China lernen. Drèze und Sen 2003: 97 ff.

16 Zu den Ursachen des „Frauenmangels" siehe die Aufsätze „More Than 100 Million Women Are Missing" (Sen 1990), „Missing Women" (Sen 1992) und „Missing Women Revisited" (Sen 2003). Sie erläutern auch die wirtschaftlichen, politischen und sozialen Lehren, die man aus den Erfahrungen in Kerala ziehen kann. Die Reichweite radikaler, aber demokratischer Politik, die Rolle der Bildung und Tätigkeiten von Frauen werden ebenfalls thematisiert.

17 Siehe dazu die Aufsätze „Population: Delusion and Reality" (Sen 1994) und „Fertility and Coercion" (Sen 1996).

18 Chinesisches Amt für Statistik 2003, Tabellen 4 bis 17: 118. In chinesischen Großstädten wie Shanghai und Peking liegt die Lebenserwartung zwar höher als in Kerala, doch in den meisten chinesischen Provinzen liegt sie weit darunter.

19 Ähnliches gilt für die Beobachtung, dass Hungersnöte in demokratischen Staaten kaum vorkommen, selbst wenn diese sehr arm sind. Siehe dazu den Aufsatz „How Is India Doing?" (Sen 1982) sowie Sen und Drèze 1989. Während der Kolonialherrschaft der Briten in Indien gab es immer wieder große Hungersnöte (die bengalische Hungersnot 1943 ereignete sich vier Jahre vor der Unabhängigkeit Indiens). Erst seit der Einführung einer Mehrparteiendemokratie sind diese Epidemien abrupt ausgeblieben. Dagegen erlebte China noch 1958 bis 1961 die größte bekannte Hungersnot der Geschichte mit etwa 30 Millionen Opfern.

20 Der nur langsame Anstieg der Lebenserwartung in China könnte mit der drastischen Verschärfung der wirtschaftlichen Ungleichheit in den letzten Jahren zusammenhängen. Zwar hat auch in Indien die soziale Ungleichheit zugenommen, aber nicht in demselben Maße wie in China. Interessanterweise haben die zunehmenden Ungleichheiten in Indien maßgeblich zur Niederlage der regierenden Partei in Neu-Delhi bei den Wahlen im Mai 2004 beigetragen. Ein weiterer Faktor, der zur Wahlniederlage beitrug, war die Verletzung der Rechte der muslimischen Minderheit während der religiös motivierten Unruhen in der Provinz Gujarat. (Mithilfe eines demokratischen Systems kann man über das Mehrheitswahlrecht auf die Unterdrückung von Minderheiten reagieren.)

21 Bagchi 1981: 134.

22 Einen ausführlicheren Aufsatz zu diesen Themen findet man in Sen 2005. Für die vielen hilfreichen Vorschläge danke ich Patricia Mirrlees, J. K. Banthia, Homi Bhabha, Sugata Bose, Nathan Glazer, Geoffrey Lloyd, Roderick MacFarquhar, Emma Rothschild, Roel Sterckx, Sun Shuyun und Rosie Vaughan.

Literatur

Bagchi, Prabodh C. *India and China: A Thousand Years of Cultural Relations*. Calcutta 1981.

Bary, Theodore de. „Neo-Confucian Education". *Sources of Chinese Tradition*. Zusammengestellt von Theodore de Bary und Irene Bloom. 2. Auflage. New York 1999.

Bernstein, Richard. *Ultimate Journey: Retracing the Path of an Ancient Buddhist Monk Who Crossed Asia in Search of Enlightenment*. New York 2001.

Chinesisches Amt für Statistik. *China Statistical Yearbook 2003*. Peking 2003.

Drèze, Jean, und Amartya Sen. *India: Development and Participation*. Oxford 2003.

Eves, Howard. *An Introduction to the History of Mathematics*. 6. Auflage. Philadelphia 1990.

Kieschnick, John. *The Impact of Buddhism on Chinese Material Culture*. Princeton, NJ, 2003.

Martzloff, Jean-Claude. *A History of Chinese Mathematics*. New York 1997.

Needham, Joseph. *Science and Civilization in China*. Band 2. Cambridge 1956a.

Needham, Joseph. *Science and Civilization in China*. Band 3. Cambridge 1956b.

Needham, Joseph. *Science and Civilization in China*. Band 5. Cambridge 1956c.

Sen, Amartya. „How Is India Doing?" *The New York Review* of Books 29 (20) 1982. 41–45.

Sen, Amartya. „More Than 100 Million Women Are Missing“. *The New York Review of Books*. 37 (20) 1990. 61–64.
Sen, Amartya. „Missing Women“. *British Medical Journal* 304, 7. März 1992. 587–588.
Sen, Amartya. „India Through Its Calendars“. *The Little Magazine* 1. Delhi 2000.
Sen, Amartya. „Missing Women Revisited“. *British Medical Journal* 327, 6. Dezember 2003. 1297–1289.
Sen, Amartya. „Population: Delusion and Reality“. *The New York Review of Books* 41 (15) 1994. 62–71.
Sen, Amartya. „Fertility and Coercion“. *University of Chicago Law Review* 63 1996. 1035–1062.
Sen, Amartya. „Passage to China“. *The New York Review of Books* 51 19 2004. 61–65.
Sen, Amartya. *The Argumentative Indian: Writings on Indian History, Culture and Identity*. London 2005.
Sen, Amartya, und Jean Drèze. *Hunger and Public Action*. Oxford 1989.
Shuyun, Sun. *Ten Thousand Miles Without a Cloud*. New York 2003.
The Travels of Fa-Hien or Record of Buddhist Kingdoms. Übersetzung von James Legge. Patna 1993.

Asiatische Kultur und Gesellschaft in einer globalisierten Welt

KARAN SINGH

Schon lange bin ich der Meinung, dass den innerasiatischen Beziehungen bei weitem nicht die Aufmerksamkeit geschenkt wird, die sie verdienen. Der Grund hierfür ist, dass alle Nationen Asiens über einen längeren Zeitraum westliche Vorherrschaft erfahren haben. Als Ergebnis sind die akademischen und intellektuellen Beziehungen zwischen diesen Ländern und dem Westen enger als die zwischen den asiatischen Staaten selbst. Das ist ein historisches Phänomen, welches nun überwunden werden sollte: Es ist an der Zeit, die kulturellen und gesellschaftlichen Wurzeln der asiatischen Identität wiederzuentdecken.

Ein solcher Perspektivwechsel ist das Ergebnis enormer Veränderungen, die im Laufe der Moderne auch in anderen Bereichen stattgefunden haben: Wissenschaft und Technik haben das Leben auf diesem Planeten fast bis zur Unkenntlichkeit umgestaltet; die großen Fortschritte, sei es in der Raumfahrt, in der direkten Kommunikation, in der Kybernetik oder im Bereich der Organtransplantationen, haben viele von uns selbst miterlebt. In den letzten fünfzig Jahren hat sich das Wissen explosionsartig weiterentwickelt, und für Asien waren diese fünf Jahrzehnte von besonderer Bedeutung, da heute, zum ersten Mal seit 400 Jahren, jeder Quadratmeter Asiens von Asiaten regiert wird.

Vor sechzig Jahren wurde der Niedergang des Kolonialismus endgültig besiegelt. Es ist kein übertriebener Nationalstolz, wenn ich sage, dass meiner Ansicht nach der 15. August 1947, der Tag, an dem Indien unabhängig wurde, das Ende der Kolonialherrschaft in Asien bezeichnet. Die Ära des Kolonialismus begann im Jahre 1498, als Vasco da Gamas Schiffe eintrafen, und sie endete am 15. August 1947, als der größte und meistbevölkerte koloniale Besitz die Freiheit erlangte. Und tatsächlich befreiten sich innerhalb der folgenden zehn Jahre Dutzende weiterer Länder von der Kolonialherrschaft.

In den darauffolgenden sechzig Jahren durchlief die Welt einschneidende Veränderungen: Nachdem Asien das kolonialistische Joch abgeworfen hatte, bestimmte bald der Kalte Krieg das Geschehen auf der politischen Weltbühne. Er begann 1944 in Jalta und endete 1989 auf Malta. Mit seinem Ende entstand ein neues Szenario: eine Welt, die weder vom alten Kolonialismus noch von den Spannungen des Kalten Krieges dominiert wurde. Nun hatte Asien zum ersten Mal die Möglichkeit, im kulturellen und gesellschaftlichen Bereich eine eigene Wahrnehmung und eigene Gedanken zu entwickeln und auch eigenständige Kontakte zu pflegen.

Unsere Kenntnis der asiatischen Geschichte weist große Lücken auf, die wir nun schließen müssen. Angkor Wat, der größte Hindu-Tempel der Welt, steht nicht in Indien, sondern in Kambodscha. Wie wurde er gebaut? Es gab keinen Eroberungsfeldzug, er wurde nicht durch einen Kreuzzug oder Krieg geschaffen.

Offensichtlich ist dies in der Geschichte ein außergewöhnliches Phänomen, aber was wissen wir darüber? In unseren Geschichtsbüchern steht, wie Napoleon dieses und Alexander der Große jenes tat, aber was lernen wir über die Menschen, die die großen Kulturen Ostasiens begründet haben? Werden sie überhaupt irgendwo erwähnt? Da unser Bildungssystem und historische Studien einen eurozentrischen Ansatz verfolgen, werden wir über unzählige europäische und englische Könige unterrichtet – aber wer kann auch nur zwei indische Könige nennen, die aus Indien auszogen, um große Königreiche in Ostasien zu gründen?

Nehmen wir den Buddhismus. Buddha stammt nicht aus Indien, sondern aus Nepal. Der Buddhismus aber wurde in Indien geboren und ist von dort um die ganze Welt gereist. Ich bin in Thailand gewesen und habe die wunderschönen buddhistischen Tempel dort gesehen. Wie und warum ist der Buddhismus groß geworden? Er wuchs, weil er offensichtlich eine große innere Macht besaß, weil er vital war und intensiv. Dies sind Aspekte, die völlig vernachlässigt wurden und die nun von Grund auf erforscht werden müssen.

Das Christentum hat natürlich einen entscheidenden Einfluss in vielen Ländern gehabt und sich bis zu den Philippinen ausgebreitet, und der Islam ist seit tausend Jahren in Indien präsent. Wie aber kam er nach Indonesien, und was ist mit den Sufis und den muslimischen Heiligen? Wer sind diese großen, geachteten Heiligen? Asien hat nicht Eroberer oder Kaiser geschätzt; es sind die spirituellen Menschen, unsere Heiligen, die in Asien wirklich verehrt werden. Warum ist Ashoka heutzutage so wichtig und berühmt, wo es doch so viele andere Könige in der indischen Geschichte gibt? Er wurde kein Heiliger, aber sein Bewusstsein wandelte sich.

Leider gibt es in Indien und vielleicht auch in anderen Ländern die Tendenz, dass Intellektuelle sich scheuen, über Religion zu sprechen, denn dieses Thema wird nicht als zeitgemäß empfunden. Darum wird die Interpretation der Religion oftmals den revanchistischen, fundamentalistischen und reaktionären Elementen der Gesellschaft überlassen. Doch wir alle sollten die Essenz dieser großen religiösen Philosophien verstehen lernen und die Art und Weise, wie sie die Kultur und Geschichte beeinflusst haben. Viel hängt davon ab, ob wir in den asiatischen Ländern in der Lage sind, eine Komposition von Kulturen zu entwickeln. Oder sollen wir die brillante, aber äußerst kontroverse These Samuel Huntingtons von dem „Kampf der Kulturen“ als gegeben hinnehmen? Sie kann nicht einfach abgetan werden, wie es viele unserer Intellektuellen versucht haben. Ich stimme nicht mit den Schlussfolgerungen Huntingtons überein, denn Indien liefert den Gegenbeweis: Acht große Religionen erblühen in unserem Land. Dennoch hat seine These eine gewisse Gültigkeit. Werden diese Länder jetzt gemischte Kulturen entwickeln, oder kehren sie langsam wieder zu ihrem ursprünglichen Status zurück, nämlich zu einer Identität als muslimischer Staat, buddhistischer Staat, Hindu-Staat und vielleicht auch als christlicher Staat?

Man kann die Religion nicht unterdrücken. Vor vielen Jahren war ich als Gast von Nikita Chruschtschow in Moskau. Da ich mich für Religionen interessierte, fragte ich den Generalsekretär: „Ist es in Ihrem Land möglich, Kommunist und gleichzeitig gläubig zu sein?“ Er antwortete: „Nein. Wir respektieren die religiösen Traditionen der Menschen, aber um Mitglied der Kommunistischen Partei der Sowjetunion zu werden, muss man Atheist sein.“ 70 Jahre lang herrschte in der Sowjetunion eine atheistische Diktatur, die nun in mehr als 15 Staaten zerbrochen ist, und trotzdem sind die religiösen Impulse nicht vernichtet worden. Im Jahr 1989 besuchte ich Moskau erneut, anlässlich des 1000-jährigen Bestehens des Christentums in Russland. Es war gut zu sehen, wie Tausende von Menschen in die russisch-orthodoxen Kirchen gingen, die erst kürzlich renoviert worden waren. Überall findet die Religion neuen Zulauf: im Hinduismus, im Islam, im Buddhismus. Manchmal endet dies im Fundamentalismus oder im Fanatismus, aber es gibt auch noch andere Dinge, die sich hier abspielen und die angesprochen werden müssen. Deshalb ist dies eins der Gebiete, die es noch zu erforschen gilt.

Der große Revolutionär, Prophet und Philosoph Sri Aurobindo sprach in einer Botschaft am 15. August 1947 – seinem 75. Geburtstag und dem Tag unserer Unabhängigkeit – von fünf Träumen.

Der erste Traum war Indiens Unabhängigkeit, und der zweite bezog sich auf die zukünftige Rolle Asiens: „Ein anderer Traum war das Wiederaufleben und die Befreiung aller Völker in Asien, sodass sie den Fortschritt der menschlichen Kultur weiter vorantreiben konnten." Das ist der Schlüssel. Wird man ein sich sträubendes Asien ins dritte Jahrtausend zerren müssen, oder werden wir bei der Entstehung einer vernünftigen und ganzheitlichen globalen Gesellschaft federführend sein? Diese Frage liegt vor uns.

Historisch betrachtet war die asiatische Kultur wegweisend in fast jedem Bereich, sei es die Wissenschaft oder die Mathematik, die Politik oder die Philosophie. Besteht für uns die Möglichkeit, auch in dieser neuen Ära einen kreativen Beitrag zu leisten, etwa bei der Schaffung eines neuen Bewusstseins, das eine harmonische Symbiose bietet zwischen Wissenschaft und Spiritualität, zwischen materiellem Fortschritt und der Bereicherung des Geistes, zwischen dem äußeren, aktiven Leben und dem Innenleben? Können wir eine Art Gleichgewicht wiederherstellen? Können wir uns vorwärtsbewegen, ohne unser Erbe zu verleugnen und ohne uns in veralteter Rhetorik zu verlieren – können wir dabei helfen, die globale Gesellschaft zu formen? Dies ist die Herausforderung, der sich die Menschen Asiens stellen müssen.

Mit dem Ende des Kalten Krieges hat sich die Welt erneut gewandelt. Heute sind wir Zeugen zweier Strömungen, die absolut widersprüchlich erscheinen. Einerseits gibt es eine starke Bewegung in Richtung Globalisierung. Andererseits beruft man sich immer wieder auf die unterschiedlichen ethnischen, linguistischen und religiösen Identitäten. Diese beiden Tendenzen finden zeitgleich statt, und obwohl sie einander auszuschließen scheinen, müssen wir doch mit beiden Ansätzen umgehen lernen, wenn wir unsere Probleme zielgerichtet lösen wollen.

Es gibt auch einige allgemeine Fragen, die wir beantworten müssen. Erstens: Gibt es überhaupt eine nachweisliche asiatische

Identität? Oder sind die Nationen in Asien zersplittert und in ihre Einzelteile zerfallen? Man kann leicht von nationaler Identität sprechen, aber worin besteht die asiatische Identität, und wie äußert sie sich?

Zweitens: Gibt es eine klar abgegrenzte asiatische Philosophie, ein asiatisches Weltbild, das die Kultur, die Natur und den Kosmos ganzheitlich betrachtet, oder ist die vorherrschende westliche Sicht tatsächlich überwältigend in ihrer Macht? Wir leben in einem Zeitalter, in dem Weltbild und Philosophie das Denken der Menschen enorm beeinflussen. Alle Religionen wurden in Asien geboren, ob das Judentum oder die Religion von Zarathustra, die vier indischen Religionen oder die ostasiatischen Religionen des Taoismus, Schintoismus oder Konfuzianismus. Gibt es heute, wie dereinst, eine asiatische Blickweise oder ein asiatisches Muster, mit den Problemen dieser Welt umzugehen?

Drittens: Gibt es tatsächlich irgendwelche „asiatischen Werte" an sich, unabhängig von den allgemein anerkannten menschlichen Werten? Es wird viel darüber gesprochen, aber was sind asiatische Werte? Wie kann man sie mit menschlichen Werten, etwa den Menschenrechten, in Einklang bringen? Gibt es einen bedeutsamen Unterschied zwischen asiatischen und westlichen Werten, oder ist das nur ein Mythos, der aus dem Hut gezaubert wurde, um potenzielle Vorteile zu nutzen?

Und schließlich: Wird der von Huntington vorhergesagte „Kampf der Kulturen" im 21. Jahrhundert unweigerlich eintreten? Wenn dem so ist, dann sieht die Zukunft Asiens düster aus. Was ist unsere intellektuelle Antwort auf diese These? Die Behauptung, dass die Geschichte enden wird, kann man getrost ignorieren, denn sie ist bereits auf den ersten Blick absurd. Die These vom „Kampf der Kulturen" jedoch lässt sich nicht so leicht abtun. Viele Teile der Welt erleben Zusammenstöße, die in dieses Muster passen könnten oder auch nicht, aber die sicherlich viele Konflikte und menschliches Leid verursachen.

Der Multikulturalismus gewinnt auf der ganzen Welt an Bedeutung. Das alte Konzept „eine Nation, eine Kultur“ beginnt sich aufzulösen: Wir leben in einer zunehmend multiethnischen, multireligiösen und mehrsprachigen Welt, in der auch unterschiedliche kulturelle Traditionen eine Rolle spielen. Wie wir in unseren eigenen Ländern mit Multikulturalismus umgehen, ist eine Frage, die wir uns stellen müssen. Allein Indien hat 18 Amtssprachen und hunderte Dialekte, und alle Religionen der Welt sind hier vertreten. Vier große Religionen wurden in Indien geboren – der Hinduismus, der Jainismus, der Sikhismus und der Buddhismus –, und vier weitere kamen aus Westasien zu uns – der Zoroastrianismus, das Judentum, das Christentum und der Islam – und sind hier seit Jahrhunderten lebendig. Also haben wir viele Religionen, viele Sprachen, viele Völker und eine enorme kulturelle Vielfalt. Wie gehen wir damit um? Können wir Erfahrungen, Erkenntnisse und Konzepte miteinander teilen?

Eine weitere Frage ist, wie wir in dieser postmodernen Welt neue Wege für eine bessere Zusammenarbeit innerhalb Asiens beschreiten können. Diese Kooperation könnte stattfinden in Form regionaler Vereinigungen – wie etwa der Südasiatischen Vereinigung für regionale Zusammenarbeit (SAARC) – oder auch als kultureller und akademischer Austausch, der enorm wichtig ist. Akademischer Austausch, kultureller Austausch, regionale Vereinigungen – das ist ein weites Feld für kreative Arbeit.

In Zeiten, da Asien seine regionalen und globalen Fähigkeiten entwickelt, kann uns das Beispiel Europa als Orientierung dienen – in Bezug auf das, was getan werden kann, wie auch hinsichtlich dessen, was Asien bereits erreicht hat. Ich bin durch viele Gebiete der Europäischen Union gereist und mir der Herausforderungen bewusst, denen sich die EU stellen muss und die auch für Asien von Bedeutung sind. Wir müssen diese Gemeinsamkeiten etwas genauer untersuchen und analysieren, um angemessene Schlüsse daraus zu ziehen.

Das 20. Jahrhundert war das erstaunlichste aller Jahrhunderte. Die technologischen Errungenschaften waren phänomenal: Die Grenzen der Schwerkraft wurden überwunden. Wir sind auf dem Mond gelandet und greifen nun auch nach Planeten und entfernten Sternen. Das menschliche Genom wurde entschlüsselt und die Nanotechnologie entwickelt, genauso wie viele weitere erstaunliche Dinge. Und doch war das 20. Jahrhundert das tödlichste in der gesamten Menschheitsgeschichte. Im Laufe dieser hundert Jahre wurden mehr Menschen ermordet in Weltkriegen, regionalen Kriegen, Bürgerkriegen, Pogromen und Sklavenlagern – als in irgendeinem anderen Jahrhundert. Millionen von Menschen wurden ermordet oder mussten aus ihrer Heimat fliehen. Das 20. Jahrhundert war ein Jahrhundert des Aufruhrs, und dieser hatte seinen Ursprung oftmals in Europa. Wenn wir auf die Geschichte zurückblicken, so sehen wir, dass Europa die ganze Welt tatsächlich über Jahrhunderte in Aufruhr versetzt hat. Dass die Europäische Union entstanden ist, ist daher umso bemerkenswerter: Man kann es fast ein Wunder nennen.

Indem Europa den Weg der Integration geht, versucht es im Grunde eine multiethnische, mehrsprachige, multireligiöse, multikulturelle Einheit zu werden. Indien ist bereits eine solche Einheit. Also versucht Europa das zu werden, was Asien bereits zu bieten hat. Der Vergleich zwischen Europa und Indien ist sehr aussagekräftig: Zwar ist Europa viel reicher, besser organisiert und hat bessere Institutionen, aber Indien ist eine Art asiatisches Europa. Es gibt hier genauso viele Sprachen, es gibt doppelt so viele Religionen und doppelt so viele Menschen – und doch ist es eine Nation.

Und es gibt noch mehr Ähnlichkeiten. Wie Europa, so hat auch Indien einen historischen Nachholbedarf und ein starkes kulturelles Fundament. Europa hat mit dem alten Griechenland und dem alten Rom eine große Tradition. Wir haben unsere großen hinduistischen und buddhistischen Kulturen, ebenso wie den

Jainismus, und besitzen kulturelle Artefakte, die die ganze Welt beeinflusst haben. Der Buddhismus ging von hier aus einmal durch ganz Südasien, ohne dass ein einziger Schuss gefallen wäre. Unsere Expansion erfolgte sozusagen nicht wie die europäische durch die Macht des Gewehrs oder der Schlachtschiffe. Unsere Expansion war kulturell, vorangetrieben durch kulturelle, religiöse und spirituelle Ideen. Beide haben wir eine lange Geschichte, beide haben sehr starke Kulturen und beide sind demokratische Gesellschaften. Wir haben freie Wahlen in einem Mehrparteiensystem, nur dass unsere Wählerschaft – alle über 18-Jährigen – größer ist als die gesamte Bevölkerung von Europa und Nordamerika zusammen. Dies sind nur einige unserer Gemeinsamkeiten. Und sie sind sehr wichtig.

Darüber hinaus sind Europa und Indien pluralistische Gesellschaften, mit einer Vielzahl von Religionen, Sprachen und Kulturen. Wir glauben nicht an den Kampf der Kulturen, sondern an deren Zusammenfluss, denn unser Land hat verschiedenste kulturelle Komponenten absorbiert. Für unsere Identität ist dies von größter Bedeutung. Ich denke, der Schlüssel zum Verständnis des menschlichen Dilemmas in der heutigen Welt findet sich im Konzept der mannigfaltigen Identitäten. Wir müssen wegkommen von der Idee einer einzelnen, übergeordneten Identität.

Ebenso fühlen wir uns einer multipolaren Gesellschaft verbunden; wir glauben also nicht, dass es eine Welt mit nur einem richtungweisenden Pol geben kann, egal wie mächtig eine einzelne Nation zu einer bestimmten Zeit auch sein mag. Die Welt hat viele Nationen gesehen, die für eine gewisse Zeit sehr viel Macht hatten: Das Römische Reich war das mächtigste der Welt, dann kam Dschingis Khan, dann das British Empire, dann das Dritte Reich. Die Mächteverhältnisse ändern sich. Statt von einer Welt besessen zu sein, in der nur einer den Ton angibt, sind nach meiner Meinung sowohl Indien als auch Europa einer Welt verpflichtet, in der es mehrere Machtzentren gibt. Nordamerika, Europa,

China, Japan, Indien – das werden einige der wichtigsten Pole in der entstehenden globalen Gesellschaft sein, vielleicht neben einigen Ländern oder regionalen Gruppierungen in Afrika und Lateinamerika.

Europa, Indien und Asien insgesamt sehen sich zudem ähnlichen Gefahren gegenüber. Wir sind konfrontiert mit der Gefahr des Fundamentalismus. Wir sind konfrontiert mit der Gefahr des Terrorismus – so offensichtlich, dass ich hier nicht ins Detail gehen muss. Illegale Einwanderung ist ebenfalls ein Problem in vielen Ländern, Indien und die EU einbegriffen.

Zudem sind sowohl Asien als auch die Europäische Union mit ernsten Herausforderungen im Umweltschutz konfrontiert. Die globale Erwärmung verstärkt sich. Tausende Spezies sind im letzten Jahrhundert ausgelöscht worden, Millionen Hektar Wald sind verschwunden, die Ozonschicht wird immer dünner, und Satellitenfotos zeigen uns, dass die Polarkappen schmelzen. Europa ist diese Probleme viel besser angegangen als die USA: Zumindest scheinen die europäischen Länder aufrichtig dem Versuch verpflichtet, die Emissionen zu verringern.

Was müssen Asien und die Europäische Union angesichts all dieser Gemeinsamkeiten tun, um einander näher zu kommen? Nehmen wir abermals die Beziehungen zwischen der EU und Indien als Fallstudie.

Zunächst müssen unsere wirtschaftlichen Beziehungen verbessert und gestärkt werden. Der Handel muss intensiviert werden. Die Europäische Union ist bereits jetzt unser größter Handelspartner: Im Durchschnitt gehen 23 Prozent unseres Exports in die EU und 21 Prozent unserer Importe kommen von dort, aber diese Zahlen müssen gesteigert werden. Europäische Direktinvestitionen in Indien belaufen sich immer noch auf nur 0,2 Prozent der gesamten im Ausland investierten Summe. Das ist nicht genug. Indien ist ein aufstrebender Markt, und außergewöhnliches Wachstum wird hier gebraucht.

Außerdem sollte der akademische Austausch gefördert werden. Indien ist in Europa und vor allem in Deutschland Gegenstand wegweisender und traditionsreicher Forschung. Auch diese muss jetzt intensiviert und optimiert werden. In Wissenschaft und Technik brauchen wir mehr Zusammenarbeit auf hohem technischem Niveau. So nimmt Indien beispielsweise am Galileo-Satellitenprojekt teil. Im Rahmen des EU-Austauschprogramms „Erasmus Mundus" haben wir Kooperationsabkommen mit vielen europäischen Ländern. Als Präsident des Indischen Rats für kulturelle Beziehungen möchte ich ankündigen, dass wir in Zukunft die kulturellen Beziehungen noch weiter verstärken werden. Der Tourismus muss zunehmen. Mehr Europäer sollten nach Indien kommen. Es gibt viele Dinge, die wir voneinander lernen können. Es sollte einen kontinuierlichen politischen Dialog zwischen Indien – ja ganz Asien – und der Europäischen Kommission geben. Wir haben Delegationen des Europäischen Parlaments hier in unserem Parlament zu Besuch gehabt. In unseren Komitees habe ich sie getroffen, und es sollte mehr Besuche dieser Art geben.

Abschließend möchte ich noch einmal betonen, wie wichtig der kulturelle Faktor ist – der kulturelle Austausch eröffnet uns viele Möglichkeiten. Asien hat eine lange Tradition der kulturellen und religiösen Führung, und dieses Gebiet ist auch für die Zukunft Asiens und sogar für die Zukunft der Welt von größter Wichtigkeit. Entscheidender als die einzelnen Aspekte des Handels oder des Wachstums ist die Frage, ob sich unser Bewusstsein, unsere Einstellung weiterentwickeln kann; ob unsere spirituellen Zentren sich entwickeln, ob wir begreifen, dass es im menschlichen Geist einen unauslöschbaren Funken des Göttlichen gibt und dass die höchste Bestimmung des Menschen darin besteht, diesen Funken zu einem lodernden Feuer der spirituellen Erkenntnis anzufachen. Francis Thompson formuliert es in einem seiner Gedichte so:

„Nicht wo die Sphären fühllos rauschen,
Ob auch der Grübelsinn sie spür –
Der Braus von Schwingen, so wir lauschen,
Streift unsere todverschlossne Tür.
Die Engel stehn am alten Orte –
Wälz fort den Stein, sie flügeln her!
Du bist´s! dein Herz, das dir verdorrte,
Erkennt den Strahlenglanz nicht mehr.“[1]

Das prachtvolle Licht des Atman, „das Licht, das jeden Menschen erleuchtet, der auf die Welt kommt“, wie die Bibel es sagt, das Noor-e-Illahi der Sufis, das Ek Onkar des Sikh-Gurus – durchfließt dieses Licht des Bewusstseins einen Prozess der Entwicklung? Versuchen wir, eine neue Art des Bewusstseins auf diesem Planeten zu fördern? Denn während der Planet sich auf die Globalisierung zubewegt, sind unser Geist und unser Bewusstsein in vorglobalen und vorgeschichtlichen Konzepten steckengeblieben. Darum also ist die wirkliche Herausforderung, der wir uns stellen müssen, nicht, wie weit wir nach außen wachsen, sondern wie sehr wir innerlich wachsen.

Anmerkung

1 Thompson, Francis. „Das Reich Gottes ist in euch“. English Horn. Anthologie angelsächsischer Lyrik von den Anfängen bis zur Gegenwart. Übertragen von Georg von der Vring. Köln 1953. Zitiert nach Engel: Gedichte aus allen Sphären. Hrsg. Andrea Wüstner. Stuttgart 2001. 25.

Kulturdiplomatie in Ostasien

KAZUO OGOURA

Japan, China, Südkorea, Indien und einige andere asiatische Länder engagieren sich in letzter Zeit verstärkt auf dem Gebiet der weltweiten Kulturdiplomatie. Die Politik dieser Staaten unterscheidet sich in vielen Punkten, aber es gibt auch Gemeinsamkeiten, zumindest bei den Motiven, mit denen die Kulturdiplomatie begründet wird. Um deren gegenwärtige Tendenzen, aber auch die Zukunftsperspektiven in Asien besser zu verstehen, lohnt es sich, die Erfahrungen Japans auf diesem Gebiet seit dem Ende des Zweiten Weltkrieges zu betrachten. Das Land verfügte als erstes in Asien über gefestigte wirtschaftliche und demokratische Strukturen und war in vielerlei Hinsicht ein Vorläufer, wenn es darum ging, Brücken zwischen Asien und der internationalen Gemeinschaft zu schlagen. Im Verlauf dieses Prozesses setzte es verschiedene Arten der Kulturdiplomatie ein, die seinem jeweiligen wirtschaftlichen Entwicklungsstand entsprachen.

1.

Die Geschichte der Kulturdiplomatie in Japan lässt sich in vier Phasen unterteilen.

In den 50er und 60er Jahren ging es darum, das Bild des militaristischen Japan, welches vor dem Krieg geherrscht hatte, durch das einer friedlichen Nation zu ersetzen. Als Symbole für Japans friedlichen Wandel boten sich die Kirschblüte und der

Berg Fuji an – beide vermitteln ein Gefühl von Ruhe und Gelassenheit.

Während dieser Zeit wurden bestimmte Aspekte der traditionellen japanischen Kultur im internationalen Diskurs vermieden – vor allem jene, die im Zusammenhang mit den Samurai oder feudalen Traditionen standen. Stattdessen stellte man traditionelle Bräuche in den Vordergrund, die vorwiegend von Frauen gepflegt wurden, wie *ikebana* (die Kunst des Blumensteckens), *chanoyu* (die Teezeremonie) oder japanische Tänze. In dieser Phase galten das Blumenstecken und die Teezeremonie als wichtige Bestandteile japanischer Auslandsbesuche. Die japanische Sprache im Ausland wurde jedoch nicht gefördert, da sich viele allzu gut an die Ereignisse in Asien vor dem Krieg erinnerten und den japanischen Sprachunterricht immer noch mit den imperialistischen Bestrebungen des Landes in Verbindung brachten.

In der nächsten Phase, bis in die 70er Jahre hinein, verschob sich der Schwerpunkt dahin, Japan als ein wirtschaftlich hochentwickeltes Land darzustellen. Bilder von *Shinkansen*-Hochgeschwindigkeitszügen und andere Symbole für den hohen Grad an technologischer Entwicklung wurden in kulturellen Austauschprogrammen hochgehalten.

Im Laufe der 70er Jahre schließlich begann sich in Japan eine entschlossenere und positivere Form der Kulturdiplomatie durchzusetzen, wovon unter anderem die Gründung der Japan Foundation 1972 zeugt. Das Land scheute sich nicht mehr, die internationale Gemeinschaft auch mit den Errungenschaften seiner traditionellen Kultur vertraut zu machen, wie dem *Kabuki*- oder dem *Nō-Theater*. Mit dem Wachstum der japanischen Wirtschaft stieg auch das Interesse anderer Länder an den Lebensformen und Traditionen, die zu diesem rapiden Wirtschaftswachstum führten. In dieser Phase begann das Land, Japanstudien in anderen Ländern zu unterstützen, und überwand auch die Bedenken gegen eine Förderung der japanischen Sprache im Ausland.

Im dritten Entwicklungsschritt, also vor allem in den 80er Jahren, war die Kulturdiplomatie eine der drei Säulen von Japans Beitrag zur internationalen Gemeinschaft – neben der Entsendung von Friedenstruppen und Fördermaßnahmen zur wirtschaftlichen Entwicklung anderer Länder. Die Kulturdiplomatie wurde als ein Instrument gesehen, mit dem Japan die internationale Gemeinschaft bereichern konnte, indem es seine Kulturgüter mit ihr teilte. In dieser Phase stand neben dem kulturellen Austausch die kulturelle Zusammenarbeit im Vordergrund. Schwerpunkt war der Erhalt des Kulturerbes von Entwicklungsländern, und die Förderung der Menschen in diesen Ländern, das japanische Wirtschaftssystem studieren und die Sprache erlernen zu können.

In den späten 80ern und frühen 90ern kamen „revisionistische“ Theorien über Japans angebliche wirtschaftliche Bedrohung auf: Die Besonderheiten des Landes trügen zu seinem bemerkenswerten wirtschaftlichen Aufschwung bei, und der Rest der Welt müsse diese „Gefahr“ eindämmen. Viele Japaner sahen derartige Ansichten als Beweis dafür, dass Europa und die USA sich von der Wirtschaftsmacht Japan bedroht fühlten. Eine wichtige Aufgabe der Diplomatie bestand somit darin, solchen Vorstellungen entgegen zu wirken.

In dieser Zeit zielte auch ein bedeutenter Teil der japanischen Kulturdiplomatie auf Asien. Es wurden immer mehr Stimmen laut, die eine größere kulturelle und intellektuelle Präsenz Japans in der Region forderten. Das Land, vor allem die japanische Wirtschaft, gewann zwar zunehmend an Bedeutung für Asien, das Image aber war hauptsächlich von Marken wie Sony und Toyota geprägt. Die japanischen Werte und Ideen blieben dagegen für viele Asiaten ein Rätsel – was sich in der Kritik des „gesichtslosen Japans“ niederschlug. Daher waren Japans Außenpolitik wie auch die Kulturdiplomatie des Landes darauf ausgerichtet, dieses Bild zu korrigieren. Die Gründung des ASEAN-Centers in Japan (das den Einheimischen die Kultur und Traditionen der ASEAN-Mitgliedsstaaten nahebringen sollte) und das regionale Austauschprogramm für Ostasienstudien (das dem intellektuellen und wissenschaftlichen Austausch zwischen südostasiatischen Gelehrten dient) waren nur einige von Japans Antworten auf die Bedenken anderer asiatischer Länder hinsichtlich des wachsenden wirtschaftlichen Einflusses in Japans Region.

Das Land scheint jetzt ein neues Entwicklungsstadium erreicht zu haben, in dem sich die Japaner immer mehr bewusst werden, wie wichtig es ist, die internationale Gemeinschaft mit japanischem Gedankengut (und weniger dem Image) vertraut zu machen. Obwohl kulturelle Zusammenarbeit wichtig blieb, ist diese Phase vor allem durch das Bedürfnis der Japaner gekennzeichnet, der Welt ihre Ideen, Traditionen, ihre Weltanschauung und ihren Lebensstil zu präsentieren. Dahinter steckt keine nationalistische Gesinnung, ganz im Gegenteil: Diese Bemühungen basieren eher auf der Annahme, dass die wertvolle Kultur des Landes mit der ganzen Welt geteilt werden und nicht ausschließlich den Japanern vorbehalten sein sollte.

Diese neue Entwicklung stand ohne Zweifel im Zusammenhang mit einem veränderten Verhältnis Japans zum Rest der Welt. Im Laufe der 90er Jahre wurde Japan allmählich nicht mehr als wirtschaftliche Bedrohung und „sonderbare" Nation gesehen. Stattdessen setzte sich immer mehr das Bild eines kulturell entwickelten und innovativen Landes durch, vor allem in der Mode, der Filmindustrie und der Jugend- und Mangakultur.

Historisch gesehen ist diese Neuorientierung eng mit der Globalisierung und der veränderten Stellung Japans in der Welt verbunden. Die Globalisierung hat viele Barrieren für den internationalen Austausch abgebaut und das Bewusstsein von Staaten und Völkern für ihre kulturelle, ethnische und historische Identität gestärkt. Mit anderen Worten: Die Globalisierung hat zwar für ein größeres gemeinsames Bewusstsein und einheitlichere Standards gesorgt, gleichzeitig aber die Suche nach nationalen Identitäten und auch die Pflege von Kulturerbe vorangetrieben. Dies hat unweigerlich zu einem Wandel in der Kulturdiplomatie Japans geführt.

2.

Nach diesem Rückblick auf Japans Kulturdiplomatie sollen nun die Tendenzen in China und Südkorea untersucht werden. Generell kann man sagen, dass die Position Chinas heute ungefähr mit der zweiten Entwicklungsphase der japanischen Kulturdiplomatie vergleichbar ist. China möchte das Bild eines wirtschaftlich und gesellschaftlich entwickelten Mitglieds der internationalen Gemeinschaft vermitteln. Dies ist unter anderem an den Vorbereitungen für die Olympischen Spiele 2008 in Peking und die Weltausstellung 2010 in Shanghai zu erkennen. Kampagnen sollen die Verhaltensweisen der Bevölkerung in der Öffentlichkeit beeinflussen, etwa was das Spucken auf die Straße oder das Befolgen von Straßenverkehrsregeln betrifft.

Ein weiterer Aspekt ist Chinas Reaktion auf das wachsende internationale Interesse an der chinesischen Kultur, den Traditionen und der Geschichte angesichts des phänomenalen wirtschaftlichen Fortschritts der letzten Jahre. China ist heute bestrebt, seine Bräuche und Kultur weltweit zu zeigen, um das Verständnis für seine Weltanschauung und Traditionen zu erhöhen. Davon zeugen die Gründung des ersten Konfuziusinstituts in Seoul im Jahr 2004 und die derzeitigen Versuche, konfuzianische Moral und das entsprechende Gedankengut in der chinesischen Gesellschaft wiederzubeleben. In Zeiten, in denen die ganze Welt auf den wirtschaftlichen Aufschwung des Landes blickt, bemüht sich China darüber hinaus, in den Augen seiner internationalen Partner nicht mehr als „seltsames“ oder „fremdes“ Land zu gelten. Die Kulturdiplomatie hat also eine aktive und eine reaktive Komponente: Aktiv engagiert sich das Land – mit Blick auf die wachsenden wirtschaftlichen Verflechtungen – verstärkt im kulturellen Austausch mit anderen

Ländern. Die reaktive Komponente beinhaltet, dass die Kulturdiplomatie unmittelbar auf das wachsende globale Interesse an China antwortet.

Chinas Kulturdiplomatie berührt jedoch in Bezug auf Informations- und Meinungsfreiheit politisch sensible Fragen. Inwieweit diese grundlegenden Voraussetzungen für kulturellen Austausch mit dem herrschenden politischen System in China vereinbar sind, muss sich erst noch zeigen. Weniger kritisch erscheint, dass mit dem wirtschaftlichen Fortschritt der rein kommerzielle Kulturaustausch vor allem in Kino, Musik und darstellender Kunst zunimmt – wobei die Unterschiede in den politischen und wirtschaftlichen Systemen den Schutz geistigen Eigentums in China zu einem immer dringlicheren Problem machen. Schwierig allerdings gestaltet sich der Austausch in einigen nicht-kommerziellen Bereichen, in bestimmten literarischen Genres, im Theater und in der modernen bildenden Kunst.

China wird sich fragen müssen, wie es das Spannungsverhältnis zwischen politischer Kontrolle über das Kulturleben und dem Bemühen um globale Verbreitung des chinesischen Gedankenguts lösen will. Auslandschinesen, die in Taiwan, Singapur, in anderen südostasiatischen Ländern oder auch in den USA leben, könnten eine wichtige brückenbildende Rolle spielen und chinesische Kulturtraditionen im Ausland ohne Einschränkung vermitteln.

Auch Südkoreas Kulturdiplomatie ist mit dem Ende der zweiten japanischen Entwicklungsphase in den 60er und 70er Jahren vergleichbar. Auch Südkorea hat dabei gewisse Schwierigkeiten zu überwinden. Dazu gehört unter anderem die Frage, wie sich das Land von China und Japan so unterscheiden kann, dass seine Einzigartigkeit auch für westliche Länder deutlich wird. Viel brennender ist jedoch die Frage nach den Beziehungen zu Nordkorea. In der Vergangenheit standen die kulturellen Aktivitäten Südkoreas meist in einem Wettstreit mit dem nördlichen Nachbarn. Je stärker Südkorea das „Koreanische" seiner Traditionen betont, desto mehr kommen seine Verwandtschaft mit Nordkorea sowie die gemeinsame nationale und ethnische Identität zum Vorschein. Aus politischer Perspektive ist es für das Land jedoch notwendig und auch wünschenswert, sich deutlich von Nordkorea abzugrenzen.

Eine weitere Herausforderung, die in den nächsten Jahren auf Südkorea zukommt, besteht darin, die demokratischen Werte einer offenen Gesellschaft zur Grundlage seiner Diplomatie, politisch wie kulturell, zu machen. Zumal autoritäre Züge Südkoreas intellektuelles und künstlerisches Leben zuweilen noch prägen.

3.

Was kann man also lernen über die Ausrichtung der Kulturdiplomatie ostasiatischer Länder im 21. Jahrhundert, wenn man die Entwicklung Japans mit den derzeitigen Tendenzen in anderen ostasiatischen Staaten vergleicht? Hier könnte ein Blick auf die jüngsten Aspekte der japanischen Kulturdiplomatie hilfreich sein.

Diese baut traditionell auf drei Säulen auf: der Vermittlung der japanischen Kultur und der Förderung von Japanstudien im Ausland sowie des Japanischunterrichts. In letzter Zeit jedoch wird immer mehr das moderne Japan betont. Danach besteht der Schlüssel zur Betonung des positiven Bildes im Ausland und des gegenseitigen Verständnisses in der Verbreitung des neuen „coolen" Images des Landes, das vor allem auf Manga, Anime, Mode und Esskultur basiert.

In diesem Gemenge verschwimmen in Japan zunehmend die Grenzen zwischen der Kulturdiplomatie und der Wirtschafts- und Handelspolitik. Dieser Trend zeichnet sich auch bei den medial verwertbaren Inhalten, in der sogenannten Inhalteindustrie, ab (*Content Industries*). Eine Begleiterscheinung des Wirtschaftsaufschwungs im Fernen Osten ist die Genese einer ostasiatischen Kulturgemeinschaft, in der sich die Menschen über Staatsgrenzen hinweg an südkoreanischen Filmen, japanischem Fernsehen und chinesischer Musik erfreuen. Bestimmte Formen des Kulturaustausches, die früher von Regierungsbehörden gelenkt wurden, werden nun gänzlich kommerziellen Akteuren überlassen. Praktisch zum ersten Mal in der Geschichte tauschen nicht nur europäische und nordamerikanische Länder ihre Kulturgüter und kulturellen Leistungen, sondern auch die Länder Asiens.

Es gibt ein anderes Merkmal japanischer Kulturdiplomatie, das erwähnenswert ist: die Idee, dass der Kulturaustausch das friedliche Zusammenleben von Völkern begünstigen kann. Über gemeinsame kulturelle Erfahrungen, so hofft man, können auch Bevölkerungsgruppen zueinander finden, zwischen denen krasse ethnische Konflikte bestehen – welche sogar das Potenzial für internationale Auseinandersetzungen bergen – und zwischen denen die Kommunikation vollkommen zusammengebrochen ist. Ein Beispiel ist das Programm „Jugend für den Frieden", das von der Organisation Peace Kids Soccer ins Leben gerufen wurde. Hier wird der Grundstein für ein gegenseitiges Verständnis zwischen israelischen und palästinensischen Kindern gelegt, indem sie zu einem Besuch nach Japan eingeladen werden, wo sie zusammen wohnen und Fußball spielen und gleichzeitig eine völlig andere Kultur kennenlernen. Ein weiteres Projekt bringt – vor dem Hintergrund des jahrelangen Kaschmir-Konflikts – Schriftsteller, Künstler und Verleger aus Indien und Pakistan sowie Japan in einem dritten Land zusammen: in Nepal, wo sie gemeinsam Bilderbücher für Kinder erstellen, um den Frieden und das gegenseitige Verständnis zu fördern.

Ein weiteres Beispiel ist der kulturelle Austausch als ein Instrument im Wiederaufbau von Gebieten, die durch Konflikte zerstört wurden. Der wichtigste Aspekt ist in diesem Fall, dass die betroffenen Menschen wieder erkennen, dass sie stolz auf ihr Land sein können. So führte die Japan Foundation ein Projekt durch, in dem 13 Töpfer aus der afghanischen Region Istalif, die seit jeher für ihre Töpferkunst bekannt ist, zu einem Besuch nach Japan eingeladen wurden. Hier hatten sie die Möglichkeit, einheimische Töpfertechniken kennenzulernen. Das Ziel des Projekts war, die Handwerker aus Afghanistan dabei zu unterstützen, die Tradition ihres Dorfes wiederzubeleben und gleichzeitig japanische Traditionen kennenzulernen. Vor demselben Hintergrund wurde im Februar 2004 auch die irakische Fußballnationalmannschaft zu einem Freundschaftsspiel gegen Japan eingeladen, eine Initiative, die den Stolz der Iraker auf ihre Nation wiederaufbauen sollte.

4.

Die beschriebenen Projekte können als Beispiele für die Anwendung der sogenannten „Soft Power" („sanfte Machtausübung") in Politik und Wirtschaft gesehen werden. Was aber versteht man unter Soft Power, und wie sind diplomatische Bemühungen der Politik in Asien unter diesem Aspekt zu sehen? Zunächst muss der Begriff selbst neu definiert werden. Er wurde ursprünglich von Joseph S. Nye geprägt, der „Soft Power" als eine Form der Machtausübung sieht, die weder militärischer noch wirtschaftlicher Natur ist. Danach erfuhr der Begriff jedoch einen Wandel, sodass er schließlich jede Art der nicht-militärischen Machtausübung bezeichnete, was zu viel Verwirrung über den Sinn des Wortes „soft" führte. „Hard Power" bedeutet für Nye jede Art der Machtausübung mittels Zwang, von der Anwendung diverser Druckmittel bis hin zu Drohungen. Als „Soft Power" bezeichnet er Methoden, mit denen Menschen ermutigt werden, Dinge aus eigenem freiem Willen heraus zu akzeptieren.

Nyes Definitionen weisen jedoch Schwachstellen auf. Wenn Zwang oder Drohungen in Verbindung mit Soft Power verwendet werden, gibt es ein Problem. Dann nämlich kommt es darauf an, ob man die Situation aus der Perspektive des Machtausübenden oder der unter Druck gesetzten Partei betrachtet. Unabhängig davon, ob der Machtausübende nun tatsächlich Druckmittel anwendet oder droht, entsteht in diesem Fall auf der anderen Seite unweigerlich der Eindruck von Zwang oder Nötigung. So üben die USA oft politischen Druck auf andere Staaten aus, wenn es darum geht, dass sie zur Unterstützung amerikanischer Militäreinsätze überredet werden sollen, was aus deren Blickwinkel durchaus als Diktat oder Drohgebärde gesehen werden kann.

Von „Soft Power“ wird gewöhnlich im Zusammenhang mit Werten und Kultur gesprochen. Wenn man jedoch Soft Power und militärische bzw. wirtschaftliche Macht gegenüberstellt, müsste dann nicht auch der Technologie eine größere Bedeutung beigemessen werden? Natürlich könnte man sagen, dass die Technologie ein Teil der wirtschaftlichen Macht ist oder dass die Militärtechnik zur militärischen Macht gehört. Welchen Stellenwert aber nimmt die Technologie hinsichtlich der wichtigsten Aspekte von Soft Power wie Kultur und Ideologie ein? Diese Frage muss eingehend unter Berücksichtigung der Produktionsfaktoren Technologie, Arbeit und Kapital betrachtet werden.

Viele Missverständnisse um den Begriff „Soft Power“ entstehen auch, weil oft nicht klar ist, wer oder was tatsächlich die Macht ausübt. Üblicherweise spricht man von Macht im Zusammenhang mit Staaten, Regierungen oder Behörden. Soft Power würde jedoch nach einigen Auffassungen besser zu Nichtregierungsorganisationen oder zivilgesellschaftlichen Vereinigungen passen. Allerdings unterscheiden sich Nichtregierungsorganisationen insofern von Staaten, als sie nicht über die nötigen wirtschaftlichen oder staatlichen Machtinstrumente verfügen, um andere dazu zu zwingen, ihre Anliegen zu unterstützen. Daher sollte man in diesem Zusammenhang vorsichtig mit dem Begriff „Macht“ umgehen. Nichtregierungsorganisationen sollten nicht als Machtausübende gesehen, sondern eher als Akteure betrachtet werden, die indirekt Einfluss nehmen, indem sie die öffentliche Meinung prägen – die wiederum Auswirkungen darauf hat, in welcher Art und Weise ein Staat Macht ausübt.

Erstaunlich ist, dass gerade diese Art der Soft Power in Ostasien praktisch seit 1.000 Jahren angewandt wird. Im Chinesischen spricht man von *gongxin*, was wörtlich „die Gedanken angreifen" bedeutet. China hat immer schon versucht, seinen Einfluss in den benachbarten Gebieten mit Hilfe von Soft Power anstelle von „Hard Power" zu verstärken. Das Land strebt seit langem danach, als ein Zentrum der Zivilisation angesehen zu werden, und seine Nachbarländer sollten die Errungenschaften dieser Zivilisation sehen, übernehmen und anpassen, sodass Chinas Einfluss in diesen Gebieten fest etabliert wird.

Der Ausübung von Soft Power in Asien stehen jedoch mindestens zwei Hindernisse im Weg. So reagieren Chinas Nachbarn zunehmend beunruhigt, weil sie sich des wachsenden Einflusses von Chinas Soft Power immer bewusster werden. Daher könnte es für das Land vorteilhaft sein, die Verbreitung seiner Kultur in diesem Teil der Welt ein wenig zurückhaltender zu betreiben.

Ein wesentlich ernsteres Problem ist darin zu sehen, dass die lange Tradition von Soft Power in Ostasien die Länder dieser Region (einschließlich China) sehr sensibilisiert hat gegenüber der „scheinheiligen" Verwendung von Soft Power seitens westlicher Staaten. Im Verlauf der ostasiatischen Geschichte wurde christliches Gedankengut neben weiteren Aspekten „westlicher" Technologie und Zivilisation oft als ein wichtiges Element der Aufklärung gesehen. Heute ist in einigen Teilen Asiens festzustellen, dass es nicht unbedingt leicht fällt, die sogenannten westlichen Vorstellungen von Menschenrechten und Demokratie mit dem traditionellen Verständnis dieser Werte in Einklang zu bringen.

Unter asiatischen Gelehrten und Politikern gab es eine sehr intensive Debatte über die mögliche Existenz einer „asiatischen" Ausprägung der Menschenrechte und Demokratie. Diese Diskussion brachte wenig Ergebnisse, und so werden heute die Menschenrechte und Demokratie im Allgemeinen als universelle Werte gesehen. Trotzdem führen insbesondere China, aber auch andere ostasiatische Staaten, immer wenn diese Themen politische oder diplomatische Missstimmung hervorrufen, einen Rundumschlag gegen die Idee „universeller Werte“. Möglicherweise ist es also notwendig, den Begriff der Soft Power von nationalstaatlicher Macht zu trennen.

Die Auffassung, dass Kultur eine Art Macht darstellt, muss folglich neu bewertet werden. Der Begriff „Soft Power“ findet seinen Nutzen nicht in der Machtausübung durch den Staat, sondern eher in der Anwendung durch Menschen, die sich kulturell und religiös oder in der Bildung engagieren, um das gemeinsame globale Bewusstsein zu stärken und die Kreativität zu fördern. Letztlich ist es notwendig, die Akteure der internationalen Kulturdiplomatie und des kulturellen Austausches innerhalb der internationalen Gemeinschaft ebenso neu zu definieren wie das Konzept der „Soft Power“.

Wo ist Chinatown?

EDUARD KÖGEL

In der allgemeinen Wahrnehmung verbindet man Chinatown in Nordamerika oder in Südostasien mit klar umgrenzten historischen Stadtquartieren und eigenen Bautypen wie etwa dem Shophaus, in dem gearbeitet und gewohnt wird. Das Bild dieser Quartiere, geprägt durch Filme wie „Chinatown" von Roman Polanski, befindet sich jedoch im Wandel und gewinnt an Bedeutung für Europa.

Das Ende der großen ideologischen Konfrontation zwischen Ost und West sowie die Globalisierung zum Ausgang des 20. Jahrhunderts brachten viele Veränderungen mit sich. Neben den Nationalstaaten etablierten sich Global Citys und Metropolregionen, die in einem globalen Netzwerk parallele Strukturen ausgebildet haben.[1] In der entstehenden multipolaren Welt kam zu den großen transatlantischen Verbindungen zwischen Nordamerika und Europa vor allem der Wirtschaftsraum am Pazifik Rim hinzu, mit neuen Metropolen wie Vancouver, Los Angeles, Tokio, Singapur und Hongkong. Die chinesische Entwicklung brachte die Jangtze-Delta-Region mit Shanghai, die Bohai-Region um Peking und Tianjin sowie das Perl-fluss-Delta, das nun Hongkong unterstützt, in das Netzwerk ein. Die Zentren in China profitieren massiv vom wirtschaftlichen Wachstum und entkoppeln sich zunehmend vom landwirtschaftlich geprägten Hinterland.

Der Soziologe Manuel Castells schrieb Mitte der 90er Jahre in seinem Buch über die Netzwerkgesellschaften, dass die südchinesische Metropolis am Perl-fluss-Delta ein repräsentatives Abbild der Urbanisierung im 21. Jahrhundert gibt.[2] Doch welche Struktur hat sich dort konkret herausgebildet, und durch welche Faktoren wird diese bestimmt? Gibt es in Europa eine neue Chinatown, und wenn ja, wie sieht diese aus?

Die chinesische Urbanisierung ist geprägt von einer Überlagerung formeller und informeller Entwicklungen, bei denen oft die einen nicht ohne die anderen existieren können.[3] Die Produktion ist auf billige Arbeitskräfte in einem verlässlichen Netzwerk ebenso angewiesen wie auf effiziente Vermarktung und Vertrieb. Deshalb werden besonders Wanderarbeiter mit ihren Verwandtschaftsbeziehungen und Gruppenzugehörigkeiten immer wichtiger. Die Stadtbevölkerung hat deren billige Dienstleistungen in ihren Wirtschaftskreislauf integriert, so dass eine Abhängigkeit entstanden ist, in der beide Seiten voneinander profitieren. Auch wird die physische Struktur der Stadt für rein merkantile Interessen genutzt. In den Zentren verbünden sich mithin Kapital, Produktion, Arbeitskräfte und Infrastruktur zu weitreichenden informellen Netzwerken.

Doch was hat das mit uns zu tun? Die Globalisierung der Arbeitsprozesse mit der Auslagerung der Produktion und flexiblem Kapitalfluss zog eine Emigration nach sich, die zunehmend auch auf europäische Zusammenhänge wirkt. Es etablieren sich neue Gruppen in der Gesellschaft, die Nischen im Arbeitsprozess oder Lücken in den Gesetzen kreativ für eigene Zwecke nutzen können.

Eine dieser Gruppen sind die chinesischen Emigranten, die ab 1989 nach Europa gekommen sind. Sie nutzten zum Beispiel Phasen der Legalisierung in Ungarn oder der Umstrukturierung der Produktion in Italien, um sich zu etablieren. Jedoch emigrierten nicht ganze Familien, sondern oft nur einzelne Personen, die sich mit Familienmitgliedern in anderen Ländern und den in der Heimat verbliebenen Angehörigen zu einem Netzwerk verbunden haben. Dadurch bleiben die Geschäftsbeziehungen innerhalb der Verwandtschaft und gleichzeitig die Strukturen mobil. Wird zum Beispiel die Aufenthaltsgenehmigung in Ungarn zum Problem, könnte eine bevorstehende Amnestie für illegale Einwanderer in Italien neue Perspektiven bieten. Verlagert sich eine Produktion aufgrund der Kosten von einem Land ins nächste, folgen die Geschäftsleute. Per Internet und Mobiltelefon sind sie jederzeit mit den daheimgebliebenen Partnern verbunden. Die chinesischen Emigranten definieren sich über ihre ethnische Zugehörigkeit, die durch das familiäre Netzwerk nicht mehr an einen bestimmten Ort gebunden ist. Das Forscherteam Breidenbach und Pal nennt sie „Protagonisten einer chinesischen Globalisierung, die sich mit der westlichen nur partiell überlappt".[4]

Beispiel Ungarn

1988 begann alles mit einem neuen Reiseabkommen zwischen Ungarn und China. Der Visumzwang wurde aufgehoben, und nach den Ereignissen von 1989 auf dem Platz des Himmlischen Friedens in Peking kamen innerhalb von drei Jahren 40.000 Chinesen nach Ungarn, die meisten nach Budapest.[5] 1992 wurde das Visum wieder eingeführt, und der Staat verweigerte oft die Verlängerung der Aufenthaltsgenehmigung. Das führte zur Weiterwanderung in andere europäische Staaten oder bisweilen auch zum illegalen Aufenthalt. In Ungarn verblieben 1999 laut Pal 10.000 Menschen chinesischer Herkunft. Andere Quellen sprechen heute von bis zu 60.000, wobei sich die tatsächliche Größe wohl nicht ermitteln lässt.[6] Hier soll auch nicht die konkrete Zahl interessieren, sondern die Frage, wie diese Emigranten leben und arbeiten. Entsteht eine neue Chinatown, und entspricht sie den medial geprägten Vorstellungen?

Budapest wurde in den 90er Jahren schnell zu einem der wichtigsten Handelsplätze zwischen China und Zentraleuropa. 2005 existierten 3.500 kleine und mittlere Unternehmen, die zwischen der Europäischen Union und der Asien-Pazifik-Region Handel trieben.[7] Analysiert man Medienberichte über die chinesischen Emigranten in Budapest, so fällt auf, dass fünfzehn Jahre nach der ersten Wanderungswelle noch wenig Informationen über die physische Auswirkung auf die Stadt vorlagen. Deshalb hat sich ein lokales Forscherteam 2006 für die Architekturbiennale in Venedig dieser Frage gewidmet.[8]

Das Team wich bei der Untersuchung auf die allgemeine Formulierung „ostasiatische Emigranten" aus, da die unterschiedlichen Nationalitäten in der allgemeinen Wahrnehmung oft nicht differenziert werden und weil in den sogenannten „Chinamärkten" auch Vietnamesen oder andere asiatische Nationalitäten vertreten sind. (Daher rühren möglicherweise die stark variierenden Angaben zur Zahl der chinesischen Emigranten.)

Da es in Budapest keine abgegrenzte Chinatown gibt, untersuchte das Forscherteam die wichtigsten Bausteine asiatischer Präsenz. Neben Märkten und Markthallen sind vor allem Restaurants Knotenpunkte in einem ansonsten über die Stadt verteilten losen Netzwerk. Die Hauptaktivitäten Handel und Versorgung werden durch kleinere Unterhaltungseinheiten wie Karaokebars und Casinos komplettiert. Für den Handel nutzen die Emigranten alte Industriebauten und Bahnanlagen, die aus der vormaligen Nutzung gefallen sind. Mit minimalen Investitionen und einfachsten Materialien realisieren sie temporäre Lösungen, die schnell wieder verschwinden können. Auch die chinesischen Restaurants und Läden sind mit anspruchslosen Mitteln für die vorgesehenen Zwecke ausgestattet. Nach der Untersuchung für die Biennale zeigte sich, dass sie gleichmäßig über die Stadt verteilt sind. Einige Lampions, chinesische Schriftzeichen und einfache Dekorationselemente verweisen auf die Nutzung und die Nutzer. Um- oder Ausbauten, die mit größerem Aufwand verbunden sind, werden meist unterlassen. Unsichtbar bleiben die Lebenswelt und die öffentliche Präsenz als Gruppe im Stadtraum. Zwar konnte das Team für die Ausstellung einige Gebiete um die größten Märkte als Wohngebiete der asiatischen Emigranten vage ausmachen, aber sonst blieb ihnen die private Welt verschlossen. Sicher ist nur, dass es eine Chinatown im räumlichen Sinne nicht gibt.

Der wichtigste sichtbare Aspekt für ihre Existenz bleibt deshalb der Handel. Er konzentriert sich an einigen Orten, an zentralen Punkten, wie am sehr bekannten Vier-Tiger-Markt in der Josefstadt. Die kleinen Marktstände sind unaufwändig ausgestattet, und nach Feierabend werden die Boxen mit Metalltüren verschlossen. Sie formen Gassen, die, mit transparenten Plastikelementen, Wellblech oder Folien abgedeckt, notdürftigen Witterungsschutz bieten und in dieser Form ohne Weiteres auch in einer chinesischen Kleinstadt zu finden sind. Pappkartons auf dem Boden überdecken Pfützen. Die angebotenen Massenartikel und Textilien werden auf selbst gebastelten Tischen dargeboten. Als Lager dienen auf dem angrenzenden Bahngelände alte Container, die den transitorischen Charakter verstärken. Gegenüber dem Vier-Tiger-Markt befinden sich alte Fabrikhallen, in denen sich bereits eine geordnete, vor Witterung geschützte Marktstruktur etabliert hat.[9]

Die großen Umsätze auf dem Vier-Tiger-Markt und sein schlechter infrastruktureller Zustand veranlasste österreichische Investoren zum Bau eines Asia-Centers. Die klobige Shoppingmall am Stadtrand kostete 200 Millionen Euro. Auf 118.000 Quadratmetern sind 400 Händler untergebracht, und die Betreiber denken bereits über eine Erweiterung nach. Die Mall ist von Parkplätzen umgeben, hat eine Bushaltestelle vor der Tür, und in den kleinen Läden kann man Textilien, Porzellan, Schuhe und Elektronik kaufen. Im Gegensatz zum Vier-Tiger-Markt ist das Asia-Center sauber und mit hochwertigem Fußboden ausgestattet.[10]

Wie die China Daily am 18. Januar 2006 meldete, versucht nun auch das chinesische Handelsministerium an diesem Markt zu partizipieren. Das geplante „China-Brand-Trade-Center“ mit

200.000 Quadratmetern für Läden, Restaurants und Lagerflächen soll eine Milliarde US-Dollar kosten. Und weitere Konkurrenz entsteht im benachbarten Bukarest, wo private Investoren eine Chinatown planen, die in der gleichen finanziellen Größenordnung neben kommerziellen Flächen auch einen Wohnpark anbieten will. Der „Red-Dragon-Mega-Shop" mit 1.500 Einheiten ist bereits fertiggestellt, die Wohn- und Bürokomplexe sollen bis 2013 realisiert sein.[11]

Beispiel Italien

Im Jahr 2007 sind offiziell 128.000 Chinesen in Italien gemeldet. Dazu gibt es eine unbekannte Zahl an nicht registrierten Einwanderern. Informationen über die tatsächliche Anzahl gibt es keine, aber eine Annäherung bieten die Legalisierungen bei den regelmäßigen Amnestien: Waren es 1990 noch 8.300 Chinesen, so erhöhte sich ihre Zahl im Jahr 1996 auf 14.400 und bei der Amnestie von 1998 auf 16.800 Menschen. Daraus lässt sich ein Trend erkennen, der bei Amnestien vor allem in den südeuropäischen Ländern wie Spanien bestätigt wird.[12]

Die Chinesen in Italien konzentrieren sich in Städten wie Neapel, Rom und Mailand, aber auch in der Kleinstadt Prato nahe Florenz. In dieser kleinen Textilstadt mit zirka 180.000 Einwohnern leben 24.000 Menschen chinesischer Herkunft, die über 2.000 Kleinbetriebe gegründet haben. Die Ersten kamen Anfang der 90er Jahre und investierten in die Textil- und Modeindustrie. Mit kleinen, flexiblen Strukturen, die sich der europäischen Regulierung tendenziell entziehen, konnten sie als Zulieferbetriebe die Bedingungen der chinesischen Textilindustrie nach Italien übertragen: minimale Arbeitsschutzrechte und maximale Arbeitsbelastung. Hinzu kommt, dass die Angestellten überwiegend in den Werkhallen wohnen und essen.[13]

Wie bereits für Budapest beschrieben, gibt es auch in Prato keine eigene Bauaktivität. Die Emigranten übernahmen bestehende Familienbetriebe oder etablierten sich in den Industriegebieten vor der Stadt. Conrad Lay hat für das Radio ein ausführliches Feature über die Chinesen in Prato erstellt.[14] Er begleitete den Stadtrat für Einwanderung auf einem Rundgang durch die Stadt. Neben den allgemeinen Themen gibt das Feature auch vereinzelte Einblicke in die Lebens- und Arbeitswelt der Menschen. In einem Quartier mit unscheinbaren älteren zwei- bis dreigeschossigen Gebäuden liegen hinter Hofeinfahrten und Türen die ehemaligen Familienbetriebe, die von chinesischen Unternehmern gekauft wurden. Wie in Budapest wird ihre Präsenz nur an den Dekorationen und Neonschildern für Restaurants und Dienstleistungsbetriebe deutlich. In der Regel arbeiten die Menschen im Erdgeschoss und wohnen im Obergeschoss. Die Betriebe an sich sind recht klein, mit kaum einem Dutzend Angestellten. Doch haben sie Zugriff auf bis zu zweihundert „Selbstständige", die im Bedarfsfall aktiviert werden können.

Wenn die Konkurrenz härter wird, etwa durch Importe aus China, löst dies eine neue Wanderbewegung aus, und die Betriebe verlagern sich in andere Länder wie zum Beispiel Portugal.[15] In der Nähe von Porto haben sich 400 Chinesen in einem Industriepark eingerichtet und etablierten ein Handelszentrum, das Portugal und Teile Spaniens beliefert.[16] Oder es eröffnen neue Märkte mit neuen Bedingungen, wie jetzt in Polen, wo in der Bauwirtschaft 150.000 billige Arbeitskräfte fehlen, die durch angeworbene Chinesen ersetzt werden sollen.[17]

Wie die Beispiele zeigen, konstituiert sich Chinatown heute nicht mehr über abgegrenzte Stadtstrukturen, sondern über flexible Netzwerke, die Nischen besetzen. Sie entsteht dezentralisiert mit minimalen temporären Konstruktionen. Sie zeichnet sich durch hohe Mobilität und ein informelles Erscheinungsbild aus. Die Netzwerke sind kosmopolitisch orientiert und verorten sich über ihre ethnische Herkunft. In ihnen überlagern sich formelle und informelle Strukturen, legale und illegale Aktivitäten ergeben eine hybride Situation, die Peter Lang zu der provozierenden Aussage veranlasste: „Chinatown is everywhere".[18] Aber auch Investoren wollen an den neuen Handelsbeziehungen teilhaben und bauen eine symbolische Chinatown auf der grünen Wiese, die in erster Linie aus Einkaufszentren besteht.

Was bedeutet dies für unsere Städte und unsere Gesellschaft? Die beiden Philosophen Gilles Deleuze und Félix Guattari sprachen von der „Epoche der Minderheiten", die durch ihr Verhalten und ihre Aktivitäten neue Bedingungen schaffen, die wiederum die Mehrheit beeinflussen.[19] Ihr Begriff von rhizomatischen Strukturen, die sich in einem verflochtenen System flexibel vernetzen, lässt sich auch auf das Netzwerk der chinesischen Emigranten übertragen. Hier wird deutlich, wie Minderheiten ökonomisch und gesellschaftlich die bestehende Struktur für sich nutzen und damit neue Realitäten erschaffen können.

Wie oben dargestellt, etablieren sich in Europa zunehmend informelle Stadtstrukturen, die zuvor als typisch für die Entwicklungsländer galten. Die Metropolis der Zukunft, die Manuel Castells in Südchina fand, könnte also schon bald auch hier das Bild der Stadt mitbestimmen.

Und Deutschland?

In Deutschland gab es vor dem Zweiten Weltkrieg ebenfalls kleine Stadtviertel in Hamburg und Berlin, in denen einige hundert Chinesen wohnten; diese Quartiere wurden dann Chinatown genannt. Anfang der 30er Jahre lebten rund 2.000 Chinesen in diesem Land, aber sie wurden unter den Nationalsozialisten verfolgt, einige in Konzentrationslagern interniert, andere konnten ins Ausland flüchten.[20] Heute leben über 70.000 Chinesen in Deutschland, davon 5.000 in Berlin und 3.000 in Hamburg. Über 60 Prozent kamen in den letzten vier Jahren. Dennoch ist keine Chinatown in Sicht, auch wenn nun Investoren versuchen, in Oranienburg die disneyfizierte Touristenvariante einer traditionellen chinesischen

Kleinstadt auf dem platten Land zu bauen. 2.000 Chinesen werden dafür noch gesucht.[21]

Allein das rasante Wachstum dieser asiatischen Bevölkerungsgruppe in Europa wirft allerdings die Fragen der Integration auf, die schon im Zusammenhang mit den muslimisch geprägten Gemeinschaften so viele Schwierigkeiten bereiten. Das temporäre Mini-Chinatown, das der Künstler Ai Weiwei auf der Documenta XII im Sommer 2007 in Kassel installiert hat, gibt für eine kurze Zeit Einblick in die uns oft fremde Welt. Bei seinem Projekt „Fairy Tale", für das über einige Wochen insgesamt 1001 Chinesen jeweils für eine Woche nach Kassel kamen, sind die Gruppenunterkünfte mit eigener Küche in einer ehemaligen Fabrikhalle untergebracht.

Was hier in einem Kunstprojekt transparent gemacht wird – die Individualisierung der scheinbar uniformen Masse, das andere Verhältnis von persönlicher Nähe und Distanz, gemeinschaftliche Essformen oder generell ein für uns fremdes Sozialverhalten –, deutet jedoch nur an, dass es zukünftig auch um die Frage der Akzeptanz dieser „anderen" Lebensformen gehen wird. Dabei ist es unerlässlich, die Gemeinsamkeiten und Differenzen in einem öffentlichen Dialog zu untersuchen. Und wir müssen anerkennen, dass sich neben den bekannten Emigrantengruppen auch eine chinesische Gemeinschaft in Europa etabliert hat, die die Strukturen unserer Städte mit beeinflusst und jenseits von „Multikulti" größere Aufmerksamkeit verdient.

Anmerkungen

1 Sassen 1996.

2 Castells 1996.

3 Kögel 2004.

4 Breidenbach und Pal 2005.

5 Pal 1999.

6 Schmidt-Häuer 2000.

7 Godfrey 2005.

8 Nemes 2006.

9 Dupe 2006.

10 www.wieninternational.at/de/node/1892.

11 Smadeanu 2006.

12 Laczko 2003.

13 Breidenbach und Pal 2001; Meiler 2005.

14 Lay 2006.

15 Pisacane 2005.

16 Schröder 2006.

17 Krohn 2007.

18 Lang 2003.

19 Deleuze und Guattari 1992.

20 Yü-Demski 2000.

21 Litschko 2007.

Literatur

Breidenbach, Joana, und Nyiri Pal. „Die Tiger an der Donau". *Geo* 10 2005. 148–153.

Breidenbach, Joana, und Nyiri Pal. „Unerwünscht aber wertvoll". *Brand eins* 8 2001. 110–111.

Castells, Manuel. *The Rise of the Network Society*. Oxford und Cambridge 1996.

Deleuze, Gilles, und Félix Guattari. *Tausend Plateaus. Kapitalismus und Schizophrenie*. Berlin 1992.

Dupe, Jan. „Budapest. Europäischer Brückenkopf für Chinesen". *Stuttgarter Zeitung* 21.11.2006 (online unter www.stuttgarter-zeitung.de/stz/page/detail.php/1294320, Download 10.5.2007).

Godfrey, Mark. „The Eastern Conundrum. New EU member states are seeking Chinese investment". *EuroBiz, Journal of the European Union Chamber of Commerce in China*. January 2005 (online unter

www.sinomedia.net/eurobiz/v200501/story0501.html, Download 10.5.2007).
Kögel, Eduard. „Informeller Urbanismus“. *Archplus* 168 2004. 52–55.
Krohn, Knut. „Arbeitskräftemangel. Polen holt sich nun in vielen Wirtschaftssektoren Chinesen ins Land“. *Die Presse* 20.4.2007 (online unter www.diepresse.at/home/wirtschaft/eastconomist/299002/index.do, Download 5.5.2007).
Laczko, Frank. „Europe Attracts More Migrants from China“. *Migration Information Source* 2003 (online unter www.migrationinformation.org/Feature/display.cfm?ID=144, Download 10.5.2007).
Lang, Peter. „Chinatown is everywhere“. *Architectural Design* (73) 5 2003. 8–15.
Lay, Conrad. „Wie aus Xu Qiu Lin ‚Signor Giulini‘ wurde. Die Chinatown von Prado“. *Deutschlandfunk* 22.8.2006 (Manuskript unter www.dradio.de/dlf/sendungen/feature/508619/, Download 7.5.2007).
Litschko, Konrad. „Glückskekse für Oranienburg“. *die tageszeitung* 24.4.2007. 23.
Meiler, Oliver. „Besuch aus Wen Zhou“. *Berliner Zeitung* 12.4.2005.
Nemes, Attila (Hrsg.). *Re:orient – migrating architectures.* Ausstellungskatalog. Budapest 2006.
Pal, Nyiri. „Transnationale Gemeinschaften. Die neue chinesische Emigration nach Ungarn“. *Transit, Europäische Revue* 17 1999 (online unter *Eurozine,* www.eurozine.com/articles/1999-10-18-nyiri-de.html, Download 5.5.2007).
Pisacane, Maximilian. „China setzt Textilwirtschaft in Italien unter Druck“. *europolitan* 23, 21.3.2005 (online unter www.europolitan.de/cms/?s=ep_dossier&did=7&aid=696&, Download 10.5.2007).
Sassen, Saskia. *Metropolen des Weltmarkts. Die neue Rolle der Global Cities*. Frankfurt und New York 1996.
Schmidt-Häuer, Christian. „Geheime Stadt an der Donau“. *Die Zeit* 37 2000. 9.

Schröder, Bernd. „Chinesen siedeln auch an der portugiesischen Atlantikküste“. *Telepolis* 11.11.2006 (online unter www.heise.de/tp/r4/artikel/23/23868/1.html, Download 7.5.2007).

Schweitzer, Kirsten. „Commercial Hub planned for Hungary“. *China Daily* 18.1.2006 (online unter www.chinadaily.com.cn/english/doc/2006-01/18/content_513173.htm, Download 10.5.2007).

Smadeanu, Ana-Maria. „Trading up with the east“. *The Diplomat* 2 (7) 2006 (online unter www.thediplomat.ro/features_0906_5.htm, Download 12.5.2007).

„Wiener China-Town in Budapest“. *Wieninternational* 29.11.2006 (online unter www.wieninternational.at/de/node/1892, Download 5.5.2007).

Yü-Demski, Dagmar. „Grundsätzlich unerwünscht …“. *Exil Shanghai. Jüdisches Leben in der Emigration 1938–1947*. Hrsg. Georg Armbrüster, Michael Kohlstrunk und Sonja Mühlberger. Teetz 2000. 201–213.

Die Zukunft der klassischen Musik liegt in Asien

DELFÍN COLOMÉ

Anfang der 80er Jahre fragte ein für seine traditionellen Ansichten bekannter französischer Musikkritiker den amerikanischen Komponisten John Cage in Paris: „Wie gelingt es Ihnen, in den Vereinigten Staaten zu komponieren – so fernab von den großartigen Schauplätzen des musikalischen Schaffens?" Er dachte dabei an Wien, Berlin und natürlich an Paris. Der geistreiche Cage antwortete ohne zu zögern: „Und Sie? Wie schaffen Sie es, immer noch in Europa zu komponieren – so nah an den großartigen Schauplätzen des musikalischen Schaffens?"

Ich habe oft über Cages Antwort auf diese provokative Frage nachgedacht. Seit fast zwölf Jahren arbeite ich als Diplomat in Asien und beschäftige mich in erster Linie mit der sogenannten „public diplomacy". Ich bin selbst Musiker, und John Cage hat für mich etwas Besonderes ausgedrückt, denn die westliche klassische Musik hat in Asien tiefgreifende Veränderungen durchlaufen, die ich intensiv verfolgt habe. Viele Menschen aus der westlichen Welt waren verblüfft über die Entwicklung. Das Phänomen wurde zunächst belächelt, dann mit zunehmender Neugier wahrgenommen und schließlich auch mit starker Beunruhigung, die jedoch meist nicht zum Ausdruck gebracht wurde.

Bereits seit einigen Jahrzehnten erlebt das westliche Publikum den Aufstieg hervorragender asiatischer Künstlerinnen und Künstler, die in einen Bereich vordringen, der traditionell nicht als der ihre betrachtet wird. Vorreiter waren zunächst Japan und Taiwan, später traten die Südkoreaner mit ungeahnter Intensität auf. Heute sind es die Chinesen.

Schauen wir uns die jüngsten Entwicklungen an. In der Saison 2006/2007 spielten zum ersten Mal in der 124-jährigen Geschichte der Metropolitan Opera in New York zwei Koreaner die Hauptrollen in „La Traviata“: Hei Kyung Hong als Violetta und Woo Kyung Kim in der Rolle des Alfredo. Im Juli 2007 debütiert Woo an der Royal Opera, Covent Garden in London als Herzog von Mantua in „Rigoletto“. Neben diesen beiden ausgezeichneten Künstlern zählen auch die chinesischen Sopranistinnen Liping Zhang und Hui He sowie der koreanische Bass Kwang Chul Youn derzeit zu den besten Opernsängern auf amerikanischen und europäischen Bühnen.

Aber nicht nur die asiatischen Sängerinnen und Sänger machen sich einen Namen in der westlichen Welt. Liang Wang ist erster Oboist des New York Philharmonic Orchestra, und die Chinesin Xiang Zhang übernahm dort erst kürzlich die Rolle der stellvertretenden Dirigentin. Der in Shanghai geborene Hae-Ye Ni ist erster Cellist des Philadelphia Orchestra. Außerdem haben zwei bedeutende amerikanische Orchester – in Chicago und Pittsburgh – stellvertretende Konzertmeister, die in China geboren sind. Auch die Werke von Komponisten wie Tan Dun, Zhou Long, Chen Yi oder Bright Sheng halten immer häufiger Einzug in die Repertoires.

Am Curtis Institute of Music in Philadelphia sind sieben von zwanzig hochbegabten Klavierstudenten Chinesen, also mehr als ein Drittel. Der Erfolg, den Lang Lang und hervorragende Pianisten wie Yundi Li, Sa Chen und Yuja Wang jetzt genießen, wird sicherlich anhalten.

Wirklich beeindruckend sind die Zahlen in China selbst: Dort gibt es zehn Millionen Violin- und dreißig Millionen Klavierstudenten. Etwa 200.000 Kandidaten bestehen jedes Jahr die Eignungsprüfung an den besten Konservatorien des Landes. Die Zahlen im Instrumentenbau spiegeln die steigende Nachfrage: Jährlich stellen 142 Werkstätten 370.000 Klaviere, eine Million Geigen und sechs Millionen Gitarren her (im Jahr 2003 waren es noch 87 Betriebe).

Diese explosionsartige Entwicklung der Musik kann sicher als Reaktion auf das Verbot der westlichen Musik verstanden werden, das Mao während der Kulturrevolution ausgesprochen hatte. Klassische Werke wurden als Ausdruck künstlerischer Empfindsamkeit der Bourgeoisie aufgefasst. In diesen dunklen Zeiten, deren Einfluss auf Kunst und Kultur Dai Sijie in seinem großartigen Roman „Balzac und die kleine chinesische Schneiderin" eindrücklich beschrieben hat, wurde den Chinesen die westliche Klassik gänzlich vorenthalten. Erst in den 80er Jahren konnten sie sich wieder mit ihr vertraut machen.

Als Li Lanling – als ehemaliger Bildungsminister und Mitglied des ständigen Ausschusses des Politbüros der Kommunistischen Partei „unverdächtig" – schrieb, „man kann kein wahrer Intellektueller sein, wenn man nicht die westliche Klassik versteht", war dies ein klares Zeichen, dass eine solche Haltung nun als politisch unverfänglich gewertet wurde. So konnte der ehemalige Präsident Jiang Zemin öffentlich eingestehen, dass ihm Mozarts Requiem nach dem Tod von Deng Xiaoping Trost gespendet hatte.

Heute betrachten chinesische Eltern die musikalische Erziehung ihrer Kinder als eine soziale und ökonomische Aufstiegschance, denn volle Konzertsäle zeigen, dass das Musikgeschäft ein wachsender Wirtschaftszweig ist. Es gibt jedoch noch andere Erklärungen für diesen erstaunlichen Trend. So gehen Chinesen in der Musik mit derselben Entschlossenheit und Energie und dem gleichen personellen Aufwand vor wie in anderen Bereichen. Auf diese Weise bewirken sie rasante Veränderungen, welche die soziale, politische, wirtschaftliche und kulturelle Entwicklung des Landes vorantreiben.

Aus persönlicher Erfahrung möchte ich zudem drei Faktoren anführen, die nicht nur auf China, sondern auf die meisten asiatischen Länder zutreffen, vor allem auf Ostasien: Sie verfügen über gute Musikschulen, die Menschen sind sehr fleißig und äußerst diszipliniert. Diese Merkmale spiegeln sich auch in dem internationalen Gesangswettbewerb, der von Liz Mohn, stellvertretende Vorstandsvorsitzende der Bertelsmann Stiftung, ins Leben gerufen wurde und ausgezeichnete Ergebnisse hervorgebracht hat.

Auffallend ist, dass Asiaten an einem Wert festhalten, der in der westlichen Gesellschaft langsam verschwindet: dem Ethos der Anstrengung. Im Westen bewundern wir Menschen, die auf einen Schlag ein Vermögen verdienen. Schnelles Geld ist ein Beweis für Intelligenz, und wir haben fast Mitleid mit Menschen, die hart für ihren Lebensunterhalt arbeiten müssen. Dem asiatischen Denken nach zahlt sich Anstrengung stets aus, und dies wird Kindern bereits in der Schule vermittelt. Die Ergebnisse sind – zumindest in der Musik – eindeutig und lohnend.

Drei weitere Aspekte haben den Vormarsch der westlichen klassischen Musik in Asien ebenfalls vorangetrieben. Zunächst ist der Einfluss der Moderne auf die asiatische Kultur von Bedeutung. Die Kreativität der Moderne ist in Europa durch einen evolutionären Prozess gereift; die Ästhetik entwickelte sich somit auf ganz natürliche Weise, nämlich als Ergebnis eines Strebens der westlichen Kultur selbst. In die asiatische Kultur wurde Modernität hinein-„importiert". Hier entstand die Modernität also nicht als Ergebnis eines inhärenten kreativen Schaffens, sondern durch externe Einwirkungen, die teilweise traumatischer Natur waren.

Diese Anomalie ist eindeutig auf den Einfluss der Kolonialmächte zurückzuführen: Sie schotteten die Kolonien von der Moderne ab und erstickten auch jegliches modernistische Streben im Keim. Die Kolonien sollten exotisch und ursprünglich bleiben, sodass man sie ansprechend auf den Weltausstellungen präsentieren konnte. In Paris war Debussy 1889 fasziniert von der Exotik eines ostasiatischen Gamelan-Orchesters, obwohl es im deutlichen Kontrast zur fröhlichen Modernität der westlichen Metropole stand.

Erst 1945, also nach dem Zweiten Weltkrieg, erreichte die Moderne als Teil der Entkolonialisierung auch Asien, allerdings über den künstlichen Weg des direkten Importierens oder als bloße Nachahmung des westlichen Modells. Dies schuf ein zusätzliches Problem, denn viele Asiaten sahen darin eine neue Form des Kolonialismus: den Neo-Kolonialismus. Nach ihrer Meinung versuchte der Westen erneut, ihnen kulturelle Formen überzustülpen, die zwar modern waren, aber im Gegensatz zu den traditionellen asiatischen Kunstformen standen. Diese jedoch waren wichtig, um die Bürgerinnen und Bürger der jungen Nationalstaaten in ihrem Identitäts- und Nationalempfinden zu bestärken. Das Ergebnis war paradox: Kurz nach ihrer Unabhängigkeit versuchten die asiatischen Staaten, ihre sozialen, politischen und wirtschaftlichen Strukturen zu modernisieren – zögerten aber bei der Modernisierung ihrer Kultur. Sie fürchteten eine neue Phase des Neo-Kolonialismus, der ihre eigenen, traditionellen Ausdrucksformen wieder zunichte machen würde.

Heute haben die asiatischen Künstler dieses Dilemma längst überwunden. So ist es etwa für einen philippinischen Maler nicht wichtig, typisch philippinische Bilder zu schaffen, sondern er möchte gute Bilder malen. Die Entwicklung ist vielversprechend, und ich bin überzeugt, dass die innovativen Künstlerinnen und Künstler der Region ihren eigenen Weg in die Moderne finden werden: Sie können gleichzeitig modern und authentisch sein.

Der zweite Aspekt ist eng mit dem ersten verknüpft und hängt damit zusammen, wie kreatives Schaffen in Asien traditionell entstand. Im westlichen Kulturkreis „tötet" jeder Künstler seinen Meister: Nach dem Besuch der Meisterklassen und mit den erworbenen Fähigkeiten treten wahre Künstler in einen Wettbewerb mit demjenigen, von dem sie gelernt haben. Das Ergebnis ist eine permanente Erneuerung der Ästhetik und eine fortlaufende Bewegung. Verschiedene Schulen und Strömungen lösen einander ab, den Vorgängern wird widersprochen, und sie werden entkräftet.

In Asien ist es genau umgekehrt: Über Jahrhunderte haben die Schüler ihre Meister nachgeahmt, denn nur über die Imitation war es möglich, selbst zum Meister zu werden, also ganz oben auf der sozialen Leiter zu stehen und ein Höchstmaß an Respekt zu genießen. In Asien lag der Schwerpunkt also von jeher weniger auf Verjüngung, das Schlagwort für den Fortschritt der westlichen Kunst, sondern auf Kontinuität.

Dieser Prozess hat sich in den letzten Jahrzehnten grundlegend gewandelt. Wo es zu einem Bruch gekommen ist, zeigen asiatische Künstler eine große Innovationsfähigkeit – und diese ist ein wichtiger Faktor in Asiens rasantem Aufstieg, der von Historikern als einzigartig bezeichnet wird.

Der dritte Aspekt schließlich – der die ersten beiden in gewisser Weise beeinflusst hat – hängt mit der Globalisierung zusammen. Die Globalisierung hat die Idee des Exotischen verdrängt. Heute ist niemand mehr exotisch. Wir alle leben in einer Welt, in der wir alles wiedererkennen und über die wir in Echtzeit unzählige Informationen erhalten. Wir haben direkten Zugriff auf Bilder von anderen Menschen mit all ihren Besonderheiten und nehmen sie nicht mehr als exotisch wahr.

Auch gegen den Eurozentrismus verwahrt man sich heute – ein Konzept, das seinen Ursprung in der Aufklärung hatte und von Adam Smith, Marx, Hegel und den Vertretern der Evolutionslehre begründet wurde. Fortschritt wurde von ihnen als die Überlegenheit des Verstandes und der Technologie über die Natur definiert. In einer globalisierten Welt ist der Eurozentrismus nicht mehr zeitgemäß, und Asiens Entwicklung ist das beste Beispiel für sein Scheitern.

Asien nimmt heute eine neue Stellung in der Welt der Kultur ein. Ich halte dies für eine glückliche Entwicklung, denn ich bin zuversichtlich, dass ihre Auswirkungen positiv sein werden. Als Musiker habe ich keine Angst vor dem Wettbewerb, der im Westen durch den aufstrebenden Osten entsteht. Ganz im Gegenteil: Die Asiaten sind jetzt aufgerufen, ihren wichtigen Beitrag zur westlichen klassischen Musik zu leisten, die nunmehr weltweit präsent ist.

In der „International Herald Tribune" sagte der Musiker Robert Sirota, der als Leiter der Manhattan School of Music mit den neuesten Entwicklungen bestens vertraut ist: „Ich bin davon überzeugt, dass die Zukunft der klassischen Musik sehr konkret davon abhängt, wie sich China in den nächsten 20 Jahren entwickelt." Was für China gilt, gilt nach meiner Meinung auch für den Rest Asiens.

Asien und Europa: Konkurrenz oder spirituelle Synthesen?

MICHAEL VON BRÜCK

Zur Geschichte

Wo liegen die Grenzen zwischen Asien und Europa – nicht nur geographisch, sondern auch historisch oder religionsgeschichtlich? Ist das Christentum eine europäische oder eine asiatische Religion? Und ist die frühe griechische Philosophie vielleicht doch mehr geprägt von einem Austausch zwischen Persien, Indien und dem Mittelmeerraum in der Mitte des 1. vorchristlichen Jahrtausends, als wir vermuten?

Um die Zeitenwende blühte der Handel zwischen dem Römischen Reich und Indien, und zuvor schon hatte sich im Gefolge der Eroberungen Alexanders des Großen (4. bis 1. Jahrhundert v. Chr.) im Nordwesten des südasiatischen Kontinents eine indisch-griechische Mischkultur gebildet, die in der buddhistischen Gandhara-Kunst einen ihrer Höhepunkte erreichte. Auch China stand mit dem Mittelmeerraum in Kontakt.

Der Buddhismus, der bereits wechselseitige Verbindungen in Kunst und Philosophie mit Griechenland eingegangen war, wurde von Indien aus ab dem 1. Jahrhundert n. Chr. in China erfolgreich verbreitet. Als dann aber die nestorianischen Christen auf der Flucht vor Verfolgung durch die byzantinische Reichskirche im 7. Jahrhundert in China Zuflucht fanden, wurden klare Grenzziehungen zwischen den Kulturen schwierig. „Osten und Westen" sind in ihrer Geschichte eng aufeinander bezogen, und neben der *ex oriente lux* steht historisch immer auch schon eine *ex occidente lux*.

Wir machen einen Sprung in die Neuzeit: Hier waren es die Aufklärer um Gottfried Wilhelm Leibniz (1646–1716) und Voltaire, die zunächst von China und später dann auch von Indien fasziniert waren. Durch die Berichte der Jesuiten-Missionare um Matteo Ricci (1552–1610) aus China war bekannt, dass es dort eine hoch stehende Zivilisation gab, die Wissen mit kultivierten Lebensformen verband, und Ricci war bemüht, der christlichen Botschaft in chinesischer Gestalt neue Ausdruckskraft zu verleihen. Diese interkulturellen Bemühungen um die Begegnung von Christentum und chinesischer Kultur wurden im sogenannten „Ritenstreit" von der römischen Kurie beendet.

Die Aufklärung sah in den asiatischen Weltanschauungen Systeme und Lebensformen, in denen die Harmonie der Welt im Mittelpunkt stand, und knüpfte dabei an Erinnerungen an, die mit der eigenen europäischen Geschichte verbunden waren: die Philosophie des Pythagoras, des Neuplatonismus und der mittelalterlichen hermetischen Schriften, die in der Naturphilosophie der Renaissance nachwirkten. Die chinesische Kultur, so berichteten die Reisenden und Missionare, lehre nicht den Gegensatz, sondern die Polarität von Geist und Materie, und so gebe es auch nicht, wie im Christentum, die Spannung oder gar Feindschaft von Glaube und Wissenschaft, paradigmatisch sichtbar an den Verurteilungen Galileo Galileis (1564–1642) und Giordano Brunos (1548–1600) durch die Inquisition.

In Europa herrschte der unerbittliche Kampf der Konfessionen, die sich jeweils allein im Besitz der Wahrheit wähnten und damit den 30-jährigen Krieg verursacht hatten, der Europa verwüstete – in China hingegen, so meinte man, gab es eine tolerante und pragmatische Diskurskultur der weisen Zurückhaltung hinsichtlich der Frage nach der letztgültigen Wahrheit und Bestimmung des Menschen. Ein Modell auch für einen Neuanfang in Europa?

Gottfried Wilhelm Leibniz jedenfalls hatte ernsthaft erwogen, Missionare der chinesischen Kultur nach Europa einzuladen, um Aufklärung und Ritus, Menschlichkeit und Moral, Kultur und Religion im Geiste der Wissenschaft miteinander zu verbinden.

Das Indienbild dagegen war im 17. und 18. Jahrhundert weitgehend negativ: Die indische Kultur galt als weltabgewandt und träge, die Liebe zum „Nichts", die irrationalen Mythen sowie die Darstellung der Realität als Illusion würden Religion zu Opium degradieren (ein Urteil, das später von Hegel übernommen und von Marx auf die Religion überhaupt angewandt wurde). Wenngleich man den indischen Traditionen die religiöse Toleranz attestierte – was Immanuel Kant hervorhob –, so sah man dieses kulturelle Licht doch durch Aberglauben und Priesterbetrug verdunkelt.

Mit Johann Gottfried Herder (1744–1803) beginnt eine neue Epoche der Einwirkung Indiens auf Europa: In seiner Sprach- und Kulturphilosophie begründet er, wie sich das eine Humanum in vielfältigen kulturellen Gestalten entfalte. Für Herder und die Frühromantik bot Indien eine Folie, sich dem platten Rationalismus der Aufklärung zu widersetzen und für einen vitalistischen Pantheismus, der sich im Ästhetischen inszenieren konnte, starkzumachen.

Indien war für die romantisch geprägten Humanisten des 18. und 19. Jahrhunderts ein großer Widerspruch: einerseits eine glorreiche religiöse Tradition, die sich durch transrationale Weisheit, meditative Einheit von Geist und Natur und die weiblich-rezeptive Hälfte der Seele auszeichne, die der Westen verloren habe. Anderseits aber beklagte man die Gegenwart, die aus Schmutz, Armut und Kastenunterdrückung bestehe. Diese Schablone prägt das Indienbild in Deutschland teilweise bis heute.

Herder zufolge besitzt „der orientalische Mensch" eine besondere Begabung, Gott in der geschöpflichen Ordnung wie auch in seinen eigenen inneren Schöpfungskräften zu erspüren, er verfüge über eine unmittelbare Nähe zu Gott. In der Lektüre indischer religiöser Schriften (besonders der Bhagavad Gita) findet Herder Argumente gegen den Rationalismus der Aufklärung, sein Indienbild wird die geistige Wiege für Entwicklungen, die in der Romantik zur Blüte kommen sollten.

Dieselben sind aufs Engste verbunden mit den Gebrüdern Schlegel. Friedrich Schlegels (1772–1829) mythisch-spirituelle und ästhetische Verklärung Indiens geht über Herders Kulturtheorie hinaus und entwickelt sich spiegelbildlich zur Kritik an der europäischen Gegenwart, die er als mechanistisch und seelenlos empfindet, wo der Mensch selbst „fast zur Maschine" geworden sei. Die verlorene Ganzheit glaubt er in Indien zu finden, woher jede Religion und Mythologie gekommen und der kreative menschliche Enthusiasmus noch zu Hause sei. Indien sei nicht nur das Mutterland der Religionen, sondern auch der Ursprungsort der persischen, deutschen, griechischen und altrömischen Sprache und Kultur. Wer echte Religion erleben wolle, müsse nach Indien schauen, so die Quintessenz seines Werkes „Über die Sprache und Weisheit der Indier" (1808).

Dem Fortschrittsoptimismus der Aufklärer, die den geschichtlichen Fortgang als Durchsetzung der Vernunft gegen die „selbst verschuldete Unmündigkeit" (Kant) propagierten, an der die religiösen Mystifizierungen erheblichen Anteil hätten, setzt die Romantik ein geschichtsphilosophisches Modell entgegen, das vom reinen Ursprung der Kulturen ausgeht, demgegenüber jede weitere Geschichte ein fortwährender Kulturverfall sei. Daher müsse man zu den Wurzeln und Ursprüngen zurückkehren. Der frühe Schlegel meinte, diese ursprüngliche Reinheit nur in Indien finden zu können, wobei diese träumende Sehnsucht der Ernüchterung wich, je mehr über das „gelobte" Land bekannt wurde.

Die Utopie verlor ihre Projektionsfläche. Als Schlegel 1808 zum Katholizismus konvertierte, wandte er sich gegen den indischen Pantheismus, den er nun als Verfall der Moral interpretierte. An die Stelle von Indien bei der Suche nach einer Erneuerung für Europa traten die alten Kulturen Mesopotamiens und Israels.

Nüchterner urteilte August Wilhelm Schlegel (1767–1845), der 1818 den ersten deutschen Lehrstuhl für Indologie in Bonn besetzte. Auch er beklagt den Zeitgeist des Pragmatismus und Ökonomismus. Und auch er setzt Indien dagegen. Aber aus der Begeisterung für Indien wird eine philologische und kulturwissenschaftliche Auseinandersetzung. Er ist beeindruckt von der Schönheit und Bedeutungstiefe der Sanskrit-Sprache, und das Gesetzbuch des Manu, die indischen Wissenschaften der Mathematik, Astronomie und Poesie werden ihm ebenso wichtig wie die „mystischen" Texte. Er beklagt den Zustand der Indien-Studien seiner Zeit, den Briten wirft er vor, sich nur aus politischen Gründen und Nützlichkeitserwägungen für Indien zu interessieren (weswegen auch Quellenmaterial zurückgehalten und für französische und deutsche Forscher nicht zur Verfügung gestellt werde), wohingegen er den Deutschen eine spezifische Berufung zuspricht, die indische Kultur um ihrer selbst willen zu verstehen.

Auch Wilhelm von Humboldt (1767–1835) war von der Lektüre indischer Literatur tief beeindruckt. Er hielt die Bhagavad Gita, einen der zentralen Texte des Hinduismus, für „wohl das Tiefste und Erhabenste, was die Welt aufzuweisen habe", sie drücke das aus, was er selbst empfinde, schrieb er 1827 an einen Freund. Humboldt beschäftigte sich insbesondere mit den Techniken zur „Vertiefung" des Geistes, wie er es in „Ueber die unter dem Namen Bhagavad-Gītā bekannte Episode des Mahā-Bhārata" nennt, und erkannte, dass es das Ziel der Yoga-Meditation sei, „eine Umwandlung des menschlichen Wesens in göttliches" zu erreichen, was auch er für erstrebenswert erachtete. Er notiert als eine Eigenart der indischen Philosophie, die „göttliche Unendlichkeit" mit dem Prinzip der „Entstehung eines Dinges aus einem andren" zusammenzudenken, was der christlichen Vorstellung der Schöpfung aus dem Nichts entgegengesetzt sei, dem wissenschaftlichen Denken aber durchaus plausibel erscheinen könne.

Auf der Suche nach den Ursprüngen sah auch der Indologe und Religionswissenschaftler Max Müller (1823–1900) in Indien, und hier besonders in den Vedas, die Wiege der westlichen Kulturen. Schopenhauer, Hegel, Nietzsche und Wagner – sie alle setzten sich in der einen oder anderen Weise mit Indien auseinander, und zwar insbesondere mit dem Buddhismus (Schopenhauer) und den Upanishaden, die Paul Deussen übersetzt und herausgegeben hatte.

Spätestens seit dem letzten Viertel des 19. Jahrhunderts sind das europäische Interesse an Indien und das erwachende indische politisch-kulturelle Selbstbewusstsein nicht mehr zu trennen: Kolonialgeschichte, Neuentdeckung der eigenen indischen Kultur und Erschließung ihrer literarischen Quellen sowie aufkeimendes Nationalbewusstsein und antikolonialer Befreiungskampf auf der einen, kulturelle Neuorientierung und religiöse Aufbrüche mit Indiensehnsucht, Theosophie, europäischer Kulturkritik und Zusammenbruch des europäischen Fortschrittsmythos im Ersten Weltkrieg auf der anderen Seite beeinflussten einander. Wir haben es hier bereits mit einer kulturellen und kulturwissenschaftlichen Globalisierung zu tun, die nicht nur im akademischen Bereich, sondern auch in der Politik eine gewaltige Schubkraft entfaltete.

Anlässlich der Weltausstellung, also in einem wirtschaftlichen Kontext, und auch in der geistigen Nähe zu Pierre de Coubertins olympischer Bewegung (initiiert 1894 in Paris) wurde 1893 das „Weltparlament der Religionen“ in Chicago organisiert – eine erste „ökonomisch-religiös-sportliche Globalisierung“. Der hinduistische Mönch Swami Vivekananda (1863–1902) vermochte hier nicht nur den Westen für Indien zu begeistern, sondern er konnte damit auch Indien selbst ein kohärentes und auf wesentliche Elemente verdichtetes kulturelles Selbstbewusstsein vermitteln, das als eine „Erfindung“ des Hinduismus als einheitlicher Kultur verstanden werden kann.

Ein Beispiel dafür ist wiederum die Bhagavad Gita, die bei Mahatma Gandhi, der Bibel vergleichbar, zu dem heiligen Buch Indiens avancierte – das aber nicht zuletzt auch durch die Begeisterung, die dieser Text seit seiner ersten Übersetzung ins Englische (1785) im Westen erweckt hatte. C. F. Andrews, der britische Missionar und Freund Gandhis, zog 1912 das Resümee, dass die Bhagavad Gita, obwohl ein Jahrhundert zuvor kaum außerhalb der Kreise gebildeter Pandits bekannt, nun zur allgemein gelesenen und hoch verehrten Schrift Indiens geworden sei.

Ende des 19. Jahrhunderts war aber auch die Faszination für Ostasien keineswegs erloschen; sie hatte sich jedoch von China auf Japan verlagert, das – bei Schriftstellern wie Lafcadio Hearn bis zu Malern wie Joan Miró – romantisch verklärt wurde. Im Jugendstil wird der Einfluss des fernöstlichen Inselreiches auf Europa besonders deutlich. Seit die Amerikaner 1853/54 mit ihrer militärischen Präsenz Japan gewaltsam für den Kontakt mit dem Westen geöffnet hatten, erlebte das Land einen beispiellosen wirtschaftlichen Aufstieg, der 1905 mit dem Sieg der Japaner über Russland einen sichtbaren Höhepunkt erreichte: Erstmals hatte eine asiatische Macht einen europäischen Gegner geschlagen. In Japan selbst, aber auch in westlichen Analysen, wurde der Mythos von der Kraft oder gar Überlegenheit der japanischen Kultur bemüht, um die Ereignisse zu erklären.

Im 20. Jahrhundert waren es insbesondere Schriftsteller und Wissenschaftler, die von Asien inspiriert wurden und sich aus dieser Begegnung die Erneuerung eines Europas erhofften, das sich im Ersten Weltkrieg nicht nur materiell, sondern auch kulturell-religiös an den Abgrund manövriert hatte. Romain Rolland, Hermann Hesse, Hermann Graf von Keyserling und der in Deutschland begeistert empfangene Rabindranath Tagore nährten die Hoffnung, dass aus Indien neue geistig-moralische Kraft käme – *ex oriente lux*. Auch der evangelische Theologe Dietrich Bonhoeffer, der angesichts des Zweiten Weltkriegs das Ende der traditionellen abendländischen Religionskultur gekommen sah und ein „religionsloses Christentum“ ankündigte, hoffte, dass Europa aus Indien neue geistige Kraft beziehen könne.

Unter den Wissenschaftlern waren es Physiker wie Wolfgang Pauli, Werner Heisenberg, später Carl Friedrich von Weizsäcker und David Bohm, die die indischen und chinesischen Weltbilder der Einheit der Natur, der Einheit von Geist und Materie in *einem* Lebensprinzip (indisch: *prana*, chinesisch: *chi*) für adäquater hielten als die aus der Antike ererbte platonisch-christliche Trennung von Geist und Materie. Heute sind es Hirnforscher (Richard Davidson, Wolf Singer, Ernst Pöppel), die vom indischen Nicht-Dualismus, besonders von der buddhistischen Weltsicht des „Entstehens aller Dinge in gegenseitiger Abhängigkeit“, fasziniert sind, und dabei besonders von den Möglichkeiten der Praxis, veränderte Bewusstseinszustände systematisch zu schulen, wie es in der Meditation geschieht.

Seit Ende des 19. Jahrhunderts wurden in den USA und Europa Lehrstühle für Indologie und Sinologie gegründet, aber auch Zentren, in denen chinesisch-japanischer Zen-Buddhismus und indischer Yoga praktiziert wurden. Zunächst oft noch von der Theosophie beeinflusst, wurden diese Zentren bald selbstständig. Nach dem Zweiten Weltkrieg wurden sogar die katholischen Orden der Jesuiten und Benediktiner Pioniere bei der Verpflanzung asiatischer Meditationsformen in eine westliche Welt, die danach hungrig war – und ist. Der millionenschwere Buchmarkt, die Fülle der entsprechenden Zeitschriften und der Einfluss von Meditations- und Entspannungstechniken auf die Religion, das Gesundheitswesen und auch das Management sind kaum noch zu übersehen.

Im Heute

Gesundheit – Wellness – Ayurveda

Das Gesundheitssystem, das wir kennen, wird in Anspruch genommen und geschätzt, aber es hat Grenzen: finanzieller und organisatorischer sowie grundsätzlicher Art. Krankheit wird heute nicht mehr nur als quantitativ bestimmbarer Defekt eines bestimmten Organs gesehen, sondern als Geschehen, bei dem innere und äußere Faktoren zusammenwirken, wovon das gesamte Leben, auch das Denken und die Gefühlswelt, betroffen ist. Die psychosomatische Medizin hat im Prinzip erkannt, dass Lebewesen Organismen sind, die sich in hochkomplexen und reziproken Selbststeuerungsprozessen entwickeln, und zwar im ständigen Austausch mit der Umwelt wie auch in rückgekoppelten Musterbildungen aufgrund der eigenen Lebensgeschichte. Das heißt, dass biographische Faktoren, das, was wir Wahrnehmung, Motivation, Willen, Gedächtnis, also das Geistige nennen, direkten Einfluss auf physiologisch beschreibbare Vorgänge haben.

Dabei verbietet sich jeder Dualismus von Geist und Körper: Weder die Neurobiologie noch die Verhaltenstheorie oder Lerntheorien aller Art, weder wissenschaftstheoretische Überlegungen noch konstruktivistische Sprachtheorien gehen von einem Dualismus von Geist und Körper aus, sondern sie alle beschreiben das System als hochgradig vernetzt, als Informationsaustausch und Strukturenbildung durch parallel arbeitende Kommunikationsnetze, bei denen Information, also Struktur und Intelligenz, das formt, was wir Wirklichkeit nennen. Es gibt keine geistlose, das heißt formfreie Materie, und es gibt keinen Geist, der sich nicht durch Selbstreferenz und Kommunikation in physiologischen Prozessen ausdrücken würde. Demnach sind geistige und physiologische Prozesse nicht zwei Wirklichkeiten, sondern unterschiedliche Beschreibungen und Aspekte ein- und derselben Wirklichkeit.

Den indischen und chinesischen Kulturen waren diese Zusammenhänge intuitiv und als Erfahrungswissen schon immer bekannt. Für sie ist die ausbalancierte Beziehung zu bzw. die ungehinderte Kommunikation mit dem Ganzen (mit „Gott“) Inbegriff des heilen Menschen. Heilung und Heil sind zwei Aspekte desselben Wirkungszusammenhanges.

Das ist auch das Prinzip des Ayurveda, des „Wissens vom Leben", das mehr ist als Medizin, nämlich eine systematisch durchdachte, auf genauer Beobachtung der Zusammenhänge beruhende Lebensweise (Ähnliches gilt für die chinesische Medizin). Die „eine Lebenskraft" (Sanskrit: *prana,* chinesisch: *chi*) kristallisiert sich in unterschiedlichen Erscheinungen, die wir als psychische und physische Prozesse wahrnehmen. Ihre Wirkungen sind voneinander abhängig, da die Systeme miteinander kommunizieren. Dies trifft auf alle Aspekte der Welt zu, bedeutet also eine „ökologische Weltsicht".

Im Ayurveda unterscheidet man drei Grundkräfte: das Energievolle, das Leichte, das Träge. Aus ihrer Mischung ergeben sich die Zustände der physischen und psychischen Wirklichkeit. Im Zustand der Balance, der Gesundheit, sind die Kräfte ausgeglichen. Die jeweiligen Zustände, also auch jede Störung, hinterlassen eine „Spur" in der Energiematrix, die besonders gut im Atem und im Puls ablesbar ist. In der Atem- und Pulsdiagnose ist aus diesen „feinstofflichen" Formen oft schon ersichtlich, was im materiellen Körper noch gar nicht manifest ist. So kann die Diagnose auch der Prävention dienen und der Ausbruch der Krankheit, durch frühestmögliche Erkennung und Behandlung, verhindert werden.

Was die westliche Medizin bei den sogenannten Placebo-Effekten nicht erklären kann, wird in diesem System plausibel dargestellt. Im Einzelnen unterscheiden sich die verschiedenen ayurvedischen und auch chinesischen Schulen voneinander, doch das Prinzip ist dasselbe: Die Welt ist ein nicht-dualistischer Zusammenhang von Makro- und Mikrokosmos – von dem, was als „Geist", und dem, was als „Materie" erscheint. Im Westen ist dieses Wissen im Zuge der Schulmedizin verloren gegangen. Mit der Entwicklung der Psychosomatik, des Yoga und – davon abgeleitet – des Autogenen Trainings vor allem in den ersten Jahrzehnten des 20. Jahrhunderts gewann die asiatische Heilkunst immer mehr an Einfluss, und sie ist längst in Europa und Amerika heimisch geworden.

Asien, dessen Mittel- und Oberschichten sich unter dem Eindruck kolonialer Einflüsse seit dem 19. Jahrhundert zunächst der westlichen Bildung und Medizin zugewandt hatten, erlebte nun in der zweiten Hälfte des 20. Jahrhunderts einen Ayurveda- und Yoga-Boom bzw. ein Neuerwachen der traditionellen chinesischen Medizin, was *so* in Indien und China nie da gewesen war. Europäer und Amerikaner lernten in indischen Yoga- und Ayurveda-Schulen und in Akademien der Traditionellen Chinesischen Medizin (TCM), und mit diesem Wissen gründeten sie Zentren im Westen, die sich als außerordentlich erfolgreich erwiesen – mit Auswirkungen wiederum auf Asien: Noch nie hat es in Indien so viele Yoga- und Ayurveda-Zentren gegeben wie heute, und auch in China, Korea und Japan wächst die Zahl der Schulen für traditionelle Heilkunde und Meditation (Zen) vor allem außerhalb der klassischen Institutionen (Klöster), gerade weil der Erfolg im Westen greifbar und bekannt ist.

Yoga

Besonders der Yoga ist im Westen heimisch geworden: zunächst über Bücher, dann über indische Lehrer, die als Weise und Heiler nach Amerika und Europa kamen, und heute über Yoga-Organisationen, die ihre eigene Infrastruktur aufgebaut haben, mit Krankenkassen, Ärzten, Universitäten und Volkshochschulen kooperieren und der indischen Organisationen nicht mehr bedürfen.

Die indische Anthropologie ist, jedenfalls in den Mittelschichten Europas, attraktiv geworden. Der Mensch erfährt Krankheit und Tod nicht mehr, wie im Mittelalter, als Strafe für die Sünde oder als Dysfunktion einzelner Organe (wie im 19. und 20. Jahrhundert), die repariert oder ausgetauscht werden müssen; sondern Krankheit und Gesundheit sind Ausdruck der Lebensweise – „Krankheit als Symptom" für Störungen der Kommunikation, der Körperenergien ebenso wie der psychischen Kräfte und des sozialen Austauschs. Diese Symptome können durch eine ganzheitliche und achtsame Lebenspraxis, durch Konzentration und Geistesschulung, beeinflusst und ausgeglichen werden. Dies gilt auch für die Sexualität: Sie ist weder Sünde noch egozentrische Lusterfüllung, sondern ganzheitlicher Austausch von Lebensenergien. Wirkliches Wohlsein („wellness“) ist eine spirituelle Erfahrung.

Yoga ist ein Lebensvollzug, eine Praxis, aus der sich die Theorie (die Anthropologie) von selbst ergibt, so die heutige Meinung. Dabei transportiert diese Praxis ganz selbstverständlich indische Philosophie und Begriffe wie „karman“, „dharma“, „ayurveda“, „yoga“ oder „samadhi“, die bereits Eingang in die Alltagssprache gefunden haben. Yoga verbindet Körper-, Atem- und Geistesbewegung, die so miteinander verknüpft und geübt werden, dass nicht nur Stress und Unwohlsein sowie Konzentrationsstörungen und Depressionen verschwinden, sondern darüber hinaus ein „positives Denken“ und Fühlen entsteht, das Kreativität zum Handeln freisetzt – individuell, politisch und auch wirtschaftlich.

Der Yoga im Westen ist den indischen Entwicklungen zu Beginn des 20. Jahrhunderts verpflichtet, besonders Sri Aurobindos „Integralem Yoga“, der nichts Weltabgewandtes an sich hat (was in Indien früher durchaus die Norm war), sondern die „Evolution des Menschen“ mit der gezielten geistigen Praxis des Yoga verbindet. Yoga scheint den zivilisationsmüden und zukunftsgeängstigten Menschen des Westens Optimismus einzuhauchen: Er signalisiert und praktiziert den Mentalitätswandel.

Zen-Buddhismus

Anlässlich des „Weltparlaments der Religionen“ 1893 in Chicago besuchten der Zen-Meister Shaku S’en (1859–1919) und sein Sekretär Suzuki Daisetsu (1870–1966) aus Japan die USA, und nur wenig später wurden auf ihre Anregung die ersten Zen-Zentren in San Francisco und New York gegründet. Bis in die Mitte des 20. Jahrhunderts hinein blieben Kenntnis und Praxis des Zen aber auf wenige Intellektuelle und Künstler beschränkt. Das änderte sich dramatisch in den 60er Jahren, und seither hat Zen die religiöse Szenerie in Europa und Amerika wesentlich mitgeprägt.

Dabei ist zu unterscheiden zwischen der intellektuellen Herausforderung, die Zen an Philosophie sowie an religiöse Praxis in christlichen Kreisen darstellt, und Zen als neuer religiöser Institution, die sich in allen westlichen Ländern durch Gründungen von Klöstern, klösterlichen Gemeinschaften oder Laiengruppen etabliert hat. In den 50er und frühen 60er Jahren war Zen vorwiegend ein Phänomen der Mittelklasse, die in der Beat Zen Generation (Alan Watts, Allen Ginsberg, Jack Kerouac, Gary Snyder) gegen christliche Bürgerlichkeit und amerikanischen Konsum-Materialismus protestierte und eine Zen-Erfahrung suchte, die sich in einer neuen Ästhetik äußern konnte. Inzwischen aber hat das Interesse am Zen weite Kreise (wie Menschen aus therapeutischen Berufen, Wissenschaftler, Manager, Anwälte) in Amerika und Europa erfasst, insbesondere auch christliche Nonnen und Mönche, und zu einem intensiven buddhistisch-christlichen Dialog auf akademischer und praktisch-meditativer Ebene geführt.

In ganz Europa, Südamerika, Australien und in einigen urbanen Zentren Afrikas ist das Zen heimisch geworden. Ein berühmtes Beispiel ist der 1926 geborene vietnamesische Zen-Meister Thich Nhat Hanh. Er lebt als engagierter Kriegsgegner seit dem Vietnamkrieg im französischen Exil und gründete dort sein „Pflaumendorf“, das ein Zentrum achtsamen Lebens neuer Art geworden ist und Pilger aus aller Welt anzieht. Seine Bücher erreichen inzwischen Millionenauflagen und werden in zahlreiche Sprachen übersetzt. Der von ihm 1964 in Vietnam gegründete Orden „Intersein“ („Tiep-Hien-Orden“, heute in vielen Ländern und auch in Deutschland präsent) ist interreligiös ausgerichtet und propagiert ein gewaltfreies Leben in Achtsamkeit, ökologischer Bewusstheit und sozialem Engagement.

In Deutschland ist Zen über akademische Kreise hinaus durch Eugen Herrigels Bestseller „Zen in der Kunst des Bogenschießens“

(1948) bekannt geworden. Karlfried Graf Dürckheim (1896–1988) hat als Lehrer, Therapeut und Autor die Verbindung von Zen und Kunst gefördert; auch die Herausbildung der Humanistischen und Transpersonalen Psychologie in Deutschland geht maßgeblich auf ihn zurück. Aber erst der Jesuitenpater Hugo M. Enomiya-Lassalle (1898–1990), der als Missionar nach Japan gegangen war, um später als Missionar des Zen nach Europa zurückzukehren, ohne jemals sein Christentum aufgegeben zu haben, verhalf dem Zen als Praxis zum Durchbruch. Durch ihn und seinen Ordensbruder Heinrich Dumoulin (1905–1995) hat Zen in Deutschland eine tiefe Verankerung erhalten und ist Teil der Religionskultur geworden.

Zen ist zunächst eine Entwicklung innerhalb des chinesischen Buddhismus, die durch die Synthese zweier ganz unterschiedlicher Kulturen, der indischen und der chinesischen, angestoßen wurde. Darüber hinaus ist Zen aber auch eine Praxis des Geistestrainings, die an keine Sprache, keine Religion, keine kulturelle Ausdrucksform gebunden ist, sondern in immer neuer Kreativität ein einziges Ziel verfolgt: dem Menschen, der zu allen Zeiten und an allen Orten die gleichen körperlichen und geistigen Potenziale hat, deren Entwicklung zu ermöglichen, durch die er über sich selbst hinauswachsen kann. Zen wird also als Quelle von Kreativität gesehen, als Übung, das Tiefste im Menschen zu entdecken, was durch kulturelle und psychische Verkrustungen oft zugedeckt ist.

Zen führt ein in die Tiefenerfahrung des Geistes, die auch als „Leerheit" beschrieben wird. Zen-Übende lassen die Gedanken vorüberziehen, verweilen nicht bei den Gedanken und werden sich bewusst, dass die Gedanken nicht Abbilder der Wirklichkeit sind, sondern Produkte des Bewusstseins. Begriffsbilder sowie Konzepte entstehen, wenn Sinneseindrücke zusammengefasst und vom Bewusstsein in wiedererkennbaren Mustern verarbeitet werden. Sie repräsentieren Teilbereiche des Wahrgenommenen in einer Gestaltgebung (Begriffe), die vom Bewusstsein selbst hervorgebracht wird.

Das Ziel des Zen besteht nun im Nicht-Anhaften an Gedanken, Gefühlen, Handlungen. Damit wird das Bewusstsein frei von Vor-Urteilen und setzt einen Schub von Kreativität frei, der oft als völliges Neu-Werden erlebt wird. Für Zen ist das Bewusstsein wie ein Meer von Wasser bzw. ein Strom von Energie, der sich selbst entfaltet und in den „Wellenbergen" (den Gedanken) gestaltet, um sofort weiterzufließen. Hält sich das Bewusstsein an den „Wellenbergen" fest, kann es seiner selbst nicht gewahr werden und den Zusammenhang nicht sehen. Das Erwachen bzw. die Erleuchtung des Bewusstseins sei wie der Sonnenaufgang: Er vertreibt die Finsternis, ohne dass dabei „ein Etwas" vertrieben würde.

Die Bewusstseinsschulung in Gestalt von Yoga, Zen und anderen Übungen ist fundamental für die Weiterentwicklung des Menschen. Hier werden somatische, emotionale und kognitive Aspekte integriert, wodurch eine Tiefenwahrnehmung zustande kommt, die getrennt Erscheinendes zusammenführt. Komplexität erscheint dann nicht mehr als undurchschaubare Vernetztheit, sondern als Ganzheit.

Asien lehrt die Welt, diese Möglichkeiten des Menschlichen pädagogisch, kommunikativ und zur Bewusstwerdung weit reichender Erkenntnisleistungen zu entwickeln.

Perspektiven

Der achtsame Mensch ist mit allem verbunden. Dies ist der Inbegriff der Spiritualität, die von Asien ausgeht, es ist aber auch die ursprüngliche Erfahrung der Liebe, die mehr als ein Gefühl ist. Sie ist die Kraft des Seins selbst. Liebe kennt kein „Du sollst". Sie ist der Ausdruck des „Du bist". Du bist was? Ein Echo der einen unfasslichen göttlichen Wirklichkeit, der Ausdruck eines unmittelbaren Willens zum Leben. Ich lebe mein Leben in „Gott", und alle anderen Wesen leben in gleicher Weise. Dies wird in der tiefen Zen-Erfahrung unmittelbar bewusst. Die Folge davon ist, dass alles, jedes Lebewesen, jeder Mensch unendlich kostbar wird – wer von dieser umfassenden Erfahrung geprägt ist, wird allem in einer tiefen „Ehrfurcht vor dem Leben" begegnen.

Dies ist die „ethische Mystik" oder „mystische Ethik", wie sie ein Albert Schweitzer (1875–1965) zu leben versuchte. Sie folgt nicht aus logischem Schlussfolgern, sondern aus einem voraussetzungslosen Lebensimpuls. Der Zen-Weg führt in diese Voraussetzungslosigkeit. Er schaut hinter jeden kulturellen und religiösen Firnis und stellt sich dem Erlebnis unmittelbarer Seinskraft in der Tiefe des Geistes, bevor das Bewusstsein Begriffe gebildet und damit die Wirklichkeit aufgespalten hat.

Inwieweit Yoga und die asiatischen Lebensvorstellungen überhaupt die europäische Kultur und damit das Christentum verändern, ist schwer vorauszusehen. Kulturelle Identitäten, auch die der Religionen, sind im Werden und nie statisch. Veränderungsprozesse kommen durch Austausch zustande, und dieser wird interkulturell in einer Weise praktiziert wie noch nie zuvor in der Menschheitsgeschichte.

Denkbar ist eine Gemeinschaft von Menschen, die im Geist eines erneuerten Christseins Machtansprüche ablegen. Ein „religionsloses Christentum", wie es schon Dietrich Bonhoeffer vorschwebte, wobei wohl eher ein „spirituelles Christentum" gemeint ist. Dies bedeutet auch eine Abrüstung von Wahrheitsansprüchen. Durch die Pluralität der Religionen und den Religionsvergleich geschieht dies ohnehin, langsam, aber unaufhaltsam. Wahrheitsansprüche werden relativiert, und das macht vielen Menschen Angst, nicht nur in Europa und Amerika, sondern auch in Asien (die kulturell-fundamentalistische Abwehr von Einflüssen aus dem Westen ist Ausdruck und Kompensation dieser Angst).

Wenn es aber nicht bei der Relativierung bleibt, sondern die Menschen erkennen, dass zwar alles relativ, dabei aber auch relational, also aufeinander bezogen ist, dann wächst Erkenntnis, die gerade nicht zur Beliebigkeit, sondern zur entschiedenen Einsicht bzw. einsichtsvollen Entscheidung führt, einer Entschiedenheit, die sich allerdings stets neu zu korrigieren vermag. Solche Erkenntnis befreit von Angst. Zen und Yoga öffnen das Bewusstsein dafür, andere Lebensformen, auch Riten, Begriffe und neue Gestalten, schätzen zu lernen, kurz: neue kulturelle Kreativität zu entwickeln und interreligiöse „Identitätspartnerschaft" zu praktizieren.

Literatur

Brück, Michael von. *Zen: Geschichte und Praxis*. München 2004.

Brück, Michael von und Whalen Lai. *Buddhismus und Christentum. Geschichte, Konfrontation, Dialog*. München 2000.

Frank, Robert. *Globalisierung „alternativer" Medizin – Homöopathie und Ayurveda in Deutschland und Indien*. Bielefeld 2004.

Fuchs, Christian. *Yoga in Deutschland. Rezeption, Organisation, Typologie*. Stuttgart 1990.

Halbfass, Wilhelm. *Indien und Europa. Perspektiven ihrer geistigen Begegnung*. Basel und Stuttgart 1981.

Haym, Rudolf Theodor. *Wilhelm von Humboldt. Lebensbild und Charakteristik*. Berlin 1856.

Koch, Anne. „Spiritualisierung eines Heilwissens im lokalen religiösen Feld? Zur Formierung deutscher Ayurveden", *Zeitschrift für Religionswissenschaft* 13 (2005). 21–44.

Mittwede, Martin. *Der Ayurveda – von den Wurzeln zur Medizin heute*. Heidelberg 1998.

Scharpe, Eric. *The Universal Gita. Western Images of the Bhagavadgita*. London 1985.

アジアは世界

เอเชียเปลี่ยนแปลง

ایشیا دُنیا کو بدل رہا ہے

아시아는 세계를

អាស៊ីកែប្រែពិភពលោក

এশিয়া পৃথিবী

CHÂU Á THAY ĐỔI THẾ GIỚ

एशिया

亞洲改變世

IV

ANTWORTEN AUF ASIEN

Kulturpolitische Chancen für Asien und Europa

HANS-GEORG KNOPP

1.

Wo Geld und Macht sind, blüht über kurz oder lang auch kulturelles Leben. Vor etwa 700 Jahren hat Asien mit dem Aufstieg der Mongolen ein in Europa bis heute fast mythisches Beispiel gegeben: Das Karakorum Dschingis Khans bot verfeinerten ästhetischen Ansprüchen trotz einiger Anstrengungen wahrscheinlich noch wenig – doch eineinhalb Jahrhunderte später stand Timurs Samarkand eindeutig nicht nur für politische und militärische Macht, sondern auch für kulturelle Höchstleistungen.

Diese Evokation des „mongolischen Topos“ erfolgt hier natürlich nicht, um die Erinnerung an einen äußerst widersprüchlichen Moment der Kulturgeschichte wachzurufen; vielmehr ist es der Versuch, die immer noch tief sitzende europäische Angst vor „asiatischen Horden“ dadurch zu bannen, dass wir sie aussprechen. Vor ungefähr 100 Jahren führte diese Angst zum Beispiel noch zu Ikonographien, in denen die Völker Europas sich vor einem Abgrund stehend um einen Engel mit Flammenschwert scharten, während in fernen dunklen Wolken ein Buddha drohte. Solch krude Darstellungen haben wir zum Glück überwunden.

Es mag beinahe schon als „politically incorrect“ erscheinen, daran in einem Text zu erinnern, der sich mit Herausforderungen des 21. Jahrhunderts befasst. Doch um darauf zu verzichten, müsste es als ganz sicher gelten können, dass diese Traditionslinie heute nicht nur bis zur Unkenntlichkeit verblasst, sondern tatsächlich gebrochen ist. Denn Angst vor dem Fremden ist einer aufgeklärten, liberalen Gesellschaft nicht angemessen. Wer aber über grenzüberschreitende kulturelle Entwicklungen nachdenken will, muss auch dann ehrlich sein, wenn es unbequem ist. In diesem kurzen Essay wird es also auch darum gehen, wie Europa mit Asiens Aufstieg umgehen kann, damit Ängste sich in Neugier und einen klaren Blick auf die Chancen verwandeln.

Es bedarf nun wahrlich keiner prophetischen Gabe, um die zunehmende kulturelle Ausstrahlung asiatischer Gesellschaften im 21. Jahrhundert vorherzusagen. Die politischen und wirtschaftlichen Grundlagen dafür sind besser als seit mehreren hundert Jahren; und großartige kulturelle Traditionen, auf die man zurückgreifen kann, gibt es in Hülle und Fülle. Hinzu kommen, wenn nicht alles täuscht, anhaltende Liberalisierungstendenzen in vielen (ehemals) autoritären Regimes des Kontinents. Oft sind es die Künste, die als Erste von solchen Reformen profitieren. An tolerante Traditionen aus früherer Zeit können sie fast überall in Asien anknüpfen.

Die Entwicklung bietet Europäern große und angesichts ihrer Kolonialgeschichte vielleicht auch unverdiente Chancen. Der ungeheure kulturelle Reichtum der chinesischen, indischen, koreanischen, vietnamesischen und anderer Gesellschaften wird uns zugänglicher. Niemand wagt wohl eine genaue Prognose, auf welche Art und Weise das die Entwicklung unserer eigenen Kulturen beeinflussen wird. Mit Sicherheit jedoch dürfen wir uns auf vielfältige Anstöße und Impulse freuen. Das, wovon visionäre Europäer seit Marco Polo immer mal wieder geträumt haben, nämlich die intensive Spiegelung des eigenen kreativen Schaffens in östlichen Positionen und Traditionen, könnte sich mit breiterer Wirkung realisieren, als Schlegel oder Brecht erahnt und Nietzsche gefürchtet haben.

Natürlich wird der in Europa verwurzelte Glaube an eine zumindest potenzielle Universalität westlicher ästhetischer Positionen in diesem Prozess kulturellen Austauschs weiter vor Herausforderungen gestellt. Europa hatte sich über rund 200 Jahre daran gewöhnt, seine ästhetischen Werturteile in der Welt zu verbreiten. Vor einigen Jahrzehnten setzte jedoch – zunächst fast unbemerkt – ein gegenläufiger Prozess ein. Dieser intensiviert sich zunehmend. Für Europa folgt daraus auch eine Entwöhnung von der früheren Macht zu ästhetischer Normsetzung. Aus historischer Perspektive bedeutet es vielleicht nur eine Normalisierung, wenn Weltkulturen wie die chinesische und die indische auch weltweit kulturell ausstrahlen; aber unsere Generation muss sich trotzdem erst (wieder) daran gewöhnen. Die Ergebnisse sind selbstverständlich offen – doch wer will, mag ein Gedankenexperiment wagen: Heute gibt es in Mumbai Symphonieorchester und in Peking europäisches Theater; das sind Folgen der europäischen kulturellen Ausstrahlung vergangener Jahrzehnte – welche Leistungen der asiatischen Kulturen könnten sich im Umkehrschluss zukünftig bei uns etablieren?

2.

In gewissem Umfang strahlt Asien seit Jahrhunderten auf Europa aus. Die Faszination der fernöstlichen Kulturen hatte immer schon eine Wirkung aus sich heraus. Diese ist zu verstärken durch bewusste, gezielte Verbreitung asiatischer Kulturleistungen, wie Michael von Brück in diesem Band beispielsweise für den Zen empfiehlt. Dagegen ist ganz und gar nichts einzuwenden. Richtig spannend aber wird die Auseinandersetzung mit asiatischer Kultur besonders dann, wenn wir diese Beschäftigung nicht nur als Rezeption, sondern als gemeinsame europäisch-asiatische Aufgabe verstehen. Wie das gemeint ist, wird weiter unten erläutert. Zunächst gibt es aktuellen Anlass, vor einer potenziellen Fehlentwicklung zu warnen.

Kultureller Austausch kann sich nur in engagierter Auseinandersetzung realisieren, und ohne Konflikte und ihre Überwindung ist keine kulturelle Übersetzung möglich. Gerade aus den Verständigungs- und Verstehensschwierigkeiten, aus der stets drohenden Enttäuschung, dass angenommene Gemeinsamkeiten sich als oberflächlich und brüchig erweisen könnten, schlagen die kreativen Funken. Sie entschädigen die Beteiligten für eingesetzte Nervenkraft.

Nicht immer muss dieser Prozess gut gehen. Wenn seine Voraussetzungen falsch definiert sind, können Verständigungsschwierigkeiten sogar zu Staatsaffären werden. Die Empörung über die Mohammed-Karikaturen in einer dänischen Tageszeitung im Februar 2006 schlug in asiatischen Staaten wie Indonesien, Malaysia, Pakistan und Iran hohe Wellen. Nicht zufällig sagte der ägyptische Präsident Mubarak 2006 auf dem Gipfeltreffen der arabischen Liga: „Der Dialog der Kulturen und Zivilisationen hat den ersten kritischen Test während der letzten kulturellen Krise nicht bestanden." Damit meinte er die Karikaturen und zugleich sehr viel mehr: Gescheitert ist für ihn die nach dem 11. September 2001 von westlichen Staaten proklamierte Politik des „Dialogs mit der islamischen Welt".

Man braucht nicht so weit wie der ägyptische Präsident zu gehen, um sich zu fragen, ob diese Dialogpolitik konzeptionell richtig angelegt ist. Wenn ein dänisches Blatt mit eher schlichten Witzchen in der Lage ist, den „Dialog" in Frage zu stellen, lässt das jedenfalls nichts Gutes für sein Fundament ahnen. In der Tat folgt die Dialogpolitik manchmal Vorstellungen, die sich vor allem als Gegenentwurf zu Huntingtons „Kampf der Kulturen" definieren. Unausgesprochen lebt dieser Gegenentwurf von der Prämisse, ein gemeinsamer Wille zur Toleranz müsse in der Lage sein, drohende kulturelle Konflikte zu vermeiden.

Schon das zugrunde liegende Gefühl der Bedrohtheit begründet aus sich heraus den Zweifel daran, ob es als Ratgeber taugt. In jedem Fall folgt die Dialogpolitik in ihrem Kern einem defensiven Impuls, der Offenheit für die Chancen kultureller Begegnung vielleicht eher erschwert als erleichtert. Denn sein Ziel ist letztlich die uneingestandene Hoffnung, die islamische Welt werde uns mit kulturellen Zumutungen in Ruhe lassen und das durch allgemein proklamierten Gewaltverzicht dokumentieren. Damit kein Missverständnis entsteht: Selbstverständlich ist kultureller Austausch ohne Gewaltverzicht undenkbar. Wo aber die Vorstellung besteht, kultureller Austausch führe in einer Art Automatismus zu Gewaltfreiheit, könnte es zu Enttäuschungen kommen. So einfach lässt sich Kultur nicht als Mittel zum Zweck einsetzen.

Falsch ist bereits die unterschwellig zugrunde liegende Vorstellung, es gäbe eine westliche Kultur, die mit einer islamischen Kultur ins Gespräch treten könne. Damit wird unterstellt, Kulturen seien Entitäten, die mit anderen Entitäten in lineare Beziehung treten könnten. Dahinter steht ein „Identität stiftendes" Konzept, das kulturelle Gemeinsamkeit unter anderem dadurch schafft, dass es nicht nur eine Reihe von Phänomenen umfasst, sondern viele auch ausschließt. Weil Exklusion jedoch immer die Gefahr gewaltsamer Entladung beinhaltet (schon die Griechen konnten sich vor den „Barbaren" nie sicher fühlen), soll sie ihre Schärfe im Toleranzdialog abschleifen. Insofern dient der „Dialog der Kulturen" der Intention nach der Domestizierung potenzieller Konflikte, die in dem ihm inhärenten Kulturverständnis selbst bereits angelegt sind. Kulturelle Kooperation im besten Sinne muss sich von solcher Widersprüchlichkeit frei machen.

3.

Da der Islam weite Teile Asiens prägt, dürfen die oben angestellten Überlegungen in einem Beitrag zu europäisch-asiatischen Kulturbeziehungen im 21. Jahrhundert nicht fehlen. Vor allem sollten wir aus der unglücklich angelegten „Dialogpolitik mit dem Islam" Schlüsse ziehen, wie wir es im Kontakt mit Fernost besser machen können. Das ist schon deshalb besonders wichtig, weil der Zeitgeist eine Art Aufbruchstimmung im europäisch-asiatischen Dialog erzeugt hat, die wir nutzen sollten, um kulturelle Beziehungen mit langfristiger Wirkung zu gestalten. Was sich kulturell jetzt als interessant und konstruktiv für alle Beteiligten erweist, könnte in Zukunft, wenn Asien und Europa sich an neue Rollenverteilungen gewöhnt haben, wiederholt werden.

Anknüpfen müssen wir also bei Faktoren, die für alle zusammen von besonderer Bedeutung sind. Als Erstes zu nennen sind die kulturellen Wirkungen von Migration, grenzüberschreitender Kommunikation in virtuellen Räumen und zunehmenden transnationalen Verbindungen der Zivilgesellschaften. Allen drei Faktoren gemeinsam ist ein grundlegendes Muster: Sie basieren auf grenzüberschreitender kultureller Inklusion, nicht auf Exklusion. Es handelt sich um Entwicklungen, die zu gemeinsam zu findenden Antworten aufrufen.

Aus dieser Beobachtung leitet sich die Kernthese für grenzüberschreitende kulturelle Kooperation zu Beginn des 21. Jahrhunderts ab: Internationale Partner sollten eingeladen werden, an Themen *gemeinsam* zu arbeiten; an Themen, die sie vor ihrem jeweils unterschiedlichen kulturellen Hintergrund übereinstimmend für besonders relevant erachten. Es geht also nicht im Schatten Huntingtons um die Verständigung *über* Unterschiede, sondern um einen Umgang *mit* Unterschieden, der Gemeinsamkeit ermöglicht. Indem Kunst Phänomenen bis in die letzten Verzweigungen nachspürt und vorschnelle Vereinfachungen zurückweist, eignet sie sich dafür ganz besonders. Gemeinsamkeiten, die sich in der Kunst ausdrücken, werden nur sehr selten von oberflächlicher Verwischung von Unterschieden befallen sein. So entsteht im künstlerischen Prozess ein kultureller Dialog, der aller Mühe wert ist.

Am konkreten Beispiel lässt sich illustrieren, was damit in der Praxis gemeint ist. In Ostasien wurde die westliche moderne Kunst in den vergangenen Jahrzehnten gründlich rezipiert – wie in so vielen anderen Teilen der Welt. Oft folgte der Rezeption kein „einfacher" Anschluss asiatischer Künstlerinnen und Künstler an westliche Schulen, sondern eine kreative Auseinandersetzung, die im Rückgriff auf eigene Traditionen und westliche Impulse „andere Modernen" hervorbrachte. Wenn man nun etwa chinesische und europäische Künstler bittet, gemeinsam ein umfassendes Projekt (Ausstellung, Performance, Lesung, Diskussion) zu einem zentralen Thema künstlerischer Produktion zu gestalten, dann sind sie in einer kreativen Situation, in der nur die gemeinsame Suche nach dem künstlerischen Ausdruck eine Lösung der interkulturellen Spannung verspricht. Auf dem Weg dorthin geschieht etwas, was Gadamer schon 1960 in *Wahrheit und Methode* für intensive Begegnungen mit Menschen fremder Sprache oder fremder Kultur konstatierte: „Jede solche Begegnung lässt etwas als eigene Vormeinung bewusst werden, das einem (vor der Begegnung) so selbstverständlich schien, dass man die naive Angleichung an Eigenes und damit das Missverstehen, das so zustande kommt, überhaupt nicht bemerken konnte."

Für ihre Entdeckungen finden die Künstlerinnen und Künstler einen kreativen Ausdruck, eine Sprache. Das ist ihre ganz besondere Transferleistung. Diese Sprache wiederum lässt sich, wie jede Sprache, weitervermitteln, zurück in die Gesellschaften, aus denen die Kreativen stammen. Das ist im Kern der Prozess des interkulturellen Dialogs. In ihm werden Kulturen nicht zunächst abstrakt definiert, und dann wird versucht, die am Reißbrett definierten Entitäten dialogisch zu verbinden, sondern im Dialog der Partner findet prozesshaft die Selbstdefinition von Interkulturalität statt. Das unterscheidet zweifelhafte Konzepte vom „Dialog der Kulturen" und genuinen Kulturdialog.

4.

An dieser Stelle wäre es an der Zeit, von der Beschreibung des interkulturellen Prozesses ausgehend auf seine möglichen „asiatischen“ Inhalte im 21. Jahrhundert einzugehen. Die grundsätzliche Schwierigkeit, die Prognosen für die weitere Zukunft immer anhaften muss, wäre noch nicht unbedingt ein Hinderungsgrund. Doch liegt es im Wesen interkultureller Prozesse, dass sie sich ganz besonders schlecht für die Vorhersage möglicher Entwicklungen eignen. Denn solche Prozesse sind vergleichbar mit Forschungsreisen in noch unbekanntes Gelände. Wollte man die erwartbaren Ergebnisse im Rahmen eines kurzen Essays auf einen Begriff bringen, würden diese bei weitem nicht an den Anspruch vertiefter künstlerischer Begegnung heranreichen. Der Versuch, Worte zu finden, trüge damit zur Unklarheit und nicht zur Erhellung bei.

Im Kapitel über Asiens „Soft Power“ in dieser Publikation ist Michael von Brück diesem Dilemma dadurch entgangen, dass er grundlegende philosophische und spirituelle Beiträge Asiens zur Weltkultur benannt hat, denen er im 21. Jahrhundert noch mehr Einfluss in Europa wünscht. Das ist ein legitimer Ansatz, auch wenn aus dem Sollen kein Sein folgen muss. Von Brücks Auswahl und die Gründe dafür lohnen allemal die vertiefte Reflexion und bieten interessante Ansatzpunkte für kultur- und bildungspolitisches Handeln. Ganz bewusst stellt er sich in die lange Tradition jener Europäerinnen und Europäer, die von Asien lernen möchten, weil sie von dort kulturelle Impulse empfangen, die die eigenen Traditionen fruchtbar ergänzen. Das ist ein voluntaristischer Akt, um kulturelle Konzepte, die in Indien entstanden sind, in den europäischen Diskurs zu integrieren. Mit Asiens Aufschwung im 21. Jahrhundert ist damit zu rechnen, dass solche Chancen für Europäer weiter zunehmen werden – einfach deshalb, weil bessere materielle und immaterielle Infrastruktur leichteren Zugang zu den Quellen eröffnen.

Auf jeweils eigene Art bestätigen Amartya Sen und Kazuo Ogoura die Intentionen von Brücks. Am Beispiel der indisch-chinesischen Kulturbeziehungen über eine Spanne von mehr als zwei Jahrtausenden demonstriert Sen, wie wichtig die zum Teil unterschätzten Einflüsse Indiens für China waren und sind. Dahinter steht eine unausgesprochene Botschaft: So wie in China könnte auch die „menschliche Entwicklung" (dieser Begriff muss hier im Sinne der Terminologie Sens verstanden werden) in Europa noch viel mehr von Indiens Leistungen profitieren. Bedingung ist die Bereitschaft, genau hinzusehen und gute Beispiele zu finden, um dann von ihnen lernen zu können. Gefordert ist also wiederum ein dezisionistischer Akt, der zunächst vom Rezipienten zu erbringen wäre. Das klingt banal und selbstverständlich, doch Sens Beitrag beweist, dass es das wider Erwarten und trotz der Tatsache, dass Indien „à la mode" ist, immer noch nicht ist.

Natürlich tragen auch die asiatischen Gesellschaften dazu bei, ihrem kulturellen Reichtum andernorts zur Wirkung zu verhelfen. Der wirtschaftliche Aufschwung hilft, die Ausstrahlung zu erhöhen. Asiatische Staaten verfügen heute zunehmend über die notwendigen Ressourcen, ihre kulturelle Selbstdarstellung auch politisch zu gestalten. Kazuo Ogoura beschreibt sehr klar, wie japanische Außenpolitik kulturelle Elemente seit dem Ende des Zweiten Weltkriegs ganz gezielt als Sympathiewerbung für anspruchsvolle Rezipienten eingesetzt hat. Nicht auszuschließen, dass ein Erfolgswerk wie Cees Nootebooms „Rituale" hinsichtlich der zentralen Bedeutung der Teezeremonie auch ein hervorragendes Zeugnis für den Erfolg dieser japanischen Politik ausstellt.

Zeitlich etwas versetzt folgen eine Reihe ostasiatischer Staaten dem japanischen Weg in der auswärtigen Kulturpolitik. Besonders spannend ist an Ogouras Darstellung, wie Kultur in der japanischen oder chinesischen Außenpolitik ganz offen für politische und wirtschaftliche Zwecke instrumentalisiert wird und wie sie sich dennoch – gibt es hier eine „List der Ästhetik"? – von der politischen Indienstnahme emanzipieren muss, sofern sie wirken will. So kommt Ogoura zu dem Ergebnis: „Der Begriff ‚Soft Power' findet seinen Nutzen nicht in der Machtausübung durch den Staat, sondern eher in der Anwendung durch Menschen, die sich kulturell und religiös oder in der Bildung engagieren, um das gemeinsame globale Bewusstsein zu stärken und die Kreativität zu fördern." Von einem politischen, sogar im engeren Sinne machtpolitischen Ausgangspunkt aus bestätigt seine Überlegung damit die Ergebnisse, zu denen auch die eher kulturtheoretisch angelegte Reflexion dieses Beitrags gekommen ist.

Aus praktischer Sicht ist es ganz entscheidend, aus den theoretischen Überlegungen Schlüsse für kulturpolitisches Handeln zu ziehen. Asien wird die Welt im 21. Jahrhundert verändern – so viel ist sicher. Ob wir in Europa die damit für uns verbundenen Chancen nutzen, liegt an uns. Ogoura sagt sehr richtig, dass es auf die Menschen ankommt, die sich „kulturell und religiös oder in der Bildung" engagieren. Wenn in den europäischen Gesellschaften eine klare Mehrheit die Überzeugung teilt, dass die Grundhaltung für diese Tätigkeiten von Offenheit, von der Einschließung des anderen geprägt sein muss, dann haben wir die Chance, die Entwicklung gemeinsam mit asiatischen Partnern zu gestalten. Wenn unsere Gesellschaft sich hingegen in erheblichem Maß für eine verschlossenere Haltung entscheidet – womöglich aus irrationaler Globalisierungsangst oder aufgrund falscher romantisierender Vorstellungen von kultureller Identität –, dann wird Asien zunehmend weniger nach Europa blicken. Das könnte dann zu einem bösen Erwachen führen, wenn aus irgendeinem Grund ernste politische Meinungsverschiedenheiten im Raum stehen.

Zwischen den Optionen „kulturelle Offenheit" und „kulturelle Geschlossenheit" sollte die Wahl daher nicht in Frage stehen. Aus ihr sind aber auch die Konsequenzen zu ziehen: Wer grenzüberschreitende kulturelle Zusammenarbeit im starken Sinn des Wortes gestalten will, muss dafür Unterstützung bieten und Zeit aufwenden.

Ein offenes und innovatives Europa in einer globalen Welt

JOSÉ MANUEL BARROSO

In den letzten Jahren ist der Aufstieg neuer Handelspartner – namentlich Chinas, Indiens und anderer Schwellenländer – für Europas Konsumenten und Unternehmer von großem Nutzen gewesen. Gleichzeitig wurde jedoch das Schreckgespenst einer Abschottungspolitik heraufbeschworen und die Zukunftsfähigkeit unserer Industrie sowie letztlich auch unseres Lebensstils und unseres Gesellschaftsmodells in Frage gestellt.

Muss sich Europa Sorgen machen? Die Antwort ist vielleicht, sofern wir nicht die notwendigen Maßnahmen fortführen, um Europas Anpassungsfähigkeit zu verbessern, und die Chancen der Globalisierung zu unserem eigenen Vorteil wahrnehmen. Um den maximalen Nutzen aus der immer stärkeren Einbindung in das internationale Wirtschaftssystem zu ziehen, setzt Europa eine Politik um, die unsere Stärke fördert, durch Innovationen neue und nachhaltige komparative Vorteile zu schaffen. Gleichzeitig stellt diese Politik sicher, dass Ressourcen gerecht verteilt und auch jene nicht außen vor gelassen werden, die im Anpassungsprozess große Schwierigkeiten haben. Diese Maßnahmen müssen weitergeführt werden.

Europas Politik sollte sich eindeutig für die weitere Liberalisierung des internationalen Handels und für Investitionen aussprechen, den Globalisierungsprozess aktiv mitgestalten und darüber hinaus innenpolitische Maßnahmen zur Verbesserung unserer Anpassungs- und Wandlungsfähigkeit ergreifen.

In diesem Artikel werde ich die Möglichkeiten und Herausforderungen beleuchten, die sich aus der Globalisierung ergeben. Hierbei werde ich zunächst gesondert auf die Situation in Asien eingehen; anschließend werde ich darlegen, welche Bedeutung diese Entwicklungen für Europa haben und warum. Ich werde aufzeigen, was bisher erreicht worden ist und welche Maßnahmen in Zukunft getroffen werden müssen, sodass Europa auch in Zukunft aus den Veränderungen, die sich durch die Globalisierung ergeben, seinen maximalen Nutzen ziehen kann.

Die Herausforderungen der Globalisierung

Die globale Wirtschaft durchläuft einen enormen und rasanten Wandlungsprozess. Technologische Neuerungen, vor allem in der Informations- und Kommunikationstechnologie (IKT) und dem Transportwesen, erhöhen in gewaltigem Maße das Tempo und Volumen des Informations-, Güter- und Dienstleistungsflusses, sodass geographische Hindernisse in der Wirtschaft kaum noch eine Rolle spielen und die Integration weiterer Länder in den globalen Markt vorangetrieben wird. Die internationale Arbeitsteilung wird immer wichtiger, nicht nur in der Fertigung, sondern auch im Dienstleistungssektor. Viele Dienstleistungsberufe, die früher zu den vor ausländischer Konkurrenz geschützten Wirtschaftssektoren gehörten, sehen sich nun dem internationalem Wettbewerb ausgesetzt. Da der Großteil der Beschäftigung in der Europäischen Union im Dienstleistungssektor angesiedelt ist, könnten künftig noch viel mehr Arbeitsplätze als bisher ausgelagert werden. Das gilt sogar für hochspezialisierte Forschung und Entwicklung (F&E), denn auch diese spielt sich zunehmend auf globaler Ebene ab.

Dies betrifft jedoch nicht nur neue Sektoren, die Eingang in den Weltmarkt finden. Immer mehr Länder liberalisieren ihre Wirtschaft, reformieren und stabilisieren ihre Märkte und nutzen die Chancen, die sich aus der stärkeren Integration in die Weltwirtschaft ergeben. Dies betrifft vor allem die riesigen, aufstrebenden Marktwirtschaften, wie China und Indien, die ihren Anteil an der globalen Wirtschaft rasant erhöhen. Ein besonderes Kennzeichen dieser neuen internationalen Akteure sind die hohe Zahl an Arbeitskräften und ihre relativ hohe technische Qualifikation. Dies ist teils auf die industrielle Vergangenheit der Länder zurückzuführen, teils Ergebnis einer energischen Industriepolitik, die manchmal auch von multinationalen Unternehmen ausgeht. Die Zahl und Qualität der Absolventen von naturwissenschaftlichen und Ingenieursstudiengängen in Indien und China hat sich deutlich gesteigert. Daher existiert ein relativ großes Angebot an Fachkräften mit technischen Qualifikationen, die sich nicht wesentlich von jenen der Industrieländer unterscheiden. Niedrigere Löhne steigern die Standortattraktivität, wenn damit sogar gut ausgebildete Arbeitskräfte bezahlt werden können. Daher sind in Europa auch die Stellen hochqualifizierter Arbeitskräfte zunehmend von der Auslagerung bedroht.

Durch den rapiden Aufstieg neuer Schwellenländer in Asien entsteht eine „multipolare Welt", in der die Quellen der Wettbewerbsfähigkeit, wie Technologie und Humankapital, gleichmäßiger verteilt sind als je zuvor. Eines der sichtbarsten Anzeichen der neuen, multipolaren Welt ist die Internationalisierung von F&E über die üblichen Grenzen der Triadenationen (USA, Europa und Japan) hinaus. Diese globalere Ausrichtung im F&E-Bereich zeigt sich in den immer vielschichtigeren Investitionsentscheidungen multinationaler Unternehmen, die nun sämtliche größeren Regionen der Welt mit einbeziehen, vor allem Asien. Da die neuen, aufstrebenden Marktwirtschaften ihre Innovationskraft weiter ausbauen, wird erwartet, dass sich diese Entwicklung fortsetzt.

Das neue Zeitalter der technischen Globalisierung eröffnet denjenigen Unternehmen viele Chancen, die in der Lage sind, sich neue Märkte zu erschließen, Kosten zu senken, innovative Produkte und Dienstleistungen auf den Markt zu bringen und die

Qualität zu verbessern. Darüber hinaus bringt es ebenso Vorteile für die Konsumenten in Form günstigerer Preise für Güter und Dienstleistungen sowie einer größeren Auswahl an Produkten. Vor allem aber besteht ein breiter Konsens darüber, dass die zunehmende internationale Integration allenfalls zu einem vorübergehenden Rückgang in der Beschäftigungsrate führt, was auch gesicherte Wirtschaftstheorien und empirische Forschungen bestätigen.

Die Zuversicht der meisten Ökonomen, dass eine stärkere internationale wirtschaftliche Integration zu mehr Wohlstand führe, steht im krassen Gegensatz zur weitverbreiteten ambivalenten Einstellung gegenüber der Globalisierung. Die Bevölkerung scheint eher die Kosten der Globalisierung als ihren potenziellen Nutzen wahrzunehmen. Viele Menschen haben Angst vor den Auswirkungen von Verlagerung und Outsourcing auf ihre Arbeitsplätze, vor allem jene mit geringeren Qualifikationen. Jedoch fürchten zunehmend auch Hochqualifizierte den Wettbewerb, da immer mehr Tätigkeiten betroffen sind und immer mehr Länder hochwertigere Produkte und Dienstleistungen anbieten.

Wirtschaftsexperten sind sich einig, dass Anpassungsmaßnahmen wie eine weitere Spezialisierung und Innovation sowie die Diversifizierung in neue, komparative Vorteile bringende Bereiche notwendig sind, um von den möglichen Vorteilen der Globalisierung profitieren zu können. Dies wird am Arbeitsmarkt zu Verschiebungen in einzelnen Sektoren und bei den Beschäftigungszahlen führen. Damit wird deutlich, dass die internationale Wirtschaftsintegration sehr wohl „Turbulenzen" auf den Arbeitsmärkten nach sich ziehen könnte. Die Verlagerung von Ressourcen ruft fast unweigerlich kurzfristige Spannungen hervor. Dies trifft insbesondere die Arbeitsmärkte, da es nicht immer leicht ist, neue, zusätzliche Qualifikationen zu erwerben bzw. den Arbeitsplatz, den Beruf, den Sektor, die Branche oder den Wohnsitz zu wechseln. Die wirkliche Herausforderung besteht also darin, die wirtschaftlichen Voraussetzungen dafür zu schaffen, dass die Globalisierung nicht länger als Bedrohung für Arbeitsplätze gesehen wird, sondern als Chance für die Steigerung des Wohlstands.

Die Herausforderungen für Europa

Diese globalen Veränderungen stellen für Europa eine besondere Herausforderung dar. Vieles deutet darauf hin, dass die EU noch immer nicht ideal positioniert ist, um die möglichen Vorteile einer verstärkten internationalen Integration voll zu nutzen, wodurch das Lager der Globalisierungsgegner und der Befürworter protektionistischer Markteingriffe gestärkt wird.

Erstens ist Europa aufgrund seiner Spezialisierung und der komparativen Vorteile in der Medium-Tech-Industrie anfällig für die Folgen der Globalisierung und der Verschiebung von Wettbewerbsvorteilen. Die bestehende Wettbewerbsfähigkeit der Europäischen Union wird untergraben durch einen Mangel an Spezialisierung in den vielversprechendsten Wachstumsbereichen. Der in jüngster Vergangenheit geringer ausfallende Beitrag der EU zum Produktivitätswachstum in der IKT verdeutlicht, dass Europas relative Wachstumsschwäche im Wesentlichen mit einem Innovationsdefizit zusammenhängt. Das Beispiel der IKT spiegelt allgemein die Schwierigkeiten der EU wider, die Wirtschaft mehr auf neue Wachstumssektoren mit hoher Produktivität auszurichten.

Das Innovationsklima in der EU ist weiterhin schwach ausgeprägt, wie an einigen Schlüsselindikatoren abzulesen ist. Der Anteil der Bevölkerung, der sich in der Hochschulausbildung befindet, ist niedriger als jener unserer wichtigsten Wettbewerber. Ebenso sind die Bildungsausgaben geringer, und viele der besten Wissenschaftler wandern ins Ausland ab. Besonders drückt sich die heutige Besorgnis über die Innovationsfähigkeit der EU in den unzureichenden Investitionen in F&E aus. Seit Beginn der Umsetzung der Lissabon-Strategie im Jahr 2000 stagnieren die Gesamtinvestitionen in F&E bei rund 1,9 Prozent des Bruttoinlandsprodukts (und gehen seit 2002 sogar leicht zurück). Im Jahr 2005 wurden in den 27 EU-Ländern lediglich 1,84 Prozent des BIP für Forschung und Entwicklung ausgegeben. Folglich fallen die Aktivitäten in diesem Bereich in den EU-Ländern geringer aus als in den meisten anderen großen Wirtschaftsmächten, wie den USA, Japan und Südkorea. Darüber hinaus holen aufstrebende Wirtschaftsnationen wie China rasch auf. Das Land investierte im Jahr 2005 1,3 Prozent des BIP in Forschung und Entwicklung.

Neuere Ergebnisse deuten sogar darauf hin, dass das anhaltende Innovationsdefizit in der EU nicht nur auf fehlende Investitionen in F&E beschränkt ist. Auch im privaten Sektor gibt es oft nicht genügend Anreize, innovativ zu sein: Der europäische Güter- und Dienstleistungsmarkt ist zu fragmentiert, und es mangelt an einem dynamischen, wettbewerbsorientierten Umfeld, das auf die Anforderungen seiner führenden Akteure ausgerichtet ist. Die F&E-Aktivitäten Europas konzentrieren sich mehr auf die Fertigung im Medium-Tech-Bereich. Auch der Mangel an schnell wachsenden, innovativen kleinen und mittelständischen Unternehmen trägt entscheidend zum Investitionsdefizit der EU bei. Vor diesem Hintergrund ist das Defizit im Bereich F&E eher als Symptom zu sehen denn als Ursache für die Innovationsschwäche der EU. Die Gründe liegen eher in der Struktur und Dynamik in Industrie und Unternehmen. Daher muss eine Lösung des Problems mehr beinhalten als lediglich Anreize für höhere Investitionen in öffentliche oder private Forschung. Das politische Programm zur Verbesserung des Innovationsklimas in der EU muss auch Strukturreformen aufweisen, die auf eine Verbesserung des Arbeits-, Güter- und Finanzmarktes abzielen.

Zweitens schöpft Europa nicht alle Möglichkeiten aus, da seine Investitions- und Handelsaktivitäten in den schnell wachsenden Schwellenländern immer noch relativ gering ausfallen, obwohl es sich immer stärker in die globale Wirtschaft integriert und seine Position auf dem Weltmarkt behaupten kann – nicht zuletzt dank der Erweiterung – und wieder positive Wachstumsraten aufweist.

Darüber hinaus verliert Europa an Anziehungskraft für internationale Investoren, vor allem wenn man auch die Größe seines Marktes bedenkt. China bietet Zugang zu einem enormen Markt sowie eine große Zahl gut ausgebildeter und billiger Arbeitskräfte und zieht damit immer mehr internationale Investoren an.

Schließlich erschweren die relativ starren wirtschaftlichen Strukturen Europas die Anpassung an ein sich wandelndes Umfeld. Um vom Handel zu profitieren, ist es notwendig, Produktionsfaktoren aus schrumpfenden Bereichen abzuziehen, und dahin zu verlagern, wo ein komparativer Wettbewerbsvorteil besteht und sie am effizientesten eingesetzt werden können. In den eher rigiden Arbeits- und Gütermärkten der EU gibt es jedoch große Hindernisse für eine derartige Neuverteilung, und so werden Ressourcen über lange Zeiträume hinweg unwirtschaftlich gebunden und neue Initiativen für deren effizientere Nutzung gebremst.

Eine Herausforderung für die europäische Politik: den Wandel erleichtern

Die Politik kann dazu beitragen, diese Herausforderungen zu bewältigen. Sie sollte nicht versuchen, Outsourcing und Verlagerung zu steuern oder gar zu beschränken, denn die europäische Wirtschaft ist mit der Weltwirtschaft tief verflochten. Die Politik sollte sich vielmehr bemühen, Rahmenbedingungen zu schaffen, die es Europa ermöglichen, voll und ganz von den Vorteilen der Globalisierung zu profitieren und gleichzeitig sicherstellen, dass die Nachteile minimaler und kurzfristiger Natur sind. Dies erfordert eine europäische Wirtschaft, die den ökonomischen Strukturwandel erfolgreich bewältigen kann. Um dies zu erreichen, muss sie ihre Anpassungsfähigkeit verbessern. Die Politik der EU sollte daher zwei Ziele verfolgen: die Innovationskraft sowie die Wettbewerbsfähigkeit zu stärken und den Wandlungsprozess zu erleichtern.

Diese zwei politischen Handlungsfelder ergänzen einander. Das erste zielt auf die Fähigkeit der europäischen Wirtschaft ab, sich durch die Schaffung neuer Tätigkeitsbereiche und neuer Arbeitsplätze an veränderte Verhältnisse anzupassen, ohne dabei im Saldo Beschäftigungverluste zu erleiden. Neue, nachhaltige Bereiche mit erhöhter Wertschöpfung zu schaffen und zu erhalten, erfordert dynamische Rahmenbedingungen, unter denen Produktivität, Innovationen und Arbeitsmarkt gedeihen können. Ohne solche Rahmenbedingungen wird es nicht möglich sein, genügend neue Stellen zu schaffen, die wegbrechende Arbeitsplätze ersetzen können. Sobald in der EU eine flexiblere Wirtschaft etabliert ist, muss die Politik weniger eingreifen, um den Wandlungsprozess zu erleichtern. Fehlt hingegen der europäischen Wirtschaft diese Flexibiliät, so besteht die Gefahr, dass die Unterstützung des Wandlungsprozesses in der EU sehr teuer werden und sehr lange dauern wird. Dennoch sind politische Maßnahmen zur Erleichterung dieses Prozesses äußerst wichtig, und zwar unter Gerechtigkeitsaspekten. Es ist nicht angemessen, dass Teile der Gesellschaft mehr unter diesen Veränderungen zu leiden haben als andere. Auch unter dem Gesichtspunkt der Effizienz ist die politische Unterstützung notwendig, da die Handelsgewinne geringer ausfallen werden, wenn die Reallokation der Produktionsfaktoren nicht gleichmäßig und reibungslos abläuft. Eine ausbalancierte Lastenteilung trägt darüber hinaus einem aufgeklärten Eigeninteresse jener Rechnung, die sich für eine offene Wirtschaft einsetzen, da eine ungleiche Kosten- und Nutzenverteilung die Unterstützung für eine offene Wirtschaft völlig untergraben würde.

Ein solches politisches Maßnahmenpaket für die Bewältigung der Globalisierungsfolgen darf nicht für sich gesehen werden, sondern es überschneidet sich mit den politischen Maßnahmen, die im Falle anderer größerer Veränderungen getroffen werden, etwa beim technologischen Fortschritt oder beim demographischen Wandel. Die Antwort der Politik erfordert einen kohärenten und konsequenten Ansatz, der die verschiedenen Politikbereiche und -ebenen (EU und Mitgliedsstaaten) koordiniert. Umfassende Reformprogramme, wie die Lissabon-Strategie, führen eher zu Ergebnissen als eine Anhäufung vereinzelter unvernetzter Strategien.

1. Rahmenbedingungen für mehr Innovationskraft und Wettbewerbsfähigkeit in Europa schaffen

Die EU muss ihre Fähigkeit ausbauen, neue Tätigkeiten und Arbeitsplätze zu schaffen, wenn sie auch eine Führungsrolle bei der neu entstehenden internationalen Arbeitsteilung übernehmen will. Es wird auf Dauer nicht reichen, lediglich Güter und Dienstleistungen zu produzieren, die die traditionellen komparativen Vorteile widerspiegeln. Stattdessen erfordert die Schaffung neuer Beschäftigungsfelder mit hoher Wertschöpfung und nachhaltigen Wettbewerbsvorteilen dynamische Rahmenbedingungen, in denen Innovation und F&E, getragen von einem hervorragenden Bildungssystem, die Produktivität und das Wachstum des Arbeitsmarktes vorantreiben.

Einen dynamischen europäischen Markt schaffen

Unternehmen siedeln sich dort an, wo sie einen Markt finden. Die beste Methode, um dem Abfluss von Unternehmensressourcen aus Europa Einhalt zu gebieten, neue Investoren anzuziehen und Firmenneugründungen anzuregen, ist daher, internationalen Unternehmen Zugang zu einem dynamischen europäischen Markt zu verschaffen. Eines der wichtigsten Ziele des Binnenmarktprogramms war es, die Dynamik der europäischen Wirtschaft zu verstärken, indem Hindernisse beseitigt wurden, die die Märkte fragmentieren. Im Laufe der Jahre entwickelte sich, unterstützt durch die einheitliche Währung, ein besser integrierter europäischer

Markt. Im Großen und Ganzen waren beide Instrumente erfolgreich: Es entstand ein großer Binnenmarkt ohne Währungsgrenzen, der ein solides Fundament für das Wirtschaftswachstum darstellt. Der Integrationsprozess kam jedoch in einigen Bereichen, nämlich bei Gütern, weiter voran als bei den Dienstleistungen und netzgebundenen Versorgungsleistungen.

Ein Umfeld schaffen, das höhere Wertschöpfung ermöglicht

Um unser Sozialmodell aufrechtzuerhalten, müssen wir Güter und Dienstleistungen mit hohem Mehrwert produzieren und anbieten können. Auch wenn die Gestaltungsmöglichkeiten der Politik in dieser Hinsicht beschränkt sind, kann sie dennoch ihren Teil dazu beitragen, indem sie ein Umfeld schafft, das Unternehmen unterstützt, die diesen Markt ausschöpfen wollen. Eine Möglichkeit der Unterstützung besteht in der Belebung von F&E und Innovationskraft.

Die EU und ihre Mitgliedsstaaten müssen mehr Mittel zur Verfügung stellen und diese effizienter und zielgerichteter einsetzen. Um die komparativen Vorteile Europas in Wirtschaftsbereichen mit hohem Wertschöpfungspotential zu erhöhen, bedarf es hochqualifizierter Arbeitskräfte. Daher ist die Politik im Bereich Humankapital von enormer Bedeutung. In dieser Hinsicht ist es angesichts der zentralen Rolle der Wissenschaften und Technologie für die heutige und künftige Produktionsleistung notwendig, Schülerinnen und Schüler anzuregen, naturwissenschaftliche und technische Fächer zu wählen, und die Studienpläne der Universitäten an die neu entstandenen Wissenschaftsbereiche anzupassen. Eine Reform des gesamten Hochschulwesens wird in den nächsten Jahren unvermeidlich sein. Daher ist es umso wichtiger, ihren Prozess der Anpassung an moderne Anforderungen zu beschleunigen.

Doch ist eine Leistungssteigerung nicht nur im universitären Bereich notwendig. Auch die betriebliche Aus- und Weiterbildung, zu der alle Zugang haben sollten, sowie die Verbesserung grundlegender Fähigkeiten und Fertigkeiten der Bevölkerung sind wichtig. Natürlich gestalten sich derartige Maßnahmen effizienter, wenn sie auf frühzeitigen Investitionen in das Humankapital (Grundschule, Sekundarstufe und Hochschulbildung) aufbauen können. Abgesehen von einer Forschungs-, Entwicklungs- und Bildungspolitik, die die Entwicklung wissenschaftlicher und technischer Kapazitäten fördert, ist auch eine Politik notwendig, die die richtigen Rahmenbedingungen schafft, um Innovationen auf den Markt zu bringen und daraus den vollen Wert zu schöpfen. Eine Wettbewerbspolitik, die offene Märkte sichert, Barrieren für den Marktein- bzw. -austritt abbaut, Wachstumshindernisse reduziert, Zugang zu Risikokapital schafft und den Schutz geistigen Eigentums transparent handhabt, ist von entscheidender Bedeutung.

Zusammengenommen bedeutet dies, dass die Behebung der Innovationsschwäche der EU ein langfristiges und umfassendes politisches Programm erfordert. Ein einziger, isolierter Impuls wird nicht zu einem auf Innovation basierenden größeren Wachstum führen. Stattdessen wird eine ganze Reihe zusammenhängender Initiativen und Strukturreformen benötigt. Über die Schaffung von Anreizen für Investitionen in die Forschung seitens des öffentlichen und des privaten Sektors hinaus ist es ebenso wichtig, auch andere Strukturreformen in das politische Programm zu integrieren. Der Lissabon-Strategie liegt unter anderem die Philosophie zugrunde, dass strukturelle Reformen für Güter-, Arbeits- und Kapitalmärkte am besten umfassend und koordiniert erfolgen sollten, um mit ihnen maximale Wirkungen zu erzielen.

Europas Anpassungsfähigkeit gegenüber externen Schocks steigern

Umstrukturierung und Verlagerung sind normale Phänomene in einer dynamischen, offenen Wirtschaft. Betroffene Arbeitskräfte und Regionen müssen daher in der Lage sein, auf Veränderungen schnell zu reagieren und sich ihnen anzupassen. Auch wenn schon Fortschritte erzielt worden sind, ist es nach wie vor für viele Arbeitslose schwierig, eine neue Stelle zu finden. Das ist einerseits darauf zurückzuführen, dass nicht genügend neue Arbeitsplätze geschaffen werden, andererseits liegt es auch an der mangelnden Mobilität. Die Regulierung des Arbeitsmarktes, Bildungs- und Ausbildungsinitiativen sowie Einwanderungs- und Steuerpolitik können vereint die Anpassungsfähigkeit der EU verbessern. Die Finanzinstrumente, vor allem der Strukturfonds, werden immer gezielter für diese Zwecke eingesetzt.

Die Vorteile des dynamischen globalen Marktes voll ausschöpfen

Wenn Europa die Vorteile des dynamischen globalen Marktes voll ausschöpfen will, brauchen seine Unternehmen Zugang zu den Schlüsselmärkten. Die Handelspolitik spielt eine wesentliche Rolle dabei, ein offenes, globales Handelssystem zu sichern – sowohl über multilaterale als auch über regionale Abkommen – und den Schutz geistigen Eigentums im weitesten Sinne zu gewährleisten.

2. Den Wandlungsprozess und die Anpassung an veränderte Bedingungen erleichtern

Kurzfristige negative Auswirkungen der Globalisierung auf die Beschäftigung sind unvermeidbar, da vor allem in Europa der Arbeitsmarkt relativ starr ist. Daher brauchen wir Maßnahmen, die den Übergang erleichtern. In diesem Zusammenhang hat die Europäische Kommission die Einrichtung eines Europäischen Fonds für die Anpassung an die Globalisierung vorgeschlagen, dem der Europäische Rat zugestimmt hat. Es ist ein Zeichen europäischer Solidarität seitens all jener, die von der Öffnung der Märkte profitieren und denjenigen helfen wollen, die durch die Globalisierung plötzlich vor dem Verlust ihres Arbeitsplatzes stehen.

Der Europäische Fonds für die Anpassung an die Globalisierung stellt Mittel zur Verfügung, um Arbeitslose schnell wieder in den Arbeitsmarkt zu integrieren. Er dient zur Finanzierung von Unterstützungsmaßnahmen, die auf die besonderen Bedürfnisse jener Arbeitslosen zugeschnitten sind, die durch die Veränderungen im Welthandelsgefüge ihren Arbeitsplatz verlieren. Er vereint aktive Hilfe, wie etwa beim Suchen neuer Arbeit, mit vorübergehenden Einkommenszuschüssen für Beschäftigte. Dieser neue Fonds ergänzt bestehende Maßnahmen der EU, die Unternehmen und Regionen im Prozess der Umstrukturierung unterstützen.

Die vorgenannten Rahmenbedingungen könnten der EU zu einer besseren Position in der Weltwirtschaft verhelfen. Sie könnten dafür sorgen, dass Europa mehr von der Globalisierung profitiert, der Wandlungs- und Anpassungsprozess reibungsloser verläuft und diejenigen, die von den Folgen des Prozesses negativ betroffen sind, nicht nur entschädigt, sondern dabei unterstützt werden, auch in einer globalisierteren Wirtschaft aktiv beteiligt zu bleiben.

Europas politisches Programm: die neue Lissabon-Strategie

Beim Treffen des Europäischen Rats in Lissabon im Jahr 2000 verabschiedete die EU ein umfassendes, integriertes Strukturreformprogramm für die folgenden zehn Jahre, das auf die Herausforderungen der Globalisierung, des technischen Wandels und der gesellschaftlichen Überalterung ausgerichtet war.

Von Beginn an wurde Innovation als ein Schlüssel der Lissabon-Strategie gesehen, wie auch an den Zielsetzungen abzulesen ist, die in Barcelona 2002 vereinbart wurden und eine Steigerung der Investitionen in Forschung und Entwicklung in der EU auf drei Prozent des BIP vorsehen. Die Bandbreite politischer Instrumente, die laut Lissabon-Strategie Anwendung finden sollten, wurde von Beginn an sehr großzügig gewählt. Die Lissabon-Strategie wurde entwickelt, um sicherzustellen, dass Investitionen und Innovationskraft von einem Wettbewerbsfähigeren und unternehmerfreundlichen Umfeld profitieren können. Dieses Umfeld wird durch Strukturreformen auf den Produkt-, Kapital- und Arbeitsmärkten gefördert, damit der Markt besser funktioniert und es möglich wird, Ressourcen aus Bereichen mit niedriger Produktivität in solche mit höherer Produktivität zu verlagern.

Ein Zwischenbericht, der von einer Expertengruppe unter Leitung des ehemaligen niederländischen Premierministers Wim Kok erarbeitet wurde, zeigt deutlich, dass die Lissabon-Strategie nicht die erwarteten Erfolge erzielt hatte, vor allem in Bezug auf die wissensbasierte Wirtschaft. Die größten Schwachpunkte waren laut Halbzeitbilanz die mangelnde Zielrichtung, die schlechte Steuerung der politischen Maßnahmen, der fehlende Zugzwang auf Ebene der Mitgliedsstaaten und die mangelnde Erläuterung des Prozessnutzens.

Die überarbeitete Lissabon-Strategie konzentriert sich ausschließlich auf Wachstum und Beschäftigung und zählt F&E und Innovationskraft dabei weiterhin zu den obersten Prioritäten. Diesmal sieht die Partnerschaft für Wachstum und Beschäftigung für die Europäische Union eine Steuerungsmöglichkeit vor, sodass die Leistung der Innovationskraft ebenso wie die Schlüsselfaktoren für F&E kontrolliert werden können. Die Mitgliedsstaaten wurden aufgefordert, auf Basis gemeinsamer, integrierter Leitlinien eigene Nationale Reformprogramme (NRP) zu entwerfen.

In ihren Reformprogrammen im Jahr 2005 bezeichneten fast alle Mitgliedsstaaten die Bereiche F&E und Innovation als die größte Herausforderung. Erfreulicherweise haben auch alle Mitgliedsstaaten angefangen, umfassendere Strategien für F&E und die Steigerung der Innovationskraft umzusetzen. Obwohl sich die politischen Maßnahmen, die in den NRPs der verschiedenen Mitgliedstaaten vorgeschlagen werden, je nach Entwicklungsstand im Bereich F&E bzw. Innovation unterscheiden, scheinen fast alle die Notwendigkeit einer systematischen Herangehensweise anzuerkennen. Sollten die Mitgliedsstaaten ihre selbstgesetzten Ziele erreichen, wird die F&E-Intensität in der EU insgesamt bis 2010 auf 2,6 Prozent steigen.

Das Lissabon-Programm der Gemeinschaft beinhaltet eine Reihe an Maßnahmen auf EU-Ebene, welche die Wachstums- und Beschäftigungsstrategie unterstützen. Dazu gehören das Gemeinschaftspatentsystem, die Dienstleistungsrichtlinie, die Doha-Verhandlungen, der Vorschlag über eine gemeinsame konsolidierte Körperschaftssteuer-Bemessungsgrundlage, Änderungen der Gesellschaftsrechtsrichtlinie, Gesetze zur Übertragbarkeit von Rentenansprüchen, Anerkennung beruflicher Qualifikationen sowie eine Reihe von Fonds zur Unterstützung der Lissabon-Strategie.

Mit dem Siebten Rahmenprogramm konzentriert die Europäische Union ihre finanzielle Unterstützung auf F&E und Innovationstätigkeit. Dieses Rahmenprogramm verfügt über ein Gesamtbudget von 50,5 Milliarden Euro für den Zeitraum 2007 bis 2013, und das Euratom-Budget für Forschungen in den Bereichen Kernspaltung und Kernfusion für die Jahre 2007 bis 2011 beläuft sich auf 2,7 Milliarden Euro. Insgesamt bedeutet dies einen Anstieg von 63 Prozent seit dem Sechsten Rahmenprogramm. Neu am aktuellen Rahmenprogramm ist die bedeutende Vereinfachung der Abläufe. Der neue Europäische Forschungsrat wird unter anderem wissenschaftlich exzellente Forschungsaktivitäten finanzieren. Das Siebte Rahmenprogramm verfolgt außerdem einen neuen Ansatz mit Blick auf die internationale Kooperation. Während die internationale Zusammenarbeit früher auf einzelne, gezielte Aktivitäten beschränkt war, sorgt das Siebte Rahmenprogramm für eine bessere Gleichstellung von Anwärtern aus Drittländern mit ihren EU-Partnern, indem es in jeden Bereich mit thematischer Priorität Fonds für die internationale Zusammenarbeit integriert.

Das Programm für Wettbewerbsfähigkeit und Innovation wird in enger Ergänzung zum Siebten Rahmenprogramm Innovation und Unternehmergeist fördern. Zusätzlich wird in Kooperation mit der Europäischen Investitionsbank ein neues Instrument, die sogenannte „Risk-Sharing Finance Facility" (RSFF), für die Finanzierung des Wachstums von kleinen und mittelständischen Unternehmen entwickelt. Die Europäische Kommission und die Mitgliedsstaaten haben sich darauf geeinigt, Teile des Strukturfonds, des Kohäsionsprogramms und des Europäischen Landwirtschaftsfonds für die Entwicklung des ländlichen Raums (ELER) für Wissen und Innovation bereitzustellen. Dadurch werden Regionen in ganz Europa ihre F&E- und Innovationssysteme verbessern können.

Darüber hinaus hat die Kommission neue Leitlinien für die staatliche Beihilfe zur Förderung von Risikokapitalinvestitionen beschlossen, die den Zugang zu Finanzierungs- und Risikokapital erleichtern sollen, um die Finanzierung von F&E und Innovation durch die Mitgliedsstaaten zu vereinfachen. Ebenso hat die Kommission neue Leitlinien zu staatlichen Beihilfen für F&E bzw. Innovationen herausgegeben, welche besonders betonen, wie wichtig derartige Beihilfen für die Bewältigung von Marktversagen sind, um die wirtschaftliche Effizienz zu verbessern und F&E bzw. Innovation anzuregen. Die Kommission hat außerdem Empfehlungen zur Modernisierung der Universitäten ausgesprochen und in Zusammenarbeit mit den Mitgliedsstaaten eine Strategie für die Schaffung eines offenen, einheitlichen und auf Wettbewerb basierenden europäischen Arbeitsmarktes für Forscher entwickelt. In diesem Zusammenhang beabsichtigt die Europäische Kommission die Gründung eines „European Institute of Technology", das die Aufgaben von Bildung, Forschung und Unternehmen in sich vereint.

Sind wir auf dem richtigen Weg?

Mit dem Anstieg des weltweiten BIP (ohne EU) um sechs Prozent im Jahr 2006 erholte sich auch das BIP der EU-27 deutlich. Das reale BIP der EU-27 wuchs im Jahr 2006 um drei Prozent (die höchste Wachstumsrate seit dem Jahr 2000), und soll aktuellen Prognosen zufolge auch 2007 um 2,9 Prozent steigen. Ein wesentliches Merkmal der derzeitigen Erholungsphase ist, dass die Beschäftigungsrate zunimmt und der Rückgang des Produktivitätswachstums gestoppt werden konnte. Diese erfreulichen Nachrichten spiegeln zumindest zum Teil den Erfolg der Lissabon-Strategie bei der Steigerung von Wachstum und Beschäftigung.

Ergebnisse: Beschäftigung

Im Jahr 2006 stieg die Beschäftigungsrate um 1,6 Prozent (fast 3,4 Mio. neue Arbeitsplätze), während sie von 2001 bis 2004 jährlich um nur 0,5 Prozent wuchs. Im Zeitraum 2006 bis 2008 werden 9 Mio. neue Arbeitsplätze erwartet. Darüber hinaus wurde der Anstieg in der Beschäftigung von einem weitläufigen Rückgang der Arbeitslosenzahlen begleitet sowie einer Zunahme der Integration in den Arbeitsmarkt, vor allem von Frauen und älteren Erwerbstätigen. Dies deutet darauf hin, dass die verbesserte Beschäftigungssituation struktureller Natur ist und mit den Arbeitsmarktreformen der Lissabon-Strategie übereinstimmt, deren Ziel es ist, mehr Menschen in den Arbeitsmarkt zu integrieren und in der Erwerbstätigkeit zu halten. Obwohl diese Reformmaßnahmen eher spät begannen und immer noch relativ beschränkt sind, scheinen sich ihre positiven Auswirkungen jetzt schon deutlicher abzuzeichnen, besonders in jenen Ländern, in denen ihnen Gütermarktreformen vorausgingen. Die neuesten Daten scheinen also zu bestätigen, dass der in der Lissabon-Strategie gewählte Ansatz bedeutende Vorteile dauerhafter, struktureller Natur schaffen kann. Dennoch brauchen wir weitere Reformen. In den meisten EU-Ländern besteht weiterhin Raum für institutionelle Verbesserungen, damit die Beschäftigung effektiv und zielgerichtet gefördert werden kann.

Ergebnisse: Produktivität

Neueste Daten über die Arbeitsproduktivität in der Eurozone belegen, dass der Rückgang, der Mitte der 90er Jahre begann, im Jahr 2003 gestoppt werden konnte und sich seitdem das Produktivitätswachstum bei rund einem Prozent pro Jahr stabilisiert hat. Ein Teil dieser Entwicklung ist sicherlich auf zyklische Faktoren zurückzuführen. Auf lange Sicht jedoch darf man davon ausgehen, dass die Arbeits- und Warenmärkte strukturell besser aufgestellt sind; ebenso scheint der Rückgang der Produktivität zum Stillstand gekommen zu sein. Auf diesem Erfolg dürfen wir uns jedoch nicht ausruhen. Blickt man zurück auf die jüngste Vergangenheit, so stellt man fest, dass die Produktivitätsschwäche Europas teilweise auf die unzureichend ausgeprägte Dynamik von Kleinunternehmen zurückzuführen ist, bei denen an sich die meisten Arbeitnehmer beschäftigt werden – dies gilt vor allem im Bereich der Spitzentechnologie. Dies zeigt sich besonders in der Schwäche dieser Unternehmen beim Markteintritt, und noch viel mehr darin, dass auch die effizientesten und innovativsten unter ihnen nach Eintritt in den Markt nicht wesentlich wachsen oder bestehende Firmen herausfordern können. Die Umbrüche, die den schöpferischen Zerstörungsprozess in einer wissensbasierten Wirtschaft begleiten, werden in der EU durch eine Vielzahl von Barrieren für kleine, innovative Betriebe behindert.

Um sowohl das Problem mangelnder Industriedynamik zu lösen, als auch die damit verbundenen Barrieren für Prozesse der schöpferischen Zerstörung abzubauen, muss sich die Politik auf ein strukturelles Maßnahmenpaket konzentrieren, das den Mechanismus der schöpferischen Zerstörung optimiert und Barrieren beseitigt, die den Marktein- bzw. -austritt sowie das Wachstum erschweren.

Eine Evaluierung des ersten Durchgangs der nationalen Reformprogramme zeigt, dass den Abläufen des Binnenmarkts, der Steigerung des Wettbewerbs und der Verbesserung des Marktzugangs allgemein mehr Bedeutung zugemessen werden muss. Nur wenige Mitgliedsstaaten erwähnen konkrete Maßnahmen, z. B. um die vollständige Umsetzung von EU-Richtlinien in jenen Bereichen zu gewährleisten, in denen größere Bemühungen erforderlich sind, wie etwa bei der effektiven Liberalisierung der Strommärkte, der verbesserten, öffentlichen Auftragsvergabe oder des Wettbewerbs im Dienstleistungsbereich. In Bezug auf KMU schaffen es die meisten Programme nicht in ausreichendem Maße, den Unternehmergeist zu fördern und mehr Menschen zur Selbständigkeit zu ermutigen. Eine bessere Regulierung ist entscheidend für die Schaffung von mehr Wettbewerb unter den Unternehmen und den Abbau von Hindernissen für Innovation und Wandel. Viele der unternehmensbezogenen Regelungen, wie Besteuerung, Sozialversicherung oder regionale Planung, werden auf nationaler (oder regionaler bzw. lokaler) Ebene getroffen. Fast alle Mitgliedsstaaten behandeln einen Teil der Agenda, aber in vielen Fällen wäre ein umfassenderer Ansatz nötig. Maßnahmen auf Gemeinschaftsebene sind erforderlich, werden allein jedoch nicht ausreichen.

Ergebnisse: Innovation

Die Lissabon-Strategie hat viele Erfolge erzielt, doch bislang kommt ihr nicht die Anerkennung zu, die ihr gebührt. Die Reformen haben einige der schwierigsten und sensibelsten Themen aufgegriffen, wie beispielsweise den Arbeitsmarkt und den Wohlfahrtsstaat – auch zum Beispiel die Rentensysteme, die Liberalisierung der Märkte und die Integrierung der Finanzmärkte. In den Bereichen F&E und Innovation ist der erhoffte Erfolg jedoch größtenteils ausgeblieben. Während einige Sektoren und Mitgliedsstaaten recht gut abschneiden, ist das Innovationsklima in der EU insgesamt weiterhin schwach entwickelt. Dies ist umso erstaunlicher, als der Europäische Rat von Lissabon vollkommen zu Recht erkannt hat, dass die zukünftige wirtschaftliche Entwicklung Europas wesentlich von seiner Fähigkeit abhängen wird, hochwertige, innovative, auf Forschung basierende Wirtschaftsbereiche zu schaffen und weiterzuentwickeln.

Neueste Ergebnisse zur Innovationsleistung bis zum Jahr 2005 verdeutlichen, dass Europa noch nicht auf dem richtigen Weg zur Erreichung seiner selbstgesteckten Ziele ist. Im Jahr 2005 wurden in der EU-27 nur 1,84 Prozent des BIP in Forschung und Entwicklung investiert. Nur wenige Mitgliedsstaaten haben in den letzten Jahren Wachstumsraten zu verzeichnen, die sie ihren Zielen bedeutend näher bringen werden, falls sie aufrechterhalten werden können. Insgesamt ist aber zu sagen, dass die F&E-Intensität in der EU bis zum Jahr 2010 auf das Niveau der 90er Jahre, also auf unter 1,8 Prozent des BIP zurückfallen wird, wenn der derzeitige negative Trend anhält. Der Rückstand in diesem Bereich hinter unseren größten Wettbewerbern konnte nicht reduziert werden. Wenn der aktuelle Trend anhält, könnte China mit der EU in Forschung und Entwicklung bis 2009 gleichziehen.

Noch ist es zu früh, um festzustellen, ob die überarbeitete Lissabon-Strategie tiefgreifend genug angelegt ist, um die erhofften Ergebnisse zu erzielen. Einige Veränderungen, die die Erfolgsaussichten verbessern könnten, sind zum Beispiel eine zielgerichtetere Umsetzung sowie eine eindeutigere Ausrichtung auf Maßnahmen, die den Prozess der schöpferischen Zerstörung auf Unternehmensebene verbessern. Es gilt, Wachstumshindernisse für innovative, junge Unternehmen zu beseitigen, und ergänzende Maßnahmen stärker zu betonen, vor allem in Bezug auf die Arbeitsmarktregulierung, die Hochschulreformen und die Liberalisierung von Dienstleistungen. Die Instrumente für die Umsetzung müssen optimiert werden, und die Mitgliedsstaaten müssen gemeinsam vorgehen. All dies ist bekannt und erfordert keine wesentliche Veränderung der Ziele und Instrumente, sondern lediglich konsequentes Engagement und eine regelmäßige Überprüfung der Fortschritte. Darauf basierend konzentriert die Europäische Kommission ihre Bemühungen derzeit auf vier Bereiche (F&E und Innovation, ein dynamisches Unternehmensumfeld, Beschäftigungsfähigkeit und Energie bzw. Klimawandel). Dazu gehören auch eine Reihe konkreter Maßnahmen, die in nächster Zukunft handfeste Ergebnisse liefern können.

Der Weg in die Zukunft

Als die europäischen Staats- und Regierugschefs zu Beginn dieses Jahrzehnts die Lissabon-Strategie unterzeichneten, wurde der wirtschaftliche Erfolg hauptsächlich im Vergleich mit den USA gemessen. Heute sind neben den USA und Japan auch China und Indien zu einem Maßstab geworden.

Die EU muss auf die Herausforderungen der Globalisierung reagieren und die Vorteile ausschöpfen, die sich durch die neue, multipolare internationale Arbeitsteilung ergeben. Die überarbeitete Lissabon-Strategie für Wachstum und Beschäftigung beinhaltet Strukturreformen, welche die EU zu einem wettbewerbsfähigen, wissensbasierten Wirtschaftsraum machen können. Dennoch müssen die bisher entwickelten Programme besser umgesetzt werden. Insbesondere muss die EU Maßnahmen ergreifen, um die Effizienz und Attraktivität ihres europäischen Wissensraums wesentlich zu steigern, wenn sie ein wichtiger Standort für internationale Investitionen bleiben will. Während gleichzeitig andere Regionen der Welt ihre Kapazitäten hochfahren, wird Europa sich entscheiden müssen, auf welche Bereiche es sich spezialisiert. In einer Welt, in der der Wettbewerb, aber auch die Möglichkeiten fruchtbarer Zusammenarbeit ständig wachsen, wird Europa äußerst wichtige strategische Entscheidungen treffen müssen.

Europa kann in einer neuen Geographie der Innovation aufblühen, aber nur, wenn es sich dem globalen Wissensfluss nicht verschließt. Die Europäische Union muss entschlossen handeln, um eine zentrale Stellung in globalen Innovationsnetzwerken einzunehmen. Europas Zukunft als ein Haus der Innovation hängt davon ab, wie offen und attraktiv es sich gibt, um die größten Talente und klügsten Köpfe anzuziehen und zu halten. Der anhaltende Strom an Wissenschaftern und Unternehmern ist das Lebenselixier globaler Innovationsnetzwerke.

Europa darf nicht in einen technologischen Nationalismus verfallen, sondern sollte eine offene, internationale Innovationsstrategie wählen. Wenn viele kluge Köpfe an vielen Orten der Welt die globalen Herausforderungen bearbeiten, mit denen wir alle konfrontiert sind, gedeihen neue Ideen: von CO_2-armen Innovationen bis hin zur Heilung lebensbedrohlicher Krankheiten. Europa muss sich für eine neue, alternative Globalisierung stark machen – in der es nicht nur um globalen Wettbewerb und Arbeitsplatzverlagerungen geht, sondern auch um die Nutzung des globalen Wissens für die Bewältigung tiefgreifender gesellschaftlicher Veränderungen.

Eine gleichberechtigte Partnerschaft im 21. Jahrhundert: Europas Antworten auf die Herausforderungen Asiens

PASCAL LAMY

Bestandsaufnahme

Unsere Welt macht zurzeit einen Wandel beispiellosen Ausmaßes durch. Ganz ohne Zweifel ist Asien heute die dynamischste und pulsierendste Region der Welt. Der asiatische Kontinent mit seiner weit zurückreichenden Geschichte, der seit Jahrhunderten bedeutende Beiträge zu Wissenschaft, Technik, Religion und Kultur leistet, kehrt erneut ins Zentrum der Aufmerksamkeit zurück. Der zunehmende Einfluss Asiens wirkt sich nicht nur auf die globale Wirtschaft, sondern auch auf politische, kulturelle und technische Bereiche aus. China ist schon heute die viertgrößte Volkswirtschaft der Welt, gleich hinter den Vereinigten Staaten von Amerika, Japan und Deutschland. Schon im 18. Jahrhundert bezeichnete Napoleon China als schlafenden Riesen. Jetzt, 200 Jahre später, ist dieser Riese erwacht.

Die enorme Entwicklung der asiatischen Länder in den letzten zwei Jahrzehnten ist beeindruckend, und die Zukunft sieht noch vielversprechender aus. Nach einer Studie von Goldman Sachs werden China und Indien bis zum Jahr 2025 ihren Anteil an der weltweiten Produktion verdreifachen, und ihre Volkswirtschaften werden annähernd die Größe jener Europas und der USA erreichen. Diese Einschätzung wird auch von einer Studie des „US National Security Council“ bestätigt, die prognostiziert, dass das Bruttosozialprodukt (BSP) Chinas im Jahr 2020 größer als das aller westlichen Wirtschaftsmächte mit Ausnahme der USA sein und das BSP Indiens jenes der europäischen Volkswirtschaften übertreffen wird.

Asien hat seinen Anteil an Güterexporten in den letzten 60 Jahren verdoppelt. Dort spielt sich heute rund ein Drittel des weltweiten Handels ab. Von den zehn bedeutendsten Handelsnationen (die 27 EU-Länder zählen hier als eine) befindet sich die Hälfte in Asien: China, Japan, Hongkong, Korea und Singapur belegen die Plätze 3, 4, 6, 7 und 9 in der Rangliste. Der Handel ist in der Region zu einem echten Wachstumsmotor geworden. Die wirtschaftliche Entwicklung, Geschäftsmöglichkeiten und Arbeitsplätze, die er geschaffen hat, haben Millionen Asiaten aus der Armut befreit.

Im Verlauf dieses Prozesses nimmt Asien – insbesondere der Osten und Süden – immer „globalisiertere" Züge an. China ist hinsichtlich Handel und ausländischer Direktinvestitionen heute bereits globalisierter als Japan. Der Warenhandel macht 63 Prozent des Bruttoinlandsproduktes aus. Die ausländischen Direktinvestitionen liegen bei 35 Prozent, und multinationale Unternehmen zeichnen verantwortlich für 60 Prozent des chinesischen Warenhandels. Die Handelsaktivitäten der südostasiatischen Länder sind mit denen Chinas vergleichbar. Sogar Indien, das global noch nicht so gut integriert ist wie China, verzeichnet ein schnelles Wachstum, vor allem im Dienstleistungsbereich.

Asien ist für das heutige Europa eine Region von immenser Bedeutung. Seine Größe, die Wachstumsrate und das weitere Entwicklungspotenzial bieten enorme Möglichkeiten für europäische Unternehmen. Seit 2004 beispielsweise ist China der zweitgrößte Handelspartner der Europäischen Union (nach den USA), und gleichzeitig ist die EU zum größten Handelspartner Chinas geworden. Das Land ist schon heute der weltweit größte Exporteur von Fahrrädern, Spielzeug, Mikrowellengeräten, Fernsehern und vielen anderen elektronischen Gebrauchsgütern. Es produziert mehr als die Hälfte aller Schuhe und Bekleidungsstücke auf der Welt. Darüber hinaus hat sich China zum fünftgrößten Automobilhersteller der Welt entwickelt.

Die hohen Leistungsbilanzüberschüsse haben einen bedeutenden Beitrag zur Bildung von Währungsreserven geleistet. Asiens Währungsreserven beliefen sich Ende 2006 auf 2,3 Billionen Dollar und stiegen damit innerhalb eines Jahres um 418 Milliarden Dollar. China hat sich zum Land mit den weltweit größten Devisenreserven entwickelt. Obwohl sich der Bruttokapitalzufluss in dieser Region weiter fortsetzt, investieren gleichzeitig asiatische Unternehmen beträchtliche Summen im Ausland. Die Übernahme des europäischen Stahlproduzenten Arcelor durch den indischen Magnaten Lakshmi Mittal und die Fusion des chinesischen Unternehmens Lenovo mit dem Bereich Personal Computer von IBM sind lediglich zwei Beispiele für diese neue Entwicklung.

Auch auf politischer Ebene wird die Stimme Asiens immer kräftiger. China spielte eine entscheidende Rolle bei den Sechs-Parteien-Gesprächen zur Lösung der nordkoreanischen Nuklearfrage und ist ebenso aktiv an der Beilegung des Atomstreits mit dem Iran beteiligt. Darüber hinaus hat China seine politischen und wirtschaftlichen Verbindungen mit Afrika ausgebaut und seine Hilfeleistungen wie auch seinen Einfluss auf diesem Kontinent verstärkt. Indien und Pakistan sind de facto Atommächte. Japan und Indien bemühen sich, Mitglieder des UN-Sicherheitsrats zu werden. Der koreanische Außenminister Ban Ki-Moon wurde zum Generalsekretär der Vereinten Nationen gewählt und ist somit der zweite asiatische Generalsekretär in der Geschichte dieser Organisation.

Die asiatischen Länder, besonders China, Indien, Japan und Korea, suchen weltweit nach zuverlässigen Energiequellen, um ihr Wirtschaftswachstum weiter vorantreiben zu können. Diese wachsende Nachfrage wirkte sich als Preiserhöhung auf den internationalen Öl- und Gasmärkten sowie anderen Rohstoffmärkten aus. China und Indien wenden sich immer mehr den ressourcenreichen Regionen Afrikas, des Nahen Ostens und Lateinamerikas zu. Diese Entwicklungen werden sehr wahrscheinlich Veränderungen in der geopolitischen Machtverteilung mit sich bringen und müssen daher von den etablierten wie von den emporstrebenden Mächten sorgfältig beobachtet werden.

Wirtschaftswachstum bringt erfahrungsgemäß politische Turbulenzen mit sich, innerhalb eines Landes und zwischen Ländern, und kann zu einem Wandel in der Verteilung der Macht zwischen Staaten oder ganzen Regionen führen. Wirtschaftliche Beziehungen bringen Menschen in Kontakt, was aber nicht unbedingt bedeutet, dass zwischen ihnen immer Einvernehmen besteht. Der Aufstieg Asiens, vor allem Chinas und Indiens, hat natürlich große politische, wirtschaftliche, geopolitische und sicherheitsrelevante Auswirkungen weltweit. Europa und die Vereinigten Staaten werden ihre Stellung in einer Welt, in der die Beziehungen zwischen der EU und den USA nicht mehr die Hauptrolle im internationalen System spielen, neu definieren müssen. Beide sind zum Handeln gezwungen, denn die zukünftigen Entwicklungen in Wirtschaft und Politik werden erfordern, dass sie am Aufbau einer neuen Weltordnung aktiv teilnehmen.

Die grundlegenden Veränderungen in der Machtverteilung durch den Aufstieg Asiens, die Folgen der Globalisierung und den verstärkten Handel stellen europäische Politiker vor ganz neue Herausforderungen. Die sich herauskristallisierende multipolare Weltordnung birgt darüber hinaus natürlich auch neue Chancen, und der Erfolg wird von der Qualität der notwendigen Anpassungen abhängen.

Europas Antworten auf Asiens Herausforderungen

Die Herausforderungen, die der Aufstieg Asiens mit sich bringt, haben eine lokale und eine globale Dimension. Was ist die richtige Strategie, um diese Herausforderungen erfolgreich zu bewältigen? Sie liegt darin, wie sich Europa auf interner und auf externer Ebene den neuen Gegebenheiten anpasst. Intern werden die europäischen Regierungen sich überlegen müssen, wie ihr Wunsch nach offenen Märkten angesichts immer tiefer greifender und breiterer sozialer Spannungen aufrechtzuerhalten ist, wie sie also etwa entlassene Arbeitskräfte unterstützen können, mit den Veränderungen umzugehen. Auf globaler Ebene besteht ein Problem darin, wie man das multilaterale Handelssystem stärken kann in einer Zeit, in der nationale Volkswirtschaften vermehrt auf bilaterale Freihandelsabkommen setzen. Darüber hinaus wird sich Europa mit den Veränderungen in der Führungsstruktur der internationalen Institutionen beschäftigen und Platz für aufstrebende Staaten schaffen müssen, damit diese sich angemessen repräsentiert fühlen und Eigenverantwortung übernehmen.

Steigerung der europäischen Wettbewerbsfähigkeit

Die Beteiligung Chinas und Indiens an der Weltwirtschaft bedeutet einen Anstieg in der Zahl der verfügbaren Arbeitskräfte um eine Milliarde. Nie zuvor wurden so viele Menschen in so kurzer Zeit in einen Arbeitsmarkt integriert. Die Auswirkungen, die dies auf die Weltwirtschaft hat, auf die Löhne, die Arbeitsmarktsituation und die Einkommensverteilung, sind nicht zu unterschätzen. Das Ausmaß der Veränderungen wird dadurch verstärkt, dass multinationale Konzerne die Wertschöpfungskette neu strukturieren und die Produktion in die kosteneffizientesten Stätten auslagern. Ebenso sollte erwähnt werden, dass diese neuen Arbeitskräfte relativ gebildet sind – das Resultat jahrelanger massiver Investitionen von Ländern wie Indien und China in die Bildung.

Einer der beunruhigendsten Aspekte an der schwindenden Zustimmung zur Globalisierung ist die wachsende Skepsis der Öffentlichkeit und ihre Unzufriedenheit mit der ungleichen Verteilung des wirtschaftlichen Nutzens, sowohl innerhalb eines Landes als auch auf internationaler Ebene. Die Verteilung des Nutzens der Globalisierung und des Handels unterliegt einem raschen Wandel. In Europa gestaltet sich die Anpassung aufgrund der hohen Arbeitslosigkeit recht schmerzhaft. Die Wut über die Globalisierung und die Auslagerungen zeigte sich sehr deutlich bei den jüngsten Wahlen in Frankreich. Die Stimmung jenseits des Atlantiks ist ähnlich. Das Unbehagen im Kongress der USA über tatsächliche oder (wie im Fall Unocal) versuchte Übernahmen US-amerikanischer Unternehmen durch chinesische Konzerne, das wachsende Handelsdefizit der USA und Bedenken im Zusammenhang mit Währungsströmen zeugen von der Besorgnis.

Damit diese Stimmung sich nicht in heftige Gegenreaktionen und wachsenden Handelsprotektionismus umsetzt, sollten sowohl die EU als auch die USA überlegen, welche inneren Reformen notwendig sind, um die Vorteile, die die Globalisierung mit sich bringt, gerechter zu verteilen. Ein besonderes Augenmerk muss hierbei auf die Bereiche Forschung und Entwicklung sowie Bildung gelegt werden. Die gewaltigen Investitionen, die asiatische Länder auf diesen Gebieten über die letzten 20 Jahre getätigt haben, bilden eine solide Wachstumsgrundlage. Europa muss seine Arbeitsmarkt-, Bildungs- und Sozialpolitik überdenken, um seine Arbeitskräfte so auszubilden, dass sie sich den Herausforderungen der Globalisierung stellen können. Außerdem werden eine bessere soziale Absicherung und effektive Umschulungsprogramme benötigt, um jene zu unterstützen, die aufgrund des wachsenden globalen Konkurrenzkampfes arbeitslos werden. Denn selbst die enormen Nettogewinne aus der weltwirtschaftlichen Integration reichen nicht aus, um die Ängste derjenigen aufzuwiegen, die ihre Stelle verloren haben oder um sie fürchten müssen.

Eine aktuelle Studie der Organisation für wirtschaftliche Zusammenarbeit und Entwicklung (OECD) zeigt, dass 40 bis 50 Prozent aller Arbeitslosen aus der Fertigung in den 15 „alten“ EU-Staaten nach 24 Monaten immer noch keine neue Anstellung gefunden haben. Die Regierungen der europäischen Staaten sollten daher Maßnahmen wie Gehaltsversicherung und Mobilitätszulagen ernsthaft in Erwägung ziehen. Darüber hinaus müssen sowohl Europa als auch die Vereinigten Staaten aktiv ihre globale Wettbewerbsfähigkeit fördern. Dies erfordert unter anderem größere Anstrengungen in den Bereichen Grundlagenforschung, Technologie, Forschung und Entwicklung, die Förderung der Ausbildung in Naturwissenschaften und Mathematik sowie einen vereinfachten Zugang zum Arbeitsmarkt für ausländische Fachkräfte. Auf internationaler Ebene sollten bilaterale Freihandelsabkommen der EU auf der soliden Grundlage multilateraler handelsrechtlicher Vorschriften aufbauen, und nicht als Alternative zu diesen gesehen werden.

Festigung der multipolaren Weltordnung und des multilateralen Handelssystems

Auf globaler Ebene stehen die multilateralen Handels-, Währungs- und Finanzorganisationen, die sich nach dem Zweiten Weltkrieg gebildet haben – Welthandelsorganisation (WTO), Internationaler Währungsfonds (IWF) und Weltbank – vor großen Herausforderungen. Die Akzeptanz dieser Organisationen wird aufgrund der Probleme, die Industrie- wie auch Schwellenländer betreffen, geschwächt. Auch die zunehmende Regionalisierung wirkt sich auf den internationalen Handels- und Finanzsektor aus.

Japan, Südkorea und die Staaten der ASEAN (Association of Southeast Asian Nations) nahmen an den multilateralen Handelsgesprächen der Uruguay-Runde teil und profitierten sehr von den Ergebnissen. In der Doha-Runde brachten sich neue Mitglieder wie China, Taipeh und Vietnam in fast allen Verhandlungsfeldern aktiv ein. Auch Singapur und Hongkong leisten weiterhin einen konstruktiven Beitrag. China übt seinen Einfluss auf eine eher ruhige, pragmatische, die Konfrontation vermeidende Art hinter den Kulissen aus. Indien ist nun ein Mitglied der G4, der neuen Gruppe zentraler WTO-Mitgliedstaaten, die die frühere Quad-

Gruppe abgelöst hat, und wird somit einen wesentlichen Beitrag zum Abschluss der aktuellen Welthandelsrunde leisten. Die asiatischen Länder treten nicht nur vermehrt in Erscheinung, sondern ihre Meinung ist zunehmend in Verhandlungen aller Bereiche gefragt.

Asien ist die Region, in der die Anzahl bilateraler Handelsabkommen am schnellsten ansteigt. Derzeit bestehen 17 solcher Abkommen, und weitere 60 sind allein in China, Indien und Südostasien in Planung. Mit Inkrafttreten wird das vor kurzem abgeschlossene Freihandelsabkommen mit Korea hinsichtlich seines Volumens das zweitgrößte Handelsabkommen (knapp hinter der NAFTA) sein, das die USA je unterschrieben haben. Alle bedeutenden Staaten der Region – China, Indien und Japan – sind an ähnlichen Abkommen beteiligt. Auch der regionale Integrationsprozess gedeiht, besonders in der ASEAN. China hat mit ASEAN einen Handelsvertrag über Güter- und Dienstleistungen abgeschlossen. Die Runde der ASEAN-Staaten plus China, Japan und Korea („ASEAN plus 3") existiert bereits, und der Ostasiengipfel könnte schließlich zur Gründung einer Ostasiatischen Gemeinschaft („ASEAN plus 3" sowie Australien, Neuseeland und Indien) führen

Die Regionalisierung ist heute ein *Fait accompli* und nicht mehr aufzuhalten. Es stellt sich die Frage, ob sie mit dem Multilateralismus auf friedliche und konstruktive Weise vereinbar ist oder ob sie ihn zwangsläufig untergraben wird. Entscheidend wird sein, was die Länder selbst für die Gewährleistung ihrer Interessen und Sicherheit am besten halten. Das Konzept eines multilateralen Systems basiert auf dem Prinzip der kollektiven Sicherheit. Die Stärke dieses Systems hängt sehr vom Vertrauen ab, das die teilhabenden Länder in dieses setzen. Sie ist ebenso davon abhängig, ob die Mitglieder das Gefühl haben, dass dieses System ihnen die notwendige Sicherheit garantiert, wenn sie gebraucht wird. Es gibt wenige Anzeichen dafür, dass asiatische Länder, besonders China, auf das Prinzip der kollektiven Sicherheit vertrauen. Solch ein Mangel an Vertrauen ist natürlich auch auf die Führungsprobleme zurückzuführen, die oft in multilateralen Systemen auftreten.

Angesichts all dessen sollte sich Europa weiterhin für eine offene Weltwirtschaft einsetzen. Die EU sollte den Handelsprotektionismus bekämpfen und ihre Märkte offenhalten, sodass auch andere von den Chancen, die diese bieten, profitieren können. Dann könnte Europa durch seine Vorbildwirkung andere überzeugen, seinem Beispiel zu folgen, und so das multilaterale Handelssystem sichern.

Die Reform der globalen Wirtschafts- und Finanzinstitutionen sowie die damit verbundene Neuverteilung der Macht sind nicht nur eine Frage der Gerechtigkeit. Sie sind in einem multilateralen System notwendig, um einen ausreichenden Grad an Eigenverantwortung sicherzustellen. Jede Gesellschaft – ob reich oder arm, groß oder klein – muss das Gefühl haben, dass sie in der internationalen Gemeinschaft etwas zu sagen hat. Ein effektives Beteiligungsmodell im multilateralen System bedeutet, dass alle Nationen fair repräsentiert sind und ein Mitspracherecht haben.

Allen Staaten muss in psychologischer wie auch in materieller Hinsicht das Gefühl vermittelt werden, dass sie in der Steuerung globaler Angelegenheiten gehört werden. Wenn das multilaterale System an Glaubwürdigkeit gewinnen will, muss es offen, transparent und gerecht sein.

Aufgrund des wachsenden wirtschaftlichen und politischen Einflusses Asiens sollte Europa diesen Kontinent, und vor allem China und Indien, darin bestärken, mehr Verantwortung und eine konstruktivere Rolle im Weltgeschehen zu übernehmen. Europa sollte die Initiative übernehmen, wenn es darum geht, Asien eine größere Rolle in den oberen Steuerungsgremien und Entscheidungsprozessen der internationalen Institutionen zuzugestehen.

Gegenseitiges Verständnis fördern und eine gleichberechtigte Partnerschaft aufbauen

Eine engere Kooperation zwischen Europa und Asien muss auf einem besseren und tieferen gegenseitigen Verständnis und Respekt aufbauen. Europa muss den wachsenden Glauben Asiens an seine Werte, deren Unterschiede zu den europäischen Vorstellungen sowie die asiatischen Ziele und Ambitionen nachvollziehen und verstehen.

Es ist wichtig, sich bewusst zu machen, dass asiatische Werte europäischen nicht unterlegen sind, und dass Asien immer schon viel zur Entwicklung der Menschheit beigetragen hat und dies auch weiter tun wird. Die Zukunft liegt im Zusammenschluss der vielfältigen Kulturen dieser Welt. In den letzten Jahrzehnten haben der unglaubliche Wirtschaftsaufschwung und die herausragenden Leistungen im akademischen Bereich das Selbstvertrauen der Asiaten enorm gesteigert. Da immer mehr den Sprung aus der Armut schaffen und nicht mehr Tag für Tag ums Überleben kämpfen müssen, finden sie nun auch Zeit, zu reflektieren und ihr kulturelles Erbe neu zu entdecken.

Die universalen Ansprüche der westlichen Kultur in Verbindung mit dem relativen Machtverlust des Westens sowie der Machtzuwachs anderer Regionen der Welt und deren gesteigertes kulturelles Selbstbewusstsein werden unweigerlich zu gewissen Spannungen führen. Werden die internationalen Institutionen, die Politik, die Wirtschaft und die Machtverteilung in der Welt des 21. Jahrhunderts in erster Linie die Werte und Interessen des Westens widerspiegeln, oder werden eine Vielzahl zusammenwirkender Kulturkreise sie gestalten?

In diesem Jahrhundert wird sich eine völlig neuartige Konstellation zeigen: Mit Europa, Amerika und Asien gibt es erstmals drei globale Machtzentren. Ostasien wird aus der Untätigkeit erwachen. Ihr wirtschaftliches Gewicht wird dieser Region eine Stimme und eine Rolle auf der Weltbühne geben. Die zunehmende

Erkenntnis der Asiaten, dass ihre Gesellschaft und Kultur anderen ebenbürtig sind oder sie vielleicht sogar übertreffen können, hat ihr Selbstvertrauen enorm gesteigert. Hierbei muss man sehen, dass diese Dynamik in Asien nicht etwa auf eine Wiederbelebung der traditionsreichen, alten Kulturen des Kontinents zurückzuführen, sondern durch eine erfolgreiche Vereinigung östlicher und westlicher Elemente beim kulturellen Wiederaufbau entstanden ist. Im Umgang mit Konflikten setzt Asien auf westliche Konzepte wie auf östliche Grundhaltungen. Die Geschichte lehrt uns, dass der Handel nicht nur Güter- und Finanzflüsse mit sich bringt, sondern auch Träger von Ideen, Kultur, Religion und kulturellen Bräuchen ist.

Europa muss begreifen, warum Asien anders ist. Über viele Jahrhunderte der Dominanz des Westens waren die internationalen Beziehungen ein von westlichen Mächten beherrschtes Spiel. Seit dem Ende des Kalten Krieges gibt es hauptsächlich einen Mitspieler: Asien, vor allem Ostasien. Es ist wichtig, dass die Europäer verstehen, dass Asien in vielerlei Hinsicht anders ist. Zunächst ist Asien ein Kontinent vieler verschiedener Kulturen. Allein die Gesellschaft Ostasiens speist sich aus sechs verschiedenen Kulturen: der japanischen, chinesischen, christlich-orthodoxen, buddhistischen, muslimischen, westlichen und, zählt man auch Südasien, der hinduistischen. Neben den beiden zentralen Mächten China und Japan gibt es einige mittelgroße, wie Korea, Malaysia und Vietnam, deren Einfluss in ihrer relativ starken Wirtschaftskraft besteht. Es ergibt sich also eine sehr komplexe Struktur internationaler Beziehungen, die mit jener im Europa des 18. und 19. Jahrhunderts vergleichbar ist und mit der typischen Unsicherheit einhergeht, die eine multipolare Weltordnung kennzeichnet.

Zudem unterscheidet sich Asien von Europa dadurch, dass es aus einer Vielzahl von Mächten und Kulturen besteht – Unterschiede, die durch wirtschaftliche und politische Gegensätze verstärkt werden. Alle europäischen Länder, zumindest die Mitgliedstaaten der EU, sind durch ein stabiles, demokratisches System, marktwirtschaftliche Strukturen und einen relativ hohen Grad an wirtschaftlicher Entwicklung gekennzeichnet. In Asien hingegen existieren verschiedene Regierungsformen. Einige Länder haben noch weitgehend Planwirtschaften, und die wirtschaftliche Komplexität etwa in Japan und Korea unterscheidet sich sehr von der in Vietnam und Kambodscha.

Darüber hinaus gab es in Ostasien keine internationale Gesellschaft wie in Europa. Die Region ist vielmehr vom Einfluss Chinas gekennzeichnet, das die Verhältnisse hier und da wieder geordnet hat. Im späten 20. Jahrhundert ließ sich Europa mit dem Prozess der europäischen Integration erstmals auf ein völlig neues System des hoheitlichen Zusammenschlusses ein. Derartige Initiativen lassen in Asien noch auf sich warten – mit der erwähnenswerten Ausnahme der ASEAN. Das Konfliktpotenzial der asiatischen Staaten ist groß, unter anderem aufgrund von ungelösten territorialen Fragen, die in Zukunft möglicherweise zu Auseinandersetzungen führen können.

Obwohl zwischen Asien und Europa beträchtliche Unterschiede bestehen, gibt es auch zahlreiche Beispiele für gemeinsame Interessen, Überzeugungen und Visionen sowie Bereiche, in denen die beiden Kontinente gut zusammenarbeiten können. Es ist für Europa äußerst wichtig, in den Wirtschafts- und Handelsbeziehungen mit Asien eine gleichberechtigte Partnerschaft aufzubauen und gemeinsam das multilaterale Handelssystem zu festigen. Gleichberechtigung ist hier das Schlüsselwort. Die Erfahrungen Europas, die Lehren, die es aus seinem Integrationsprozess ziehen konnte, werden sich auch für die asiatische Integration als extrem wertvoll herausstellen.

Schlussfolgerungen

Die rasante Entwicklung Asiens in wirtschaftlicher wie auch politischer Hinsicht stellt Europa vor zahlreiche Herausforderungen.

Es ist und bleibt ein wichtiges Thema der EU-Politik, wie die Europäische Union auf diese veränderten Machtverhältnisse reagiert bzw. wie sie sich daran anpassen soll. Die Antwort betrifft drei Bereiche.

Erstens müssen die EU-Staaten selbst mehr in Wissen, Forschung und Entwicklung sowie Bildung investieren, sodass die Bürgerinnen und Bürger der Europäischen Gemeinschaft auf die neuen Herausforderungen im globalen Wettbewerb gut vorbereitet sind. Europa muss Maßnahmen ergreifen, um seine Arbeitskräfte bei der Anpassung an die veränderten Arbeitsmarktbedingungen zu unterstützen. Zweitens wäre ein lebhafteres, multilaterales Handelssystem, das auf der soliden Grundlage internationaler Regeln aufbaut, von enormem Vorteil. Bei der Festigung des multilateralen Systems geht es nicht nur um die Öffnung der Märkte, sondern auch darum, faire Rahmenbedingungen zu schaffen, um den Entwicklungsländern zu helfen. Dafür wird es letztlich nötig sein, sich mit den vorrangigen Themen und Werten zu beschäftigen: Gesellschaftliche Probleme, Umwelt, Menschenrechte und Demokratie werden auf jeden Fall eine Rolle spielen müssen. Zur Globalisierung gehören nicht nur Zölle und deren Abschaffung, sondern auch Kultur und Werte. Drittens sollten die Europäer ihr Verständnis für die asiatischen Kulturen im Dialog mit Asien verbessern. In der Welt des 21. Jahrhunderts muss die Europäische Union ihre westliche Perspektive durch eine universelle ersetzen.

Wie können Konflikte aus diesen neuen Herausforderungen auf ein Minimum reduziert werden? Offensichtlich liegt die Antwort in den Handelsbeziehungen sowie dem wissenschaftlichen und kulturellen Austausch. Denn je intensiver die Verbindungen sind, desto weniger wahrscheinlich ist es, dass Konflikte entstehen. Die Europäer sollten so viel über Asien, und besonders China, lernen wie nur möglich. Sie sollten lernen, die Erfahrungen Asiens zu schätzen und die historischen und kulturellen Voraussetzungen zu verstehen, die die Weltanschauung der Asiaten und ihre Vorstellungen von Europa prägen. Die asiatischen Mächte, vor allem China und Indien, spielen bereits eine Hauptrolle auf der Weltbühne und sind aktiv am internationalen Geschehen beteiligt. Für Europa werden der Wettbewerb und die Zusammenarbeit mit dem aufstrebenden Asien im 21. Jahrhundert der Schlüssel zur Bewältigung dieser geostrategischen Herausforderung sein.

Anforderungen an eine europäische Asienstrategie

WERNER WEIDENFELD

Die Europäische Union (EU) befindet sich in zweifacher Weise an einer entscheidenden Wegmarke in ihrer Entwicklungsgeschichte. Vor dem Hintergrund des verhinderten Verfassungsprojekts muss sie Strategien zur inneren Bewältigung der Herausforderung von Vertiefung und Erweiterung des europäischen Integrationsprozesses finden. Zudem muss die EU strategische Antworten auf die Frage finden, wie auf die Herausbildung neuer ökonomischer und politischer Machtzentren in der Welt reagiert werden soll. Besondere Aufmerksamkeit verlangt hier die Region Asien.

Die Bedeutung Asiens für Europa zeigt sich in vielfacher Weise. Die regionalen Großmächte China, Japan und Indien vertreten ihre Interessen auf der internationalen Bühne, in den Vereinten Nationen und den internationalen Finanzinstitutionen mit wachsendem Selbstbewusstsein. Sie verfolgen dabei Ziele jenseits des Status quo und setzen auf Wandel, während Europäer vielfach Stabilität und Sicherheit bevorzugen. Gemeinsam mit anderen Regionalmächten treten China und Indien auch als Vertreter der Entwicklungs- und Schwellenländer auf, wodurch sich ihr politisches Gewicht noch verstärkt. Sowohl China als auch Indien sind Nuklearmächte, deren Status international respektiert und auch von den Großmächten anerkannt wird. Sicherheitspolitik auf dem asiatischen Kontinent und darüber hinaus kann kaum ohne die Einbeziehung Japans, Chinas und Indiens betrieben werden.

Doch auch in ökonomischer Hinsicht ist Asien längst zu einem bestimmenden Faktor geworden. Japan hat nach Jahren der Stagnation wieder auf den wirtschaftlichen Wachstumspfad zurückgefunden. Das weitgehend ungebremste Wirtschaftswachstum in den meisten Entwicklungs- und Schwellenländern Asiens, allen voran jedoch auch hier in China und Indien, ihr steigender Anteil am Welthandel und ihr rasant zunehmender Energiebedarf bringen spürbare Veränderungen in den internationalen Wirtschaftsbeziehungen mit sich, die in den kommenden Jahren und Jahrzehnten noch zunehmen werden. Die Volkswirtschaften der EU-Mitgliedsstaaten sind dadurch einem steigenden Wettbewerbsdruck ausgesetzt.

Die Europäische Union und ihre Mitglieder müssen sich also mit Asien auseinandersetzen. Die Intensität dieser Auseinandersetzung wächst, und so mangelt es grundsätzlich nicht an Gelegenheiten, die europäische Asienpolitik zu feiern. Im März 2007 wurde in Nürnberg das 30-jährige Bestehen der offiziellen Beziehungen von EU und ASEAN (Association of Southeast Asian Nations) begangen. Ein halbes Jahr zuvor, im September 2006, wurde in Helsinki das zehnjährige Bestehen des ASEM (Asia Europe Meeting) gefeiert. 2005 jährte sich zum 30. Mal die Aufnahme diplomatischer Beziehungen zwischen der EG und der Volksrepublik China. Wie bei solchen Anlässen üblich, wurde in Festreden und gemeinsamen Erklärungen der Erfolg der bisherigen Zusammenarbeit gewürdigt und zu einer weiteren Vertiefung der Partnerschaft aufgerufen.

Doch wie sieht die politische Realität hinter den feierlichen Deklarationen aus? Wie gestaltet sich Europas Asienstrategie – und wie zukunftsfähig ist sie? Asien und Europa sind füreinander zweifellos von hoher strategischer Bedeutung. Fraglich bleibt jedoch, inwiefern die EU auf die Herausforderung eines ökonomisch wie auch politisch an Gewicht gewinnenden Asiens gewappnet ist.

Handelspolitische Verflechtung

1994 veröffentlichte die Europäische Kommission ihr erstes Asienkonzept. Seitdem hat sich das euro-asiatische Beziehungsgeflecht vielfältig verdichtet. Die Handelsstatistiken verdeutlichen die wachsende wirtschaftliche Bedeutung Asiens für die EU.[1] Mit Blick auf den gesamten Außenhandel der EU im Jahr 2005 betrug der Anteil der EU-Importe aus den asiatischen ASEM-Staaten[2] 28,44 Prozent, und die europäischen Exporte in diese Region beliefen sich auf 15,56 Prozent.

Doch die Handelszahlen zeigen auch deutliche Diskrepanzen in der Wertigkeit der verschiedenen Staaten. Beispielsweise ist die Volksrepublik China zweitwichtigster Handelspartner der EU nach den USA. Umgekehrt ist die EU nunmehr zum wichtigsten Handelspartner der Volksrepublik geworden. Bei solch einem Vergleich darf jedoch das steigende Handelsbilanzdefizit der EU gegenüber China nicht vergessen werden. Der hohe Verflechtungsgrad in den europäisch-chinesischen Wirtschaftsbeziehungen hat zur Folge, dass die Entwicklung einzelner Wirtschaftszweige in der Union direkt mit den Entwicklungen in China zusammenhängt.

Im Vergleich zur Volksrepublik China hat Japan seit Ende des letzten Jahrzehnts im Rahmen der europäisch-asiatischen Beziehungen erkennbar an Bedeutung verloren. 2005 stand das einstmals für die EU wichtigste asiatische Land nur noch an fünfter Stelle in der Rangfolge der Handelspartner. Südkorea nahm den achten und Indien den zehnten Platz ein.

Diversität der bilateralen Beziehungen

Dieser hohe und noch weiter wachsende handelspolitische Verflechtungsgrad ist ein Grund, weshalb die EU an möglichst konfliktfreien Beziehungen zu den Staaten Asiens interessiert ist. Doch neben dem ökonomischen Motiv finden sich weitere Beweggründe für einen Ausbau der europäischen Asienpolitik. Seit dem Ende der Ost-West-Konfrontation und infolge des 11. Septembers 2001 befinden sich die internationalen Beziehungen in einer bis heute andauernden Umbruchphase.

Die sicherheitspolitischen Herausforderungen sind mannigfaltig. Terrorismus, die Verbreitung von Massenvernichtungswaffen, regionale Krisen, das Scheitern von Staaten und organisierte Kriminalität werden in der vom Europäischen Rat im Dezember 2003 angenommenen europäischen Sicherheitsstrategie als zentrale Gefährdungen genannt.[3] Um diesen zu begegnen, wird multilaterale Kooperation essenziell, da Staaten alleine an die Grenzen ihrer sicherheitspolitischen Handlungsfähigkeit stoßen. In diesem Zusammenhang kommt sogenannten „strategischen Partnerschaften" eine sicherheitspolitische Komponente zu. Mit Blick auf Asien werden in der europäischen Sicherheitsstrategie Japan, Indien und die Volksrepublik China als strategische Partner der EU genannt.

Aus Sicht der Europäischen Kommission umfasst die europäische Asienpolitik den geographischen Bereich Ostasien, Südostasien, Südasien und Australasien. Innerhalb dieser Großregion werden seitens der EU erkennbare Unterschiede in der Wertigkeit einzelner Staaten für die europäischen Interessen gemacht.

Japan stellte einst die große Herausforderung dar und war gleichzeitig der dem Westen am weitesten verbundene Staat Asiens. Mit der gemeinsamen Erklärung von 1991 wurde die europäisch-japanische Zusammenarbeit in einen institutionalisierten Rahmen gegossen. Zudem konkretisierte die EU in ihrem Aktionsplan zu Japan im Jahr 2001 ein umfangreiches Arbeitsprogramm in den Bereichen Außenpolitik, Wirtschaft, gesellschaftliche Fragen und zwischenmenschlicher Austausch. Doch Japan konnte, nicht zuletzt als Folge der Finanzkrise in der zweiten Hälfte des letzten Jahrzehnts und angesichts der aufstrebenden Weltmacht China, seine Attraktivität für die Europäer nicht bewahren. Erst heute gewinnt Japan wieder mehr an Gewicht für die EU.

Indien ist für die Europäer zum aufstrebenden Stern am asiatischen Himmel geworden. Wie bei der Volksrepublik China standen auch die europäisch-indischen Beziehungen zunächst primär unter rein ökonomischen Vorzeichen. Wurde Indien bis zu den Atomtests 1998 sicherheitspolitisch eine nur marginale Bedeutung beigemessen, so erkennt die EU heute seine zentrale Bedeutung für die regionale wie auch internationale Sicherheitslage an. Mit dem im Herbst 2005 verabschiedeten umfassenden Aktionsplan für eine strategische Partnerschaft sowie der Einbeziehung Indiens in das europäische satellitengestützte Navigationssystem Galileo, an dem auch China beteiligt ist, wurde die umfassende Bedeutung dieses südasiatischen Staates für europäische Interessen mehr als deutlich.

Indiens Nachbarstaat Pakistan wurde für die EU nicht nur als weiterer südasiatischer Atomwaffenstaat wichtiger. Im Zuge der Maßnahmen zur Bekämpfung des internationalen Terrorismus und der militärischen Operationen in Afghanistan hatte die EU ihre Politik gegenüber Pakistan im Jahr 2001 verändert. So wurde im November 2001 ein Kooperationsabkommen geschlossen, nachdem dieses zuvor noch unter anderem wegen der pakistanischen Atomwaffentests, der dortigen Menschenrechtslage und der Machtübernahme durch das Militär aufgeschoben worden war.

Dominiert wird die Asienpolitik der EU jedoch von den europäisch-chinesischen Beziehungen. 1995 veröffentlichte die Europäische Kommission ihr erstes umfassendes Chinakonzept, das nicht nur die ökonomische, sondern auch die sicherheitspolitische Dimension der europäisch-chinesischen Beziehungen betonte und das bis heute in verschiedenen Etappen fortgeschrieben wird. Als ein Zeichen der wachsenden Bedeutung, die umgekehrt auch der EU von China beigemessen wird, veröffentlichte die Volksrepublik im Oktober 2003 erstmals ein Strategiepapier zur EU.[4]

Vor dem Hintergrund des anhaltenden rasanten Wachstums Chinas wie auch der Strategie Pekings, auf regionaler Ebene durch vielfältige Kooperationen eine Vormachtstellung einzunehmen, wird dieser asiatische Staat für die EU auch weiterhin hoch relevant bleiben. Diese europäische Fokussierung auf die Volksrepublik China stößt bei anderen asiatischen Staaten oftmals auf Kritik. So fordern beispielsweise die ASEAN-Staaten eine stärker ausgewogene Asienpolitik der EU.

Anforderungen an eine europäische Asienstrategie

Die Begründung strategischer Partnerschaften und die Veröffentlichung von Strategiepapieren machen allerdings noch keine europäische Asienstrategie aus, die diesen Namen verdient. Strategiefähigkeit setzt ein auf ein langfristiges Ziel gerichtetes Gesamtkonzept voraus, das auf dem Dreiklang von Problemdiagnose, Zieldefinition und konsistent daraus abgeleiteten Handlungsanweisungen beruht. Teilinteressen müssen gegebenenfalls dem Gesamtinteresse und kurzfristige Interessen dem langfristigen Interesse untergeordnet werden.

In der europäischen Asienstrategie ist die Problemdiagnose in den letzten Jahren umfassend vorgenommen worden. Herausforderungen, Chancen und Risiken des asiatischen Aufstiegs und der sich verändernden Weltordnung wurden ausführlich beschrieben. Die EU strebt nach einer Stärkung ihrer politischen und ökonomischen Präsenz in der asiatischen Region, so wie es dem insgesamt wachsenden globalen Gewicht der erweiterten Union entspricht. Im Einzelnen sollen Frieden und Sicherheit in der Region gewährleistet, der gegenseitige Handel gestärkt, Armut bekämpft und Menschenrechte, Demokratie und Rechtsstaatlichkeit gefördert werden. Die Europäische Sicherheitsstrategie deutet in eine ähnliche Richtung und verweist darauf, dass die EU eine aktive, handlungsfähige und kohärente Politik in enger Zusammenarbeit mit ihren internationalen Partnern entwickeln muss.

Die Diagnose der unterschiedlichen asiatischen Herausforderungen wird von der EU richtig getroffen: Nur eine handlungsfähige Union, die kohärent und in Abstimmung mit ihren internationalen Partnern agiert, kann ihre Präsenz in der asiatischen Region stärken und als ernst zu nehmende internationale Akteurin anerkannt werden. Doch die europäische Asienpolitik wird diesen Anforderungen bislang nur unzureichend gerecht, und die Kohärenz der europäischen Asienpolitik wird gleich zweifach unterminiert.

Zum einen verfolgt die EU ihre außenpolitischen Prinzipien je nach Partnerland mit unterschiedlicher Konsequenz. Die Menschenrechtspolitik kann hier als Beispiel dienen. Dem für europäische Interessen wenig interessanten Myanmar wird wegen der dortigen Menschenrechtslage seit Jahren mit einer konsequenten Sanktionspolitik begegnet. Gegenüber China zeigen die Europäer hingegen eine deutliche Zurückhaltung. Wenn die EU einerseits eine von Werten geleitete Außenpolitik verkündet und andererseits mit unterschiedlichen Maßstäben ihre Beziehungen zu den einzelnen Staaten Asiens unterhält, begibt sie sich in eine Glaubwürdigkeitsfalle.

Zum Zweiten unterminiert das Konkurrenzverhalten der europäischen Staaten untereinander die Kohärenz der EU-Asienpolitik. Die einzelnen Mitglieder wetteifern um Einfluss und den Zugang zu den asiatischen Märkten. Dadurch schwächen sie nicht nur die Arbeit der supranationalen Organe, besonders der Europäischen Kommission, sondern machen es den asiatischen Staaten darüber hinaus einfach, dieses Verhalten für ihre eigenen Zwecke auszunutzen.

Exemplarisch hierfür steht der Textilstreit zwischen der EU und der Volksrepublik China im Jahr 2005. EU-Kommissar Peter Mandelson musste sich nicht nur mit seinem chinesischen Verhandlungspartner auseinandersetzen; er hatte zudem Mühe, eine genuin europäische Position zu definieren. Die Länder mit einer starken Textilindustrie – Frankreich, Italien, Spanien, Portugal und Griechenland – bestanden auf einer strikten Einhaltung der Importquoten. Mitglieder ohne solche Industrien, wie etwa Deutschland und die skandinavischen Länder, unterstützten hingegen die Aufforderung des Einzelhandels, die Textilien passieren zu lassen, und beriefen sich dabei auf den Nutzen der europäischen Konsumenten. Derartige innereuropäische Auseinandersetzungen schwächen die Position der Union und wirken einer kohärenten und einzelnen Partikularinteressen übergeordneten Asienpolitik entgegen.

Ein weiteres notwendiges Kriterium einer zukunftsfähigen europäischen Asienstrategie ist die außen- und sicherheitspolitische Handlungsfähigkeit. Der Hohe Vertreter für die Gemeinsame Außen- und Sicherheitspolitik (GASP), Javier Solana, hat mehrfach darauf hingewiesen, dass sich die EU aufgrund ihrer wirtschaftlichen Bedeutung und Bevölkerungsgröße der Verantwortung für die globale Sicherheit nicht entziehen könne. Eine Beschränkung auf die wirtschaftspolitische „soft power" ist auf Dauer nicht ausreichend.

Um sich neben den USA als ernst zu nehmende weltpolitische Akteurin in der asiatischen Region zu behaupten, muss die EU ihre sicherheitspolitische Handlungsfähigkeit sicherstellen. Sie wird von den aufstrebenden asiatischen Weltmächten zwar als ökonomische Supermacht anerkannt; doch in sicherheitspolitischer Hinsicht messen diese Staaten der Union kein nennenswertes Gewicht bei. Weiterhin sind die USA der große nicht-asiatische sicherheitspolitische Bezugspunkt in der Region. Erst wenn eine gemeinsame europäische Kultur des strategischen Denkens und Planens sich verfestigt und die EU über entsprechende Kapazitäten verfügt, wird sich dies in der Wahrnehmung asiatischer Staaten niederschlagen.

Dies führt zu einem weiteren zentralen Aspekt: der Optimierung der Abstimmung europäischer Asienpolitik mit internationalen Partnern. Insbesondere mit den USA ist ein langfristiger strategischer Dialog zu Asien unumgänglich. Der Streit um die Aufhebung des EU-Waffenembargos gegenüber China veranschaulichte beispielhaft einen transatlantischen Machtkampf, der letztlich auch zu innereuropäischen Zerwürfnissen führte. Die chinesische Regierung fordert seit langem die Aufhebung des Waffenembargos, und Deutschland und Frankreich hatten sich zu Beginn dieses Jahrzehnts noch vehement für diese Forderung eingesetzt. Für die deutschen und französischen Bemühungen waren wirtschaftliche Interessen ausschlaggebend. Politisch wurde außerdem argumentiert, dass eine Überarbeitung des EU-Verhaltenskodexes für Waffenexporte Voraussetzung der Aufhebung sein sollte.

Nachdem auch Großbritannien im Frühjahr 2005 seine mögliche Zustimmung erkennen ließ, schien ein Ende der Sanktionen in Sicht. Doch kurz darauf änderte London seine Position – aus Rücksicht auf den von den USA deutlich formulierten Widerstand gegenüber einer Aufhebung des Embargos. Ebenso sprachen sich Italien und skandinavische Staaten gegen eine Aufhebung der Sanktionen aus. Die Debatte hat sich inzwischen beruhigt, kann aber noch nicht als abgeschlossen gelten.

Ein weiteres Beispiel für die divergierenden Wahrnehmungen auf beiden Seiten des Atlantiks ist die Einschätzung der sicherheitspolitischen Rolle Indiens. Europa teilt nicht die amerikanische Idee, dass Indien als Gegengewicht zum aufstrebenden China in der asiatischen Region fungieren sollte. Doch auch in dieser Frage wird kein transatlantischer Strategiedialog geführt.

Die fehlende Abstimmung zwischen der EU und den USA bietet den asiatischen Staaten wiederum die Möglichkeit, beide Mächte gegeneinander auszuspielen. So versteht etwa die Volksrepublik China die Kooperation mit der EU explizit als eine Maßnahme, um die Übermacht der Vereinigten Staaten auszubalancieren und ihre Zielvorstellung einer multipolaren Welt zu verwirklichen. Der Aufstieg Asiens ist also nicht nur für Europa, sondern auch für das transatlantische Verhältnis als eine Herausforderung zu begreifen. Wenn die Neuordnung der globalen Kräfteverhältnisse, die lange Zeit ausschließlich vom Westen definiert wurden, gelingen soll, so ist eine intensive Abstimmung zwischen der EU und den USA nötig.

Vor dem Hintergrund all dieser Schwachstellen besteht Handlungsbedarf für die Europäer. Die haben sich in diesem und im vergangenen Jahrzehnt immer mehr auf die Herausforderungen eingestellt, die aus den Entwicklungen in Asien resultieren, und entsprechende Formen der Zusammenarbeit mit der Region insgesamt und den einzelnen asiatischen Staaten entwickelt. Auf supranationaler wie auch auf nationaler Ebene besteht Gewissheit darüber, dass die Entwicklung und Sicherheit Europas nicht nur in einem mittelbaren, sondern auch in einem direkten Zusammenhang mit den Entwicklungen in Asien und insbesondere dem Aufstieg der Volksrepublik China und Indiens zu neuen Weltmächten steht.

Nicht zuletzt angesichts des europäischen Anspruchs, globale Politik zu gestalten und entsprechende internationale Anerkennung zu erfahren, ist Europa also gefordert, eine strategische und kohärente Asienpolitik nicht nur zu formulieren, sondern auch in die Tat umzusetzen. Dabei gilt es, die globalen Rahmenbedingungen im Auge zu behalten und auch über Asien hinausreichende Überlegungen und Interessen der EU und ihrer Mitgliedsstaaten zu berücksichtigen. Zudem müssen gerade die regionalen Großmächte im Sinne eines effektiven Multilateralismus auch als Partner bei der Handhabe globaler politischer Herausforderungen begriffen werden.

Damit die Europäische Union ihre Gestaltungskraft in den globalisierten Beziehungen des 21. Jahrhunderts bewahren kann, muss sie gegenüber Asien ein deutlich stärkeres Profil gewinnen und eine Handlungsstrategie entwickeln. Die Herausforderungen sind bekannt, doch die strategischen Antworten müssen erst noch zu Ende gedacht werden.

Anmerkungen

1 Eurostat 2006.

2 Die asiatischen ASEM-Staaten sind die zehn Staaten der ASEAN (Brunei Darussalam, Indonesien, Kambodscha, Laos, Malaysia, Myanmar, Philippinen, Singapur, Thailand und Vietnam) plus China, Japan und Südkorea.

3 Europäischer Rat 2003.

4 Ministry of Foreign Affairs of the People's Republic of China 2003.

Literatur

Algieri, Franco. „Asienpolitik". *Jahrbuch der Europäischen Integration*. Hrsg. Werner Weidenfeld und Wolfgang Wessels. Baden-Baden (versch. Jahrgänge).

Bridges, Brian. *Europe and the challenge of the Asia Pacific*. Cheltenham und Northampton 1999.

Europäischer Rat. *Ein sicheres Europa in einer besseren Welt. Europäische Sicherheitsstrategie*. Brüssel, 12. Dezember 2003.

Eurostat External und Intra-European Union trade. *Statistical Yearbook, Data 1958–2006*. Luxembourg 2006.

Ministry of Foreign Affairs of the People's Republic of China. *China's EU policy paper*. Beijing 2003.

Preston, Peter W., und Julie Gilson (Hrsg.). *The European Union and East Asia. Interregional linkages in a developing global system*. Cheltenham und Northampton 2001.

Reiterer, Michael. *Asia-Europe. Do they meet?* Singapur 2003.

Rothermund, Dietmar. „Die Europäische Union und Indien". *Europa-Handbuch, Band 1: Die Europäische Union – Politisches Sys-*

tem und Politikbereiche. Hrsg. Werner Weidenfeld. 3. Auflage. Gütersloh 2004. 596–607.

Gest, Willem van der. „Shaping factors of EU-East Asia relations". *Asia Europe Journal* 2 2006. 131–149.

아시아는 세계를

एशिया दुनिया को बदल रह

ອາຊີປ່ຽນແປງໂລກ

អាស៊ីកែប្រែពិភពលោក

アジ

เอเชียเปลี่ยนแปล

亞洲改變世界

এশিয়া পৃথিবীকে

CHÂU Á THAY

V

ANHANG

Die Autorinnen und Autoren

JOSÉ MANUEL BARROSO
(1956), ehemaliger portugiesischer Premierminister, ist seit 2004 Präsident der Europäischen Kommission in Brüssel.

MALTE BOECKER, LL. M.
(1970) ist Senior Expert für Internationalen Kulturdialog bei der Bertelsmann Stiftung, Gütersloh.

PROF. DR. MICHAEL VON BRÜCK
(1949), in Japan und Indien ausgebildeter Zen- und Yogalehrer, hat den Lehrstuhl für Missions- und Religionswissenschaft an der evangelisch-theologischen Fakultät der Ludwig-Maximilians-Universität München inne.

DR. DELFÍN COLOMÉ
(1946), 2000–2004 Geschäftsführer der Asia-Europe Foundation, ist Botschafter des Königreiches Spanien in Seoul sowie Publizist, Komponist und Dirigent.

PROF. DR. AUREL CROISSANT
(1969) ist Professor am Institut für Politische Wissenschaft der Ruprecht-Karls-Universität Heidelberg.

JOHN ELKINGTON

(1949) ist Gründer und Vorsitzender von SustainAbility in London.

CARL HAUB

(1945) hat den Conrad Taeuber Chair of Population Information am Population Reference Bureau in Washington D.C. inne.

PROF. DR. PAUL KENNEDY

(1945) ist Inhaber der J.-Richardson-Dilworth-Professur für Geschichte und Direktor am Institut für Internationale Sicherheitsstudien der Yale University in New Haven/CT.

DR. HANS-GEORG KNOPP

(1945), zuletzt Intendant des Hauses der Kulturen der Welt, ist seit 2005 Generalsekretär des Goethe-Instituts, München.

EDUARD KÖGEL

(1960) ist Diplom-Ingenieur für Stadtplanung und Städtebau und Chefredakteur des deutsch-chinesischen Magazins IDAS.

PASCAL LAMY

(1947), 1999–2004 EU-Handelskommissar und anschließend Präsident von „Notre Europe", ist seit 2005 Generaldirektor der Welthandelsorganisation (WTO), Genf.

LIZ MOHN

(1941) ist Stellvertretende Vorsitzende des Vorstandes und des Kuratoriums der Bertelsmann Stiftung, Geschäftsführerin der Bertelsmann Verwaltungsgesellschaft mbH sowie Mitglied im Aufsichtsrat der Bertelsmann AG, Gütersloh.

KAZUO OGOURA

(1938), ehemaliger japanischer Botschafter in Vietnam, Südkorea und Frankreich, ist Professor für Politische Wissenschaft an der Aoyama Gakuin University und Präsident der Japan Foundation, Tokyo.

DR. DEMETRIOS G. PAPADEMETRIOU

(1946) ist Mitbegründer und Präsident des Migration Policy Institute, Washington D. C.

DR. WOLFGANG SCHÜSSEL

(1945), 2000–2007 österreichischer Bundeskanzler, wurde Anfang 2007 Klubobmann der Österreichischen Volkspartei (ÖVP). Er ist Mitglied des Kuratoriums der Bertelsmann Stiftung, Gütersloh.

PROF. DR. DR. H. C. MULT. AMARTYA SEN

(1933), Nobelpreis für Ökonomie 1998, ist Thomas-W.-Lamont-University-Professor und Professor für Wirtschaft und Philosophie an der Harvard University, Cambridge / MA.

PROF. DR. DR. H. C. HORST SIEBERT

(1938), emeritierter Präsident des Kieler Instituts für Weltwirtschaft, ist Heinz-Nixdorf-Professor für Europäische Integration und Wirtschaftspolitik an der Johns Hopkins University, Bologna.

DR. KARAN SINGH

(1931) ist Kanzler der Jawaharlal Nehru University und Präsident des Indian Council for Cultural Relations, Neu Delhi.

JODIE THORPE

(1967) leitet den Bereich Schwellenländer bei SustainAbility, London.

PROF. DR. DR. H. C. WERNER WEIDENFELD

(1947) ist Mitglied des Vorstandes der Bertelsmann Stiftung, Gütersloh, und Direktor des Centrums für angewandte Politikforschung (C·A·P) an der Ludwig-Maximilians-Universität, München.

Russland
Astana
Ulan
Kasachstan
Mong
Balchaschsee
früherer
Verlauf
Aralsee
Syr-Darja
Usbekistan
Bischkek
Kaspisches
Meer
Taschkent
Kirgisistan
Amu-Darja
Baku
Turkmenistan
Duschanbe
Tadschikistan
Aschgabad
NORTHERN
AREAS
(pak.)
AKSAI-CHIN
(von Indien beansprucht,
unter chin. Verwaltung)
Kabul
(ind.)
Teheran
KASCHMIR
Islamabad
Afghanistan
Bagdad
TIBET
Lhasa
Irak
Iran
Brahmaputra
Mount Everest
Kuwait
Nepal
Indus
Neu-Delhi
Kathmandu
Bhutan
Pakistan
Ganges
Dhaka
Riad
VAE
Indien
Bangla-
desch
Oman
Mumbai
(Bombay)
Godawari
Pyinm
(Naypy
Arabisches
Meer
Krishna
Golf von
Bengalen
Jemen
Aden
Andaman
(ind.)
Somalia
Sri Lanka
Nikoba
(ind.
Colombo
Malediven
Mogadischu
Äquator
Seychellen
Indischer Ozean
Komoren
(frz.)
Madagaskar

Russland
Chabarowsk
Sachalin
Iturup
Hokkaido
Wladiwostok
Japanisches Meer
DVR Korea
Huang Ho
Beijing (Peking)
Pjöngjang
Seoul
Japan
Tokio
Honschu
Rep. Korea
(Gelber Fluß)
Gelbes Meer
China
Kyuschu
Shanghai
Ost-chinesisches Meer
(Jangtse)
Yangzijiang
Ryukyu
Taipei
Nördlicher Wendekre
Taiwan
Hongkong
Hanoi
Laos
Hainan
ntiane
Luzón
Pazifischer Ozean
Thailand
Vietnam
Manila
Bangkok
Kambodscha
Phnom Penh
Philippinen
Palawan
Spratly I.
Mindanao
Mikronesien
Südchinesisches Meer
Malaysia
Brunei
Molakkastraße
Kuala Lumpur
Malaysia
Singapur
Borneo
Halmahera
Äquato
Sumatra
Sulawesi (Celebes)
Seram
Neuguinea
Papua-Neuguinea
Jakarta
Indonesien
Java
Bali
Kleine Sunda-Inseln
Ost-Timor
Timorsee
Australien

Herausgeber: Malte Boecker für Bertelsmann Stiftung
Verantwortlich: Matthias Jäger
Lektorat: Heike Herrberg
Herstellung: Sabine Reimann
Karte: Peter Palm, Berlin
Gestaltung und Satz: Groothuis, Lohfert, Consorten | glcons.de
Druck: Langebartels & Jürgens, Hamburg
ISBN 978-3-89204-976-0
www.bertelsmann-stiftung.de / verlag